Sylvia Kekulé, geboren 1944, arbeitete als Schauspielerin u.a. in »Rote Sonne« von Rudolf Thome und war Kamerafrau, Managerin und Malerin im Animationsfilm. Auf der Suche nach alternativen Lebensformen und deren Kulturen wanderte sie durch die Regenwälder Sumatras, erklomm in Guatemala die steilen Stufen der alten Mayatempel und bereiste die Karibik per Schiff. Zuletzt durchstöberte sie die Geschichte der kleinen Stadt Woodstock und war augenblicklich davon fasziniert.

Sylvia Kekulé

Die Woodstock Story

Entstehung eines Mythos
1854–1969

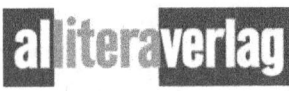

Weitere Informationen über den Verlag und sein Programm
unter: www.allitera.de

Vielen Dank an die Woodstock Public Library District N.Y. für die freundliche Unterstützung.

Außerdem Dank an
Carla T. Smith, Executive Director der Woodstock Byrdcliffe Guild
Josephine Bloodgood, Executive Director der Woodstock Artists Association
Jeanne Solensky der Winterthur Library in Delaware
Tad Richards vom Opus 40 Museum in Saugerties
Nancy E. Green und Alexandra Olson vom Herbert F. Johnson Museum of Art
Wayne Lempka vom Samuel Dorsky Museum
Alexandra Keiser der Archipenko Foundation
und Elliott Landy der LandyVision, Inc.

Besten Dank auch an Michael Lang für sein freundliches Einverständnis.
Für ihre ausdauernde Mitarbeit über viele Jahre danke ich besonders Dorothea Fischer und meiner Tochter Franziska für ihre geduldige Beratung.

Umschlagfoto
Beim *Maverickfestival,* von links:
Reeves Brace, Konrad Cramer, Ernest Brace, Florence Cramer, Helen Walters,
Eugenie Gershoy, Harry Gottlieb und Margie Barnes
Foto: Stowall Studios, Gaede/Striebel Archiv, Woodstock
Samuel Dorsky Museum of Art, State University of NY, New Paltz

2. Auflage
Allitera Verlag
Ein Verlag der Buch&media GmbH, München
© 2009 Buch&media GmbH, München
Druck: Books on Demand, Norderstedt
Printed in Germany
ISBN 978-3-86906-034-7

Inhalt

Vorwort 9

Teil I: Europa 11

Prolog: Auf dem Schiff, April 1894 11
    John Ruskin (1819–1900) 15
    Jane Byrd McCall (1861–1955) 22

Die Idee 26
    William Morris (1834–1896) 26

Der Aufbruch 33

Die Entdeckung 48

Die Byrdcliffe-Kolonie 59
    Der erste Sommer 59
    Plan und Umsetzung 62
    Der zweite Sommer 70

Künstler und Handwerker 75
    Handwerk 75

Europäische Künstlerkolonien 81
    Malerei 81
    Fotografie 88
    Bildhauerei 88

Sommergäste 91

The Blue Dome 97

Woodstock & Rock City 99

Die Wende 103

Teil II: The Maverick 109

Der Brunnen 116

Das erste Festival 1915 117

Herveys Vision 124

Boom in Woodstock 135

Whiteheads Nacht 139

Das Maverick Theater 145
Last Waltz 152
    Jane Whitehead 154
    Das Vermächtnis 160
Zwei Bildhauer 162

Teil III: Zeit des Entdeckens 167

Das Festival 177
    Herbst 1968 177
    Die Vorbereitung 182
    Ein Zusammentreffen … 186
    Wallkill 187
    Vier Wochen 189
Die Reise zum Mond 191
    Back Stage 193
    Drei Wochen 195
    Vier Tage 198
Zwei auf dem Weg 201
    Der Vietnamkrieg 202
Drei Tage des Friedens und der Musik 204
    Freitag 204
    Samstag 207
    Sonntag 211
    Montag 214
Der Heimweg 215
    Religion 218

Nachwort 224

Woodstock heute 224
    Spirituelles Leben 225
    Die Tierwelt 226
Ein Wort zu den Künstlern 228
Endnoten 229
Bildnachweis 233
Literaturliste 235

Der Engel spricht:

Ihr aber Sterbliche enthaltet
streng euch des Richtens,
da selbst wir, die Gott sehen,
die Auserwählten alle noch nicht kennen.

Dante, Die Göttliche Komödie

Für Dorje

Vorwort

Als ich 2004 nach Woodstock reiste, war es in erster Linie Neugier, die mich trieb. Ich wollte meine alte Freundin aus Deutschland nach 30 Jahren besuchen, um zu sehen, was aus ihr geworden war, und ob wir uns auf irgendeine Weise noch verstehen würden. Unser Wiedersehen war ein Wiedererkennen auf den ersten Blick, trotz aller äußeren Veränderungen. So unglaublich es klingt: Schon beim ersten Begrüßungswort war sie ganz die alte, die Tonlage, der Klang ihrer Stimme, ihr Lachen – es war, als hätte ich sie erst gestern – und nicht vor 30 Jahren – das letzte Mal gesehen.

Zusammen mit ihr wollte ich die ehemaligen Veteranen des Woodstock Festivals von 1969 kennenlernen, erfahren, was aus ihnen geworden war und vor allem, welche Spuren dieses Erlebnis in ihren Lebensläufen hinterlassen hatte. Und in der Tat: Viele von ihnen haben in ihrem Leben eine Richtung eingeschlagen, die unausweichlich in die Bahnen der Selbsterkenntnis führte – in Berufe, die mit Heilung und Dienst am Nächsten im weitesten Sinn zu tun haben. Sie sind heute Therapeuten, Analytiker, Lehrer oder haben sich der Kunst zugewandt – oftmals eingebunden in einen religiösen Rahmen wie den tibetischen Buddhismus oder den Zenbuddhismus, Religionen, die sich nach dem Festival in Woodstock etablierten.

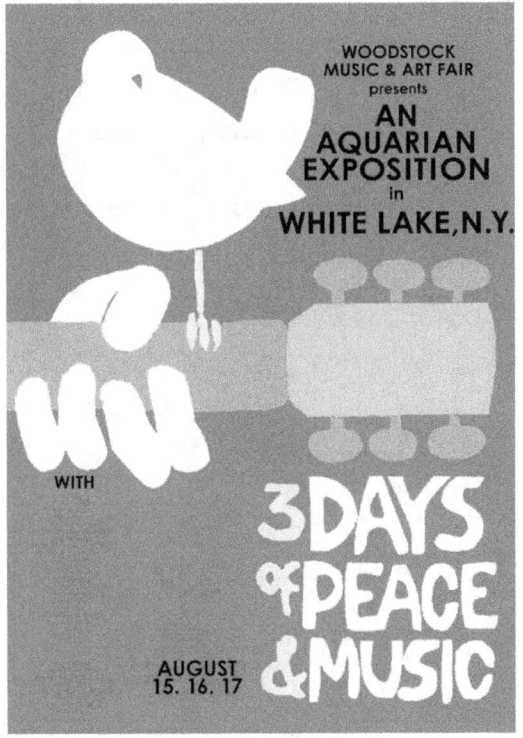

Weiße Taube
Woodstock Festivalsplakat 1969

Das Motiv des 69er-Woodstock Musikfestivals, eine weiße Friedenstaube auf einem roten Plakat mit dem Motto »Drei Tage Frieden und Musik«, hat seine Erfüllung gefunden. Nicht nur während des Festivals selbst, sondern bei allen, die dabei waren und in die Welt hinausgingen. Im Innersten verändert, berichteten sie anderen davon oder gaben ihr Wissen darüber weiter und dienten dabei als Vorreiter für all jene, die sich ein Leben in Selbstbestimmung wünschten.

Bis heute ist Woodstock ein Ort, der eine erstaunliche Vielfalt kreativer Menschen beherbergt, wenn man bedenkt, dass die Bevölkerung nur knapp die 7000er-Grenze erreicht. Im Sommer treffen sich dort in Scharen Interessierte aus allen Ländern, die teilhaben wollen an künstlerischen Aktivitäten wie der neuesten Fotoausstellung, am Tattoo- oder Filmfestival, an Konzerten oder Literaturlesungen. Daneben findet sich eine Vielzahl an künstlerischen Ausbildungsstätten wie Schulen für Malerei, Skulptur und Kunsthandwerk. Alle Aktivitäten sind verbunden mit höchsten ökologischen Ansprüchen, um die Ursprünglichkeit der Stadt so gut wie möglich zu erhalten.

So gibt es – aus Furcht vor schädlicher Strahleneinwirkung – keine Ampeln, auch wenn der Verkehr im Sommer noch so vehement durch die Tinker Street tobt. Lange Zeit war aus diesem Grund auch der Sendemast verboten, der das Telefonieren mit Handys ermöglicht. Inzwischen gibt es wohl einen, der fern von den Behausungen, versteckt zwischen Bäumen steht. Die Reinheit, die Schönheit der Landschaft und nicht zuletzt die schwer erkämpfte Toleranz der Bevölkerung gegenüber Andersdenkenden, machen den Ort zu einem Anziehungspunkt für Jung und Alt.

Im Folgenden möchte ich von dem Leben jenes Mannes erzählen, mit dem alles begann. Getrieben von einer Vision, die ihn um den halben Erdball führte, war Ralph Radcliffe Whitehead der Wegbereiter für die Ideen von zwei würdigen Nachfolgern, die versuchten, ihre Visionen unter oft schwierigen Bedingungen zu verwirklichen. Dies zog sich durch bis zum Musikfestival 1969.

Der Ursprung dieser Geschichte liegt über 100 Jahre zurück und hat seine Wurzeln in jenem Kontinent, aus dem die Mehrzahl aller Visionäre kommt: Europa.

Teil I
Europa

Prolog: Auf dem Schiff, April 1894

Gelber Himmel über bleiern braunen Wellen, schwer fielen die ersten Tropfen. Ralph hob schützend die Hand, der Fahrtwind trieb ihm Tränen in die Augen. Seit sechs Tagen waren sie auf hoher See. Der Wind kam von vorne, Nord-Nord-West.

»Geben Sie heute Nacht auf sich acht, Mister, es kommt Sturm«, rief die Stimme des Offiziers, »und auch auf ihre Frau!«

Ralph nickte, obwohl der andere ihn nicht sehen konnte.

Das, was ihn bewegte, waren nicht die Wellen, mochten sie noch so stürmisch sein. Es war diese Reise, diese Fahrt mit 21 Koffern, davon 13 fahrbaren Schrankkoffern, und einer Frau, die meist seekrank war – war dies alles wirklich nötig? Noch immer hatte er die Stimme seines Mentors im Ohr: »Was willst du in Amerika, du wirst dort nur gewinnsüchtige Barbaren finden, die ausschließlich ans Geld denken und keinen Sinn haben für einen Schöngeist wie dich, noch dazu einen Sozialisten!«

Vielleicht würden sie sowieso in der nächsten Stunde untergehen, mit all den Schätzen aus Europa.

Der Regen peitschte gegen die Planken, die Maschinen unter Deck stampften dröhnend gegen meterhohe Wellen. Er dachte an die Zeit in Paris, wo er sich selbst zum Schreiner ausgebildet hatte, ein Jahr lang täglich vier Stunden Tische und Schränke zusammengebaut hatte, und wie zufrieden er darüber gewesen war, etwas mit den Händen herzustellen. Tief im Innern hatte es ihn beglückt: »Es muss eine der vordringlichsten Richtlinien werden, das Erschaffen von Dingen mit den Händen.«

Bei dem Gedanken wurde Ralph froh, er spürte, er war auf dem richtigen Weg. Wenn es sein musste, würde ihn seine Vision rund um die Welt tragen, um den richtigen Platz zu finden. Und er würde ihn finden. Gemeinsam mit ihr. Er blickte zu seiner Frau.

Jane Byrd lag bleich, in Decken gehüllt im Windschatten. Ihr Magen rebellierte. Die Fahrt nach Europa verlief leichter und schneller mit dem Westwind im Rücken als die Rückfahrt mit dem steten Kampf gegen meterhohe Wellen. Diesmal waren Mutter Mercer und Schwester Gerty nicht dabei wie sonst. Dafür dieser wohlerzogene Engländer mit den feinen weißen Händen und diesem Blick, der sie zu verschlingen drohte und der zugleich alles bedeuten konnte. Die Tage an der Côte d'Azur waren schön gewesen – die Wärme, das Licht, die Düfte. Sie las noch einmal Ralphs Brief, den sie seit Jahren mit sich trug:

> Unsere Zukunft liegt nicht länger in den Händen eines Schicksals, das mit uns macht, was es will, es liegt in unseren eigenen Händen und unsere Hände sind stark, wenn sie vereint sind, wie unsere Seelen und Gedanken vereint sind, bis ich nicht mehr weiß, was mein ist und was dein. Florenz sah die Geburt und das Wachsen unseres »neuen Lebens«, aber die ganze Welt soll zum Schauplatz dieser Fülle werden, denn wo immer uns das Leben hinführen wird, wir werden nicht mehr allein sein.[1]

Jane schloss die Augen und wachte erst wieder auf, als das Horn der Sturmwarnung ertönte.

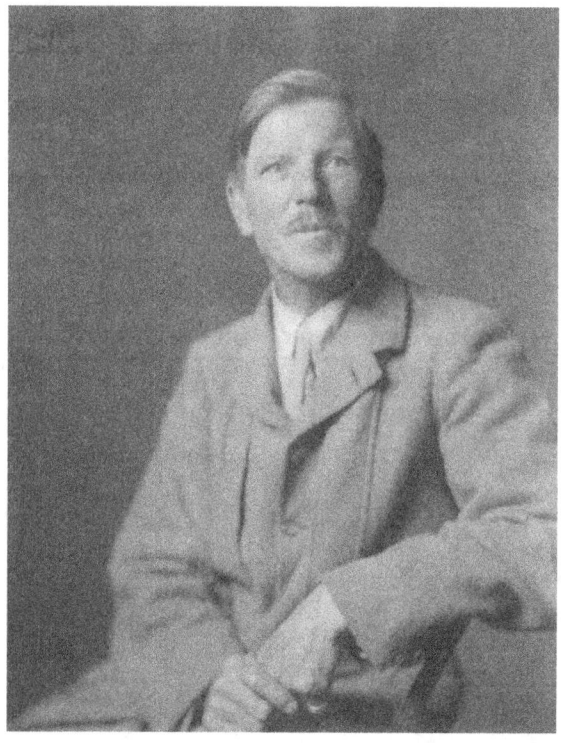

Ralph Radcliffe Whitehead, ca. 1905

Das Erste, was er sah, als er aufwachte, war ein Schaf. Es stand wiederkäuend neben dem Wagen und blickte ihn aus neugierigen Augen an. Abrupt hörte es auf zu kauen und sah nach oben. Kurz danach tauchten hinter ihm weitere Schafe auf, die alle in die selbe Richtung schauten. Es war ein riesiger Geier, der hoch über ihnen seine Kreise zog. Magisch angezogen richteten die Schafe die Blicke gen Himmel, während sich die Kleinen unter ihren Beinen verkrochen. Dann senkten sie nacheinander die Köpfe und kauten ruhig weiter. Der alte Geier war nicht gefährlich. Er war zu weit oben.

Plötzlich tauchte das erschrockene Gesicht seiner Mutter auf, sie packte seinen Kinderwagen und zog ihn hastig Richtung Haus. Die Schafe hatten die Umzäunung durchbrochen, es war nicht das erste Mal, sie hätte aufpassen müssen. Sie hasste die Schafe, sie rochen und waren schmutzig. Und doch war es in diesen Zeiten das größte Gut, sie zu besitzen. Sie lieferten Milch und Käse und vor allem Wolle, die in dicken Zotteln an ihnen herunterhing. Isabella träumte davon, dass die Schafe eines Tages verschwinden und ihre Aufzucht in weiter Ferne stattfinden würde.

Im Frühjahr 1854 war in Yorkshire ihr dritter Sohn Ralph Radcliffe zur Welt gekommen, den sie wie ein Kleinod hütete. Zu diesem Zeitpunkt hatte Isabella Whitehead, geborene Daglish, bereits zwei Kinder verloren, Ralph war ihre letzte Hoffnung. Sie stammte ursprünglich aus dem warmen Süden Frankreichs, wo sie in feiner Gesellschaft aufgewachsen war. Das raue englische Landleben war ihr fremd und strapazierte zudem ihre Gesundheit. Aber ihr Ehemann Francis stand dicht davor, die Dinge für sich und seine kleine Familie zu ändern.

Als Francis Frederic Whitehead Mitte des 19. Jahrhunderts in Saddleworth/England am Fluss Tame die Textilfabrik seines Vaters übernahm, blickte er auf Generationen Wolle verarbeitender Vorfahren zurück. Bis weit über die Grenzen Yorkshires hinaus erstreckten sich saftig grüne Wiesen, die den idealen Nährboden für die Zucht unterschiedlicher Rassen von Schafen boten und seit Jahrhunderten von stetig wachsenden Schafsherden bevölkert wurden. Sie wurden zusammengetrieben und geschoren, und wo man hinsah, waren Mühlen entstanden, in denen gesponnen und gewebt wurde.

Die Arbeiter waren oft noch Kinder, einer von ihnen erinnerte sich später:

> Es waren glückliche Tage der Kindheit [...] und noch glücklichere Tage des Knabenalters. Zwölf Stunden am Tag in einer einfachen Wollmühle, wo ich die ersten Schritte erlernte in der Herstellung von Leinen, Flanell und Tuch. Das Ganze sprudelte über vor Poesie.[2]

Die fertige Wolle schickte man mit Pferd und Wagen quer übers Land nach Lancashire, dem damaligen Zentrum für Wollverarbeitung. Einer dieser ersten Zwischenhändler war 1668 John Whitehead, der früh die Zeichen seiner Zeit erkannt hatte. Ausgerüstet mit einem überdachten Planwagen besuchte er eine Farm nach der anderen, sammelte die zubereitete Wolle und transportierte sie zur Weiterverarbeitung in die nächste Großstadt.

Mit Ausbruch der industriellen Revolution um 1840 jedoch änderte sich dieses System grundlegend und brachte viele große Umwälzungen. Anstatt zur häuslichen Arbeitsgemeinschaft mussten sich die Farmer nun auf den weiten Weg in die Stadt begeben, um dort in Fabriken zu arbeiten, wo an Fließbändern gesponnen, gefärbt und gewebt wurde. Auch die Whiteheads, die über Generationen hinweg als Wollhändler tätig gewesen waren, passten sich diesem neuen Trend an, indem sie eine Fabrik eröffneten. Gemeinsam mit seinen drei Brüdern leitete Francis Frederick die Royal-St.-George-Fabrik, benannt nach König George III. Es gelang ihnen, den Erfolg ihres Gründervaters William fortzuführen und weiter auszubauen, innerhalb weniger Jahre machten sie Saddleworth zum Herz der Wollverarbeitung in ganz England. Sie stellten zunächst Flaggen für das königliche Haus her, später wurde die Fabrikation größtenteils auf Klavierfilz verlagert, die, wie auch die Wollverarbeitung, an Wasser gebunden war.

Schon damals gehörte die Familie Whitehead zu den reichsten des Landes. Mit wachsendem Wohlstand erbauten sie zusätzlich zwei Baumwollfabriken, Throstle Nest Mill und Charlotte Mill und erstanden das Anwesen Beech Hill mit einem Haus, das zuerst der Jüngste der vier Brüder bewohnte, 1861 zog Francis Frederic mit seiner kleinen Familie dort ein.

Die Villa – die bis heute auf dem Hügel steht mit einem weiten Blick über die Fabriken – war geräumig, mit vielen Zimmern nebst etlichen Bediensteten. Die umliegenden Rasenflächen boten Platz für Tennis und sportliche Aktivitäten aller Art sowie für rauschende Sommerfeste im Freien. Es war ein vornehmes Leben, das den Status reicher viktorianischer Familien widerspiegelte, und Ralph war sicher einer der »im Glück Geborenen«. Er war der einzige männliche Erbe innerhalb der Vier-Brüder-Gemeinschaft seines Vaters und er wuchs heran in der behüteten Atmosphäre hochherrschaftlichen Wohlstands. Die Schafzucht bestand weiterhin, doch man hatte sie in die umliegende Gegend verlagert.

Seine Familie besaß jetzt ein eigenes Jagdrevier, er lernte reiten, fischen und jagen. In jungen Jahren wurde er auf die Public School nach Harrow geschickt, von wo aus er Briefe nach Hause sandte, mit strikten Anweisungen für die Zubereitung des Essens, das ihm geschickt werden sollte und wann Besuche zu machen seien – ein frühes Zeugnis seiner elitären Erziehung.[3]

Gleichzeitig wurde die Kluft zwischen der reichen Oberschicht und den unterprivilegierten Fabrikarbeitern zusehends größer. Die Familien, die ehemals mit Heimarbeit ihr Einkommen bestritten hatten, arbeiteten jetzt in Fabriken, oftmals bis an den Rand der Erschöpfung. Ein ehemaliger Mitarbeiter berichtete:

Täglich 10 Stunden Fabrik und zwei Stunden Schule waren nach dem Gesetz vorgeschrieben, und wenn ein Inspektor hereinkam, wo wir eigentlich in der Schule sein sollten, wurden wir unter einem Berg Wolle versteckt, bis er wieder fortging.[4]

Zudem waren die Royal-St.-George-Textilfabriken mit ihrer stetig steigenden Menge an Abfallprodukten eine allgegenwärtige Gefahr für die Gesundheit ihrer Anwohner. Giftige Chemikalien der Färbemittel verseuchten den Fluss und schwarze Rauchwolken aus den Fabrikschornsteinen legten sich als klebriger Ruß auf die umliegende Landschaft und die Lungen der Einwohner nieder. In der Produktion kam es des öfteren zu Pannen und Ausfällen der Maschinen, in deren Folge einmal ein Junge von einem Rad ergriffen und zerfleischt wurde.

Am 16. Mai 1864 explodierte bei einem verheerenden Unfall der Kamin einer der Fabriken, zerstörte etliche umliegende Häuser und tötete elf Mitglieder einer Arbeiterfamilie. Dieses Ereignis öffnete dem damals zehnjährigen Ralph Radcliffe die Augen über das wirkliche Leben der Fabrikarbeiter. Es entflammte nicht nur sein Mitgefühl für die Angestellten seines Vaters, es trug auch dazu bei, dass er sich in zunehmendem Maße von den kommerziellen Interessen seiner Familie entfernte. Der frühe Tod seiner Mutter ein Jahr später, mit der er sehr verbunden gewesen war, zeigte ihm, dass das Streben nach der Vermehrung von Kapital nicht alles war, wenn die Gesundheit darunter litt. Dieses Ereignis verstärkte seinen Wunsch nach höherer Bildung und weckte die Sehnsucht nach einem sinnvollen Betätigungsfeld, fern der Textilfabriken seiner wohlangesehenen Familie.

1873 ging er nach Oxford, wo er im Balliol College ein Kunststudium begann und auf jenen Mann traf, der entscheidend sein Leben verändern sollte: John Ruskin.

John Ruskin (1819–1900)

seit 1869 Professor der Schönen Künste in Oxford, befand sich in den folgenden Jahren auf dem Höhepunkt seines Erfolgs, wenngleich er bereits damals unter Anzeichen jenes Größenwahnsinns litt, der ihn später im Leben belasten sollte. Er war ein begabter Künstler, der, neben seiner Tätigkeit als Lehrer, seine Texte mit detaillierten Grafiken und Malereien aus den Bereichen Flora, Fauna und Architektur illustrierte. Über einen Zeitraum von 17 Jahren verfasste er neben verschiedenen anderen Werken eine Bücherreihe über Malerei, die *Modern Painters* und das dreibändige Werk *Stones of Venice,* mit dem Kapitel *Natur der Gotik,* deren in die Höhe strebende Formen er als höchste Form der Kunst ansah.

Obwohl Ruskin nicht offiziell unterrichtete, hielt er öffentliche Vorlesungen, die von Hunderten begeisterter Studenten besucht wurden, unter ihnen auch Ralph Whitehead. Ebenso wie seine Schüler stammte Ruskin aus einer sehr wohlhabenden Familie und spendete ein Vermögen für viele lobenswerte Stiftungen, wovon allerdings die meisten von ihm selbst gegründet waren.

Ruskins Grundidee war es, eine Gemeinschaft nach mittelalterlichem Muster zu schaffen, eine Art Gilde, für die jeder seiner Studenten eine Abgabe in eine Gemeinschaftskasse zahlen sollte, um damit Land zu erwerben für Ackerbau, Mühlen und Fabriken, in denen dann wiederum andere Arbeiter tätig werden könnten. Jeder Einzelne würde damit für das allgemeine Wohl der Gilde arbeiten und dabei vollkommene Zufriedenheit aus seiner selbst gewählten Arbeit gewinnen. Es war ein verhältnismäßig einfacher Plan, der darlegte, wie die schon bestehenden Industrien in einer bestimmten Weise funktionieren könnten.

Ruskin freute sich schon auf eine eigene Geldmünze der Gilde – sie sollte so hübsch sein, wie die der Florentiner – und auf eigene Trachten, wie sie die Schweizer trugen, sowie viele andere Details, die jedoch nichts mit dem Kern der Idee zu tun hatten und auch niemals verwirklicht wurden.

Mit Leidenschaft mischte sich Ruskin in gesellschaftliche Belange ein und rügte öffentlich politische Entscheidungen, womit er sich viele Gegner schuf. Er war strikter Gegner der geplanten Erweiterung des Eisenbahnnetzes, die die Landschaft ruiniere, er wetterte gegen Frauenarbeit und Umweltverschmutzung, dafür setzte er sich für eine umfassende Schulausbildung des gemeinen Volkes ein und startete 1871 eine Zeitungsserie mit dem Titel *Fors Clavigera: Letters to the Workmen and Labourers of Great Britain,* die bis 1884 lief.

Auf jemanden, der wie Ralph Whitehead sorglos und behütet aufgewachsen war, wirkten Ruskins Reden verführerisch und revolutionär. Als dieser nach Mitarbeitern für sein Straßenprojekt suchte, war Whitehead daher einer der Ersten, die seinem Ruf folgten.

Ruskin hatte ein verfallenes Straßenstück entdeckt, für das niemand zuständig war. Die Straße verlotterte zusehends, bei Regen blieben die Karren der Bauern stecken, die Fußgänger wateten durch knöcheltiefen Schlamm. Der Gartenpfleger Joseph Downes berichtete:

> Ruskin stellte einen Berg von Hacken und Schaufeln bereit, nahm sogar selbst Unterricht in der Arbeit im Steinbruch und rief all seine Freunde zusammen, damit sie ihre Freizeit mit nützlicher Arbeit verbringen sollten. Obwohl er dafür sehr verlacht wurde, entstand tatsächlich etwas Nützliches. Es wurden zwar mehr Hacken zerbrochen und dabei mehr Zeit vertan, als es im Straßenbau der Fall gewesen wäre, letztendlich jedoch hatten die Männer eine Lektion erhalten und die Ansässigen hatten ihre neue Straße.[5]

Dieses seltsame und ungewöhnliche Ereignis, das sich da Mitte des 19. Jahrhunderts ereignete, wirbelte unter den damaligen Machthabern viel Staub auf, und man lachte über Karikaturen, deren beliebtes Objekt Ruskin war – mit seiner dünnen, aristokratischen Nase und seinen langen, schlaksigen Gliedmaßen. Er wurde dargestellt, wie er den Straßenbau überwachte, in Wirklichkeit aber war der Professor gar nicht anwesend. Er befand sich weit entfernt auf einer Italienreise.

Das Besondere an dieser Geschichte war, dass Ruskin seine Studenten aus der oberen Gesellschaftsschicht Selbstverwaltung und Eigeninitiative lehrte, etwas, das diesen bis dahin vollkommen fremd war. Selbst wenn Ruskin niemals ein echter Sozialist war, empfand er doch zutiefst, dass sein Vermögen am sinnvollsten dafür eingesetzt werden sollte, das Leben jener, die mit weniger geboren worden waren, zu verbessern. Diese moralische Verpflichtung versuchte er an seine Studenten weiterzugeben.

Es ist nicht weiter verwunderlich, dass sich das Weltbild des schüchternen jungen Mannes Ralph Radcliffe Whitehead aus Yorkshire, der in der sicheren Erwartung aufgewachsen war, die familiäre Textilmanufaktur weiterzuführen, unter dem Einfluss dieser progressiven Gedanken veränderte.

Angefeuert von Ruskins Worten und erfüllt mit neuen Ideen kam Whitehead 1875, Mitte des zweiten Studienjahres, nach Hause. Bei dem folgenden Familientreffen eröffnete er seinem Vater und seinen drei Onkeln seinen Plan:

Die drei Royal-George-Textilfabriken sollten im Sinn von John Ruskin verändert werden. Es sei dringend geboten, die Lebensqualität der Arbeiter anzuheben, indem sie an der Verwaltung und Gestaltung der Fabriken teilhaben sollten, anstatt in täglich gleichem Trott stumpfsinnige Arbeiten zu verrichten. Sie sollten besser ausgebildet werden, weniger Stunden arbeiten, dabei mehr verdienen. Auch die Abfallproduktion sollte unter Kontrolle gebracht werden und die ätzenden Dampfpartikel verschwinden, dann wären der Fluss und die Luft gereinigt von dem umweltverschmutzenden Ruß und anderen tödlichen Giften.

Das Entsetzen der Familie war groß. Ralph wurde schleunigst nach Paris verfrachtet, wo er sich bis in die ferne Zukunft, weit entfernt von Ruskins physischem Einfluss, aufhalten sollte.

Doch der Keim der geistigen Saat war bereits gelegt und begann seine ersten Früchte zu tragen.

In Paris bildete sich Whitehead unter Anweisung eines Schreiners zum Zimmermann aus, denn wie sein ehemaliger Mentor glaubte auch er, dass jeder Mensch einige Stunden des Tages mit Handarbeit verbringen sollte. Er war der festen Überzeugung, dass erst durch der Hände Arbeit der Weg zu geistiger Erleuchtung und erhabenen Einsichten geöffnet werden könne. Obwohl er Ruskin nicht in allem zustimmte, glaubte er doch an einige seiner Grundsätze und übernahm Teile seiner Vorstellungen.

Er war noch nicht lange in Paris, als er eines Nachts einen Traum hatte, der ihn lange im Leben begleiten sollte. Am Tag zuvor hatte sich Whitehead gegen Mittag von seinem Tischler am Montparnasse verabschiedet, wo er sein tägliches Handwerksprogramm absolviert hatte. Er begab sich auf direktem Weg über die Pont Royal zu den Gärten der Tuilerien.

Es war feucht und schwül, ein Gewitter hing über der Stadt. Im Vorbeigehen warf er einen Blick auf die schwarze Ruine des Tuilerienpalastes, der einige Monate zuvor vom Feuer zerstört worden war. Er wunderte sich einmal mehr, wie leicht und schnell etwas durch ein Feuer zerstört werden konnte, das vorher in jahrelanger, mühevoller Arbeit aufgebaut worden war. Er ging weiter in den Viereckhof des alten Louvre, der zum Glück unversehrt geblieben war.

Im rechten Gebäudeflügel setzte er sich in einem der Ausstellungsräume auf eine Bank und sah sich um. Im Gegensatz zu der Hitze in den Straßen war es hier angenehm kühl. Außer ihm und den Meisterwerken an den Wänden war niemand zu sehen. Die Schritte des Aufsehers hallten in weiter Ferne.

Er beugte sich vor und sah erst jetzt, dass eine neue, zeitgenössische Ausstellung Einzug gehalten hatte. Er stand auf und trat dicht an die Illustrationen von Gustave Doré, die mit hartem Licht-Schattenspiel auf ihn eindrangen und ihn magisch in Bann zogen.

Verschiedene Szenen aus der *Göttlichen Komödie* von Dante Alighieri waren auf den Bildern dargestellt. Sie zeigten den Gang des verdammten Menschen, der nach seinem Ableben die grausamsten Stadien der Hölle zu durchleiden hat. Die Illustrationen waren von bizarrer Schönheit, gleichzeitig von eindringlichem Grauen.

Besonders eines jagte Ralph einen Schauer über den Rücken – es war ein gewaltiges Bild, wenngleich nicht an Größe, umso mehr an Wirkung: Im tiefschwarzen Wald steht ein Mensch, der sich verirrt hat und mit furchtsamen Augen hinter sich blickt – doch vor ihm ist es hell, das dunkle Dickicht strahlt! *Das Inferno, erster Gesang*. Was bedeutete das?

›Vor dem verirrten Menschen leuchtet der helle Schein und zeigt den Weg, doch er sieht ihn nicht! Ist der Mensch bereits bei der Geburt zur ewigen Hölle verdammt, wird er den richtigen Weg niemals sehen und finden, auch wenn das Licht und das Ziel direkt vor ihm liegen?‹

In seinem Kopf begann es zu arbeiten. Ralph glaubte fest an sich und an die unabhängige, freie Willensentscheidung, die ihm erlaubte, sein Leben in jede beliebige Richtung zu lenken. Hier war etwas, das nicht in sein Weltbild passte, gleichzeitig faszinierte ihn der Gedanke, von jemandem außerhalb seiner selbst gesteuert zu werden.

Am nächsten Morgen erwachte Ralph in aller Frühe. Langsam wandte er sich dem Licht zu. Er war wach und doch wieder nicht, ihm war, als entdecke er den Raum um sich herum neu. Die blassgraue Wand mit der abgewetzten Tapete, das verschwommene grüne Blatt, das ohne Stil sinnlos im Blumenmuster schwebte, als käme es direkt aus einem anderen Land. So wie er.

Nachts hatte es ein heftiges Gewitter gegeben, durch das offene Fenster wehte kühl der Morgenwind. Ralph sah auf die Uhr. Es war erst halb sechs. Er hatte noch zwei Stunden Zeit, bis das Bistro aufmachte, wo es wunderbaren Kaffee und Croissants gab. Manchmal war er sich nicht sicher, ob er Frankreich wegen des unvergleichlichen Frühstücks liebte oder doch, weil hier sein neues Leben begonnen hatte. Er schloss die Augen und war im selben Moment gefangen. Ein Traum kehrte mit Macht zurück und sprach zu ihm, auch wenn er eigentlich nicht zuhören wollte.

Er geht durch einen dunklen Wald und spürt die aufkeimende Angst, er weiß, er hat sich verirrt. Vor ihm erhebt sich ein Berg, der höher und höher wird, der kein Ende zu nehmen scheint. Er hat keine Wahl, er muss hinauf. Helle Gestalten schweben tanzend um den Gipfel, verschleiern ihm den Blick. Aber je länger er steigt, desto weiter entfernt sich der Gipfel. Seine Füße werden immer schwerer, versinken im Morast. Dazu ertönt eine Stimme aus weiter Ferne:
»Wundere dich nicht, wenn dich noch blendet die Dienerschaft des Himmels, ein Bote ist es, der zum Steigen ladet, bald wird's geschehen [...]« (Dante, Fegefeuer, 15. Gesang).

Er erwachte und fragte sich: Welcher Bote? Was sollte das bedeuten? Sein Blick fiel auf die Dächer von Paris, über denen gerade die Sonne aufging. Er lächelte. Für heute war das sein Bote, der neue Tag. Später sollte er diese Zeit in Paris als die glücklichste seines Lebens bezeichnen.

In den folgenden Wochen unterhielt Ralph Radcliffe regen Schriftverkehr mit seinem Vater, in dessen Verlauf er sich wieder mit ihm versöhnte, ohne offiziell Ruskins Ideen abgeschworen zu haben. Nach erfolgreichem Abschluss der Tischlerlehre im Jahr 1877 kehrte er zurück nach Oxford und setzte dort seine Studien fort. Er entdeckte seine Liebe zu klassischer Musik, die er unter der Führung von Musikprofessor Reverend Arthur Gore weiterentwickelte, und die ihn sein Leben lang begleiten würde. 1880 absolvierte er die Hochschule mit dem Magistertitel in Kunst und bekam als Anerkennung dafür von seinem Vater einen Großteil seines Erbes ausbezahlt. Und das war nicht wenig. Mit einem Mal verfügte er über Mittel, die ihm die Möglichkeit eröffneten, die Welt kennenzulernen, mit buchstäblich allem, was diese zu bieten hatte.
Ralph war neugierig und machte sich mit Freuden daran, unterschiedliche Wissensgebiete zu erkunden. Während eines Kurzstudiums in Rechtswissenschaft betätigte er sich in Yorkshire als Friedensrichter und unternahm anschließend Reisen quer durch ganz Europa, wobei er alles studierte, was seine Vorstellung beflügelte. Verwöhnt durch die extravaganten Privilegien der wohlhabenden Oberschicht führte er das alltägliche Leben von jemandem, der es nicht nötig hatte, für Geld zu arbeiten.

1881 heiratete er eine Österreicherin namens Marie und lebte mit ihr und vier Dienstboten zuerst in Kensington, danach in Sussex auf dem Anwesen Borden Wood, dann in Italien in einem venezianischen Palast, im südfranzösischen Avignon in einem Chalet und schließlich über mehrere Jahre in einem Schloss in der österreichischen Steiermark.

In dieser Zeit beschäftigte sich Whitehead ausgiebig mit Kunst und Philosophie, studierte Plato und Immanuel Kant und widmete sich den mittelalterlichen Texten von Dante Alighieri, die ihn seit seinem Erlebnis in Paris faszinierten. Angeregt von dessen präraphaelitischer Poesie brachte er es zu einer außergewöhnlichen Bibliothek mit Büchern und Schriften rund um Dante und vertiefte sich in dessen *Göttliche Komödie*. Beim Lesen der göttlichen Reden stolperte er über Stellen in lateinischer Bibelsprache, die er zunächst für sich selbst übersetzte, später beschloss er, davon eine eigene Version herauszubringen, um, wie er meinte, den Text für Leser des modernen Italienisch annehmbarer zu machen.

Daneben sammelte er eine ansehnliche Anzahl von Büchern über Malerei, Architektur und Kunsthandwerk sowie Drucke bekannter Künstler, wobei er nicht nur deren Kunst, sondern auch deren Leben studierte. Mehr als einmal begegnete er dabei bitterer Armut und den Zweifeln am eigenen Können.

In seinen Augen war es geradezu ein Frevel an der Menschlichkeit, dass jene, die Talent hatten, dieses aufgrund widriger Umstände nicht ausleben konnten oder wenn doch, nur unter großer Not. War es doch ein von Gott gegebener Segen, der sie zu Künstlern hatte werden lassen! Das höchste Glück auf Erden, das man haben konnte, war, mit einer künstlerischen Gabe geboren zu werden, und wehe dem, der nicht wagte, diese anzunehmen und auszuleben. Dem drohte das Fegefeuer und – nach Dante – die Vorhölle in ihrer schlimmsten Form, und somit eine härtere Bestrafung als jene für Betrüger und Diebe. Gleichzeitig sollte diese Gabe in die richtigen Bahnen gelenkt werden, damit sie der Menschheit zum Segen gereichte.

Manchmal stellte er sich vor, wie er als Herrscher über weite Gebiete all diesen Kunstschaffenden einen Platz zum Leben und Arbeiten gäbe, wo sie frei von alltäglichen Sorgen ihre künstlerischen Ideen entwickeln und verwirklichen könnten. Was könnte da nicht alles an Kunst entstehen, wenn der menschliche Geist ohne materielle Sorgen frei walten könnte!

Im Lauf der sieben Jahre, die er mit Ehefrau Marie in dem Schloss in der Steiermark verbrachte, entstanden seine ersten Entwürfe einer alternativen Kolonie, mit dem Namen *Bosco Verde* (grüner Wald), die parallel zu der bestehenden Gesellschaftsordnung existieren sollte. Für den Traum eines sogenannten *Klosters* im Dienst von Kunst und Handwerk zog er lange Zeit als Standort die Schweiz in Betracht, deren Menschen und Bauweise er liebte und noch zehn Jahre später sah er dort seine Kolonie wachsen. Er schrieb:

> Für unser Kloster wünschen wir uns eine freundliche Bevölkerung, gutes Klima, ein Land, wo Arbeit groß geschrieben wird, wo kein Überfluss an Luxus besteht und wo die Öffentlichkeit keinen schädlichen Einfluss auf uns hat. Aus diesen Gründen dachte ich an die Schweiz.[6]

Erste Zeichnungen über den geplanten Stil der Anlage entstanden, er sammelte Unterlagen über Schweizer Chalets und Bauernhäuser, die ihm besonders gefielen. Manchmal verabschiedete er sich für Tage und unternahm Touren durch die Schweizer Bergwelt, die ihn in ihrer bunten Vielfalt faszinierte, gleichzeitig hielt er Ausschau nach einem geeigneten Ort für sein Kloster, im Dienst der Kunst. Doch es blieb bei der Idee.

Zur konkreten Umsetzung fehlte ihm nicht nur der letzte Funke eigener Überzeugung, sondern auch eine impulsive geistige Unterstützung an der Seite, die ihm die nötige Kraft gab. Er blickte fragend zum Himmel und suchte hoch oben hinter den Wolken nach seiner Mutter Isabella, die ihn viel zu früh verlassen hatte. Aber auch sie schien nur ermunternd zu nicken und ihm wortlos zuzulächeln.

Von Ralphs siebenjähriger, kinderloser Ehe mit Marie ist nur ein einziger Brief erhalten geblieben, den sie nach ihrer Scheidung schrieb und der auf ihren Wunsch erst nach ihrem Tod geöffnet werden durfte. Mit Verbitterung prophezeite sie ihm darin eine wenig hoffnungsvolle Zukunft:

> Du wirst niemals die Glückseligkeit finden, die du anstrebst. Du verlangst zu viel, du forderst das Unmögliche und wirst deshalb an der Realität scheitern. Was mir widerfuhr, wird auch meiner Rivalin mit dir widerfahren, ein Leben lang. Denn dein Charakter ist in einer, deine Seele in einer anderen Welt.[7]

Doch Marie irrte sich. Als sie sich trennten, übergab Ralph ihr die Villa in San Remo an der italienischen Riviera, wo sie bis 1891 lebte. Er selbst kehrte zurück nach England.

Im Jahr 1890 trat ein neuer, entscheidender Einfluss in Ralphs Leben und half, seine Gedanken Richtung Vereinigte Staaten zu lenken. Inspiriert von den romantischen Erzählungen seines amerikanischen Lieblingsdichters Walt Whitman begann er vorsichtig, prüfende Blicke auf die andere Seite des Ozeans zu werfen. Und was er sah, gefiel ihm. Fern der abendländischen Kultur öffnete hier eine neue, unbekannte Welt ihr weites Feld für Individuen aller Art, und sie schien nur darauf zu warten, erobert zu werden. Dort trafen sich Abenteurer wie Geschäftstreibende, Gestrandete wie geistig Suchende. Er fühlte sich angesprochen. Zudem begegnete er einer jungen Amerikanerin, die ihn unwiderstehlich in ihren Bann zog.

Ralph Radcliffe Whitehead war unterdessen zu einem Mann gereift von vornehmer, sehr zurückhaltender Ausstrahlung. Er war nicht auffallend schön, doch sein Blick sprach von weltoffener Intelligenz, zugleich von tiefer Nachdenklichkeit und der Suche nach den wahren Werten des Lebens. Stets elegant gekleidet verkörperte er nach außen das Bild des klassischen britischen Snobs. Doch in seinem Herzen rumorte der Sozialist.

Es war dieser Mann, der vom ersten Augenblick an dem Charme einer schönen, zerbrechlichen Amerikanerin erlag.

Jane Byrd McCall (1861–1955)

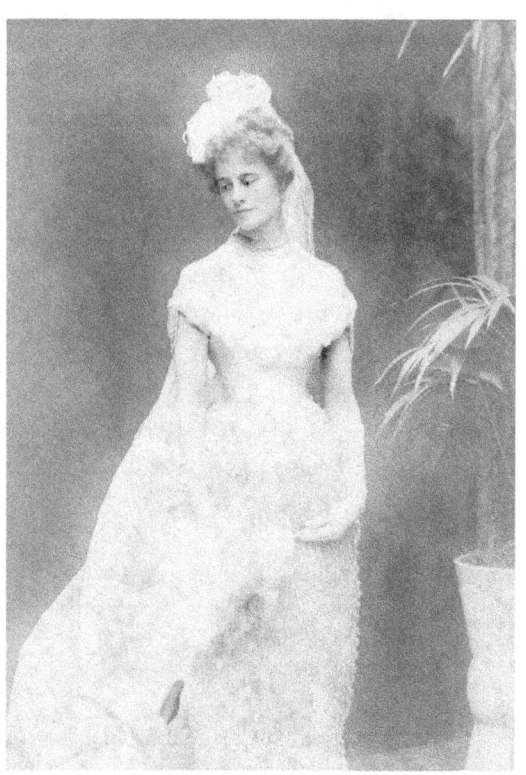

Jane Byrd McCall im Hofstaat, England 1886

Mitte des 19. Jahrhunderts reisten viele reiche Amerikaner nach Europa, speziell jene, die sich für die Schönen Künste interessierten. Sie betrachteten Europa als wundersame Stätte alter Kulturen, eingehüllt in einen Schleier wunderschöner Bilder mit Schlössern und Kathedralen, mit angesehenen Persönlichkeiten und eleganten Manieren und Werken alter Meister. Inmitten all dieser Schätze zu leben und daran teilhaben zu können, war der Traum vieler Amerikaner.

Für die wohlhabende Mercer McCall aus Philadelphia und ihre beiden Töchter Gertrude und Jane war der Ruf der Zeit unüberhörbar. Ihr irischer Ehemann Major Peter gehörte zu den führenden Mitgliedern der oberen Gesellschaftsschicht und Mercer McCall unternahm mit ihren Töchtern alljährlich ausgiebige Bildungsreisen nach Italien, Deutschland, Frankreich und in die Türkei. In Irland besuchten die McCalls ihre Verwandten und setzten über nach England, wo die beiden jungen Damen Jane und Gerty ihre ersten gesellschaftlichen Erfolge feierten.

Bald bekannt als die beiden »lovely Misses McCall« befanden sie sich in Gesellschaft von Baronen und Grafen, Besitzern großer Landgüter und dem Erzbischof von Canterbury. Sie bewegten sich in den höchsten gesellschaftlichen Kreisen und in ihrem Tagebuch von 1880 vermerkte Jane eine beachtliche Anzahl von Berühmtheiten, denen sie begegnet waren: Dichter Oscar Wilde, die Prinzen von Wales, Präsident Garfield, daneben viele Maler und Schriftsteller.

Bei dem Staatsball im Buckingham Palast 1886 wurden Jane und ihre Schwester Gerty Königin Victoria vorgestellt und mit dem Staatsminister bekannt gemacht. In einem Zeitungsbericht hieß es am Tag später:

> [...] die Geschwister McCall, zwei elegante amerikanische Damen, erregten durch die bestechende Einfachheit ihres Hofstaats viel Aufsehen, die Perlenstickerei ihrer Roben war exzellent.[8]

Einige Monate lang lebte Jane mit ihrer Mutter Mercer und Schwester Gerty in der Nähe von Oxford in dem berühmten Albury Haus, das, einer Residenz gleichend, seit über 200 Jahren zu einer der nobelsten britischen Herbergen zählte.

Damals begann Jane ein Kalendertagebuch zu schreiben, in dem sie Tag für Tag bis hinein ins hohe Alter alle bedeutenden Vorkommnisse ihres Lebens dokumentierte, mit jeweils einem Eintrag pro Zeile und Tag und einem Buch pro Jahr. Daneben sammelte sie Visitenkarten und Zeitungsartikel über gesellschaftliche Ereignisse, die die drei Frauen besuchten, sowie Einladungen zu pompösen Hochzeitsfeiern, wie der Hochzeit der Chinesin Xie Kitchin, die durch provokante Fotos Aufsehen erregte.

Eine Einladungskarte zeugte von der Trauung der Tochter des deutschen Orientalisten Max Müller, der damals in Oxford unterrichtete und sich mit alten Schriften beschäftigte. Er schrieb diverse Artikel zum Thema »Science of Language«, in denen er unter anderem Naturphänomene als Auslöser alter Mythen entschlüsselte. Die letzten 25 Jahre seines Lebens verbrachte Müller mit der Herausgabe seiner *Sacred Books of the East*, einer Buchreihe, die aus 51 Bänden bestand. Er schenkte Jane zum 21. Geburtstag eine tibetische Gebetskette, die sie bis an ihr Lebensende aufbewahrte.

Jane Byrd McCall skizzierte eifrig und malte Serien wilder Blumen in guter Aquarelltechnik. Einer ihrer Lehrmeister war Professor John Ruskin in Oxford, der sie anhielt, ausgiebige Naturstudien zu betreiben, und der sie möglicherweise auch mit seinen gesellschaftsumwälzenden Ideen bekannt machte wie ehemals Ralph Whitehead. Jane reiste nach Paris und studierte an der Académie Julian, damals eine der führenden Kunstschulen der westlichen Welt und eine der wenigen, an denen es Frauen erlaubt war, ihr Können durch das Zeichnen nackter Modelle zu schulen. Doch Janes Werke blieben meist unsigniert, wie bei vielen ihrer Zeitgenossinnen, da sich Kunst für eine gebildete Dame nicht schickte und sie dabei Gefahr lief, ihren guten Namen aufs Spiel zu setzen.

Künstlerische Arbeit bedeutete für Frauen zu dieser Zeit einen beschämenden Verlust an Status und an gesellschaftlicher Anerkennung, was auf jeden Fall vermieden werden musste, besonders, wenn diese Frauen aus höheren Kreisen stammten. Das künstlerische Talent von Männern hingegen wurde lobend unterstützt, umso mehr, wenn sie dabei mutig und tatkräftig ihre künstlerischen Berufsziele verfolgten.

Unter Frauen waren es nur die Progressiven, die den Konflikten gewachsen waren, die entstanden, wenn sie aus ihrer traditionellen Frauenrolle ausbrechen wollten. Diese sah vor, dem Mann zu dienen, eine gute Hausfrau und Köchin zu sein und sich als Erzieherin seiner Kinder würdig zu erweisen. Der Begriff Kunst wurde bei Frauen auf »Liebeskunst« reduziert und beschwor bei der Allgemeinheit das Bild der kapriziösen Konkubine, der Liebesdienerin, herauf. Die meisten Künstlerinnen

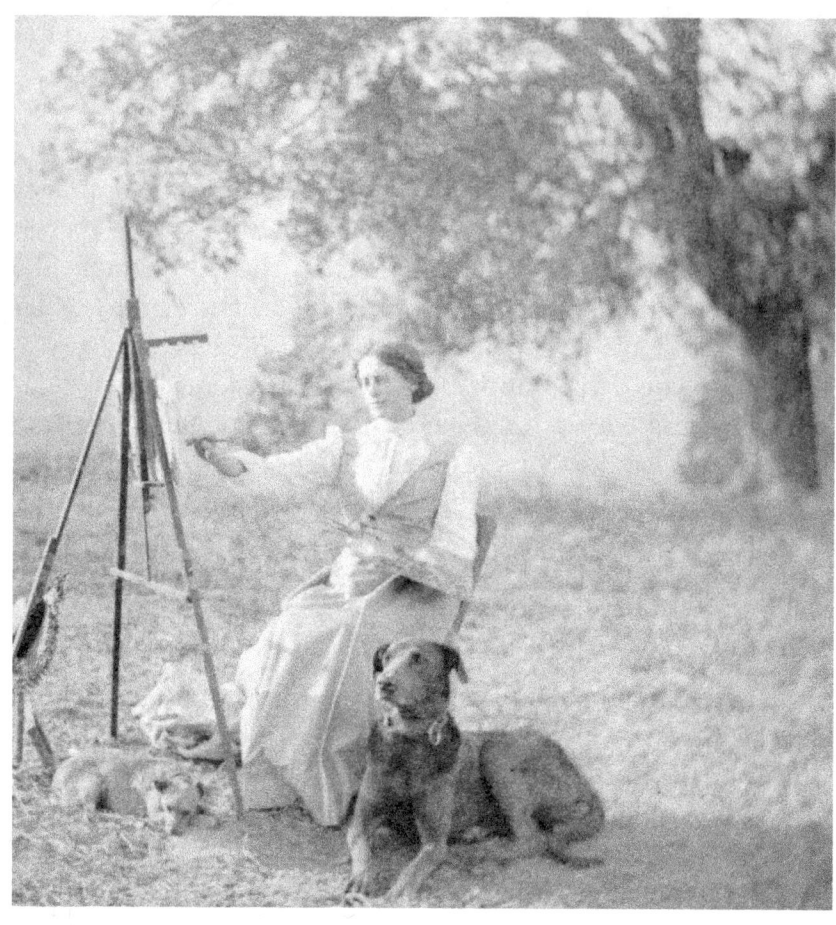

Jane Byrd mit Staffelei

entschieden sich daher, ihre Kunst anonym auszuüben. Das führte dazu, dass ihre Namen aus der Geschichte der Kunst nahezu komplett verschwanden und die allgemeine Vorstellung herrschte, dass Kunst primär eine Domäne der Männer sei.

So ähnlich entwickelte sich auch die Geschichte von Jane Byrd McCall. Wie bei vielen anderen Künstlerinnen, und besonders jenen aus der Oberschicht, hatte Janes Anonymität und ihr Widerwille, die eigenen Arbeiten zu signieren, um damit namentlich an die Öffentlichkeit zu treten, dazu geführt, dass sie als Künstlerin nahezu unbekannt blieb.

Randbemerkungen und Eintragungen in Jane Byrds Kalender vom November 1892 und Februar 1893 lassen darauf schließen, dass die Zeichnung von ihr ist, hergestellt in einem Atelier der Pariser Académie Julian in der 5 rue de Berri, das nur weib-

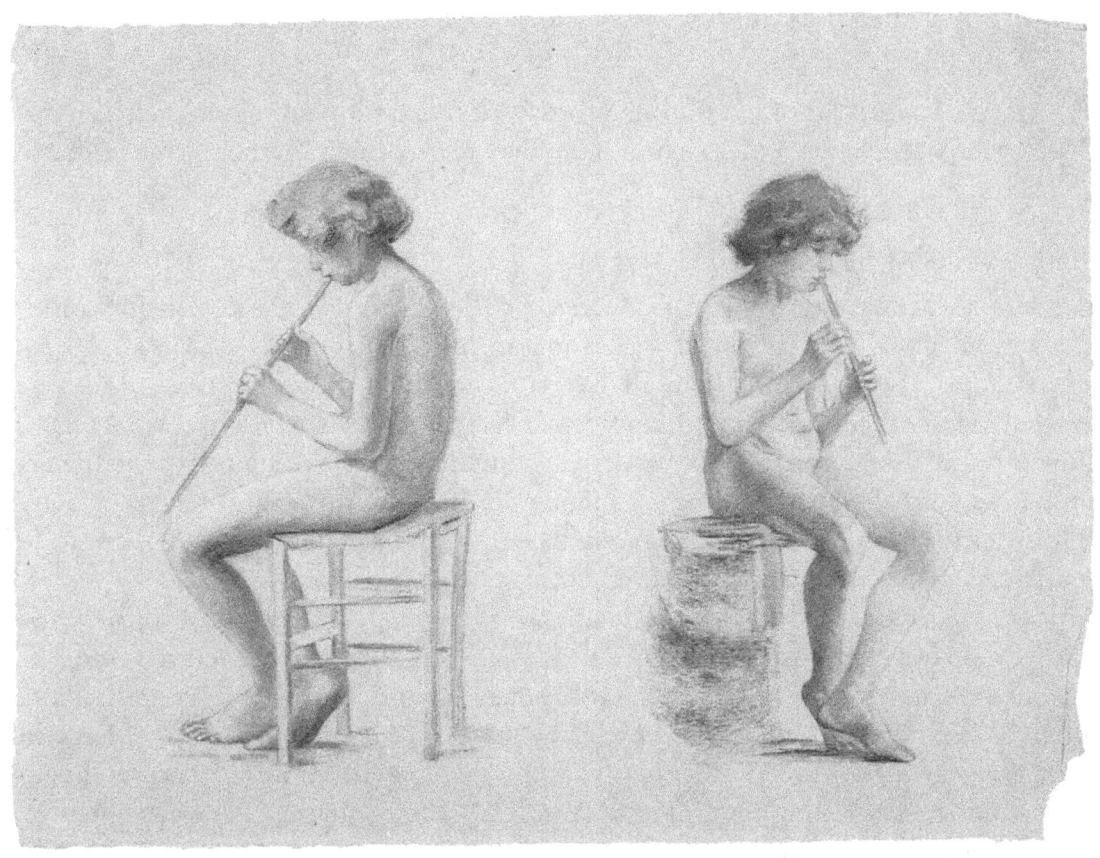

Zwei Flötenspieler, ca. 1893

lichen Studenten zugänglich war. Heute befindet sich diese nicht signierte Zeichnung in der Sammlung von Joseph Downs.⁹

Am 14. Januar 1885 notierte Jane in ihrem Tagebuch »Whiteheads Musical«. An dieser Stelle erwähnte sie zum ersten Mal die Whiteheads. Es ist möglich, dass Jane und Ralph sich an diesem Abend zum ersten Mal begegneten und es scheint, dass die Anziehung zwischen den beiden spontan war, denn weitere Anmerkungen mit »Whitehead« erscheinen sporadisch in den folgenden Monaten.

Doch Ralph Radcliffe Whitehead, inzwischen 31 Jahre alt, war zu diesem Zeitpunkt noch mit Marie verheiratet und nach Janes Aufzeichnungen zu schließen dauerte es Jahre, bis sich die beiden wiedersahen. 1885 war Jane Byrd 24 Jahre alt.

Die Idee

Anfang der 90er-Jahre traf Ralph Whitehead in London auf einen weiteren Verfechter starker Ideen, der sich in Künstlerkreisen einen Namen gemacht hatte:

William Morris (1834–1896)

gründete nach dem Studium in Oxford 1875 die Firma Morris & Co in London und begann mit der Herstellung von Tapeten und Textilien, Glas-Metall-Gegenständen und Dekorationsartikeln aller Art. Ebenfalls infiltriert von den Ideen des Oxfordprofessors John Ruskin gründete Morris 1884 eine sozialistische Partei. Als Künstler und Sozialist war er der Überzeugung, dass Kunst niemals zu trennen sei von der persönlichen Einstellung zu Fragen der Moral, Politik und Religion. Selbst die Einrichtung einer Wohnung sei niemals eine moralisch neutrale Wahl, immer sei sie auch Ausdruck einer inneren politischen Haltung.

Morris wurde als eingebildet, anmaßend, jähzornig und ungeduldig beschrieben.[10] Er vertrat die Ansicht, dass jeder so ziemlich alles machen könne und auch machen sollte; aber zu Whitehead sagte er, dass jemand, der nicht imstande sei, ein Epos zu komponieren, während er gleichzeitig einen Teppich webe, besser seine künstlerischen Ambitionen aufgeben sollte. Morris stellte unter anderem Tapeten im Stil von Gustav Klimt her und edle Wandteppiche. Whitehead erwarb einen von ihm, den er später in seiner Bibliothek aufhängte.

Als Whitehead bei Morris das Entwerfen von Tapeten lernen wollte, lehnte ihn dieser als Schüler ab, mit der Begründung, dass er nicht genügend künstlerisches Talent besäße. Im Juni 1891 verbrachte Ralph einen Nachmittag mit Morris in dessen Londoner Atelier, aus dem er begeistert zurückkehrte. War er doch einem großen Meister begegnet, der ihn an der Ausübung seiner Kunst hatte teilhaben lassen! Er hielt fest, dass Morris ihn zwar nicht als Schüler nehmen wolle, jedoch bereit sei, ihm alles zu zeigen, was immer er wünsche. Wenngleich enttäuscht darüber, überwog doch bei ihm die Einsicht. Im Vergleich zu den besten Künstlern, die er sich als Maßstab gesetzt hatte, schätzte Whitehead seine eigene künstlerische Begabung als eher gering ein. In seinen Augen war die größte Schwierigkeit, sich mit der eigenen Unzulänglichkeit zufriedenzugeben.

1890 begab sich Ralph Whitehead auf eine Reise durch Italien und begegnete in Florenz jener Frau wieder, die entscheidend seine Zukunft mitgestalten wird: Jane Byrd McCall. Dieses Wiedersehen nach fünf Jahren erlebten beide mit derselben Intensität und Leidenschaft und entfachte zwischen ihnen ein Feuer, das nicht mehr zu löschen war. Wann immer sich die Möglichkeit bot, trafen sich die beiden in aller Heimlichkeit, um Jane nicht zu kompromittieren, da Ralph noch verheiratet war. Sie lustwandelten durch Gärten und Schlösser, besuchten Kirchen und Museen und entdeckten gemeinsam ihre Liebe zum südländischen Lebensstil und den Kunstwerken der alten italienischen Meister.

Auch Jane war eine der »im Glück Geborenen« wie Ralph. Im Gegensatz zu seiner Frau Marie bewegte sich Jane in den gleichen gesellschaftlichen Kreisen und teilte seine Ideale. Auch ihr Lehrmeister war unter anderem John Ruskin gewesen.

In dieser Zeit entwickelten sie den immer wiederkehrenden Begriff »Dream of Somewhere«, ein Synonym für ihre Zukunftsvision, die als leuchtender Stern über den Anfangsjahren ihres gemeinsamen Lebens stand. In glühenden Briefen gab Ralph seiner Hoffnung Ausdruck:

> Unsere Zukunft liegt nicht länger in den Händen eines Schicksals, das mit uns macht, was es will – es liegt in unseren eigenen Händen und unsere Hände sind stark, wenn sie vereint sind – wie unsere Seelen und Gedanken vereint sind, bis ich nicht mehr weiß, was ist mein und was ist dein. Florenz sah die Geburt und das Wachsen unseres »neuen Lebens«, aber die ganze Welt soll zum Schauplatz dieser Fülle werden, denn wo immer uns das Leben hinführen wird, wir werden nicht mehr allein sein.[11]

Und weiter schrieb er:

> Eine Sache weiß ich sicher, dass du und ich in wenigen Jahren ein zielgerichtetes Leben beginnen werden, und durch dieses Leben sollten wir um uns herum eine Gemeinschaft bilden, mit nur ein oder zwei oder drei Menschen, die nicht gemeinsam unter demselben Dach leben, deren Leben glücklich und zufrieden sein sollte, aufgrund unseres eigenen gemeinsamen Glücks. Die Idee, etwas Sinnvolles zu tun und ein Leben zu leben, gesund in Körper, Geist und Gefühl, ist nicht neu […][12]

Schon bald war klar, dass die beiden ein gemeinsames Leben planten, obwohl Ralph offiziell noch mit Marie verheiratet war und Janes Familie entschieden dagegen war. Für Janes Vater, Major McCall, war Ralph Whitehead ein neureicher Emporkömmling der englischen Textilindustrie, zudem musste er erst geschieden werden. Die McCalls hingegen waren Nachkommen eines alten distinguierten Geschlechts von Großgrundbesitzern und Politikern aus der ersten Garde Philadelphias, deren herausragende Rolle bis ins frühe Mittelalter zurückreichte. Um seine Position zu verbessern, schlug Jane Ralph vor, für ein politisches Amt zu kandidieren, aber er antwortete:

> Ich bin wirklich bereit, alles zu tun, aber ich glaube, das Parlament und die Politik sind nichts für mich. Parlamentarier sein bedeutet ein Leben in einer Großstadt. Das wäre ein anderes Leben als das, das ich mir für dich und mich erträumt habe.[13]

Jane antwortete:

> Ja, Lieber, ein einfaches Leben ist am meisten wert, gelebt zu werden. So wenige Menschen verstehen diese Idee überhaupt. Ich bin so froh, dass wir dieses Gefühl teilen. Ganz gleich, wie oft ich vom Weg abgewichen bin, um neue Erfahrungen zu sammeln, so bin ich doch immer wieder darauf zurückgekommen als den goldenen Mittelweg. Im Zentrum lebt die Harmonie. Wir tasten alle herum. Doch was finden wir nur immer?
>
> Was wir uns doch alle wünschen, ist gerüstet zu sein mit etwas Liebe, etwas Gesundheit, etwas Philosophie und einer großen Portion Natur direkt vor der Tür.[14]

Angefeuert von diesen schönen Worten verfolgte Ralph intensiv praktische Pläne, um die Scheidung von seiner ersten Frau Marie herbeizuführen. Aber eine englische Ehe zu trennen, geschlossen vom Erzbischof von Canterbury höchstpersönlich, war zur damaligen Zeit unmöglich. Nach vielen erfolglosen Überlegungen entschloss sich Ralph für die aussichtsreichste Idee: Er würde sich als Deutscher einbürgern lassen. Mit diesem Schritt bestanden die besten Chancen auf eine rasche Scheidung.

Im Herbst 1891 reiste Whitehead nach Deutschland und verbrachte sechs Monate in einem Appartement in Berlin. Er nutzte die Zeit, um sich weiter im Handwerk auszubilden und begab sich in die Lehre eines deutschen Schreinermeisters, den er sehr schätzte:

> Ich kam hier mit einem der besten Schreinermeister überein, sein Handwerk so gut wie möglich zu lernen. Er ist jemand, der auf Qualität achtet und nur ein paar Angestellte hat. Ich fange nächsten Dienstag bei ihm an. Jeden Nachmittag von zwei bis sechs. Der Morgen bleibt frei. Ich sollte eine Stunde ausreiten, eine Stunde Gymnastik irgendeiner Art machen und zu Hause etwas Tischlerei.[15]

In dieser Zeit der Trennung schrieb er nahezu täglich an Jane, die mit ihrer Mutter, die Ralph gegenüber immer noch skeptisch war, in die Staaten zurückgereist war. Ralphs Briefe verfolgten zwei Ziele: Zum einen beteuerte er Jane seine ungebrochene Zuneigung, zum anderen entwarf er seine Ideen über Kunst und soziale Reformen, die sie mit Freude kommentierte. Es sah aus, als hätte er in Jane Byrd eine unterstützende Partnerin gefunden, die zu seiner Überraschung auch seine ungewöhnlichen Ansichten teilte.

Am Neujahrsabend 1891 stand er am Fenster seiner Berliner Wohnung und sah den glitzernden Flocken des Schneetreibens zu, die sich sanft auf der Fensterbank niederließen. Er wusste, er würde bald zur Neujahrsfeier seines Schreinermeisters aufbrechen. Aber er wusste auch, dass er dort als einziger ohne Frau wäre. Trotzdem war er von innerer Dankbarkeit erfüllt und dem sicheren Gefühl, dass in der Ferne jemand auf ihn wartete. Ihm war, als habe er seine »Botin« gefunden, die ihm helfen würde jenen leuchtenden Berg zu erklimmen, den er seit seinen Anfängen in Paris vor sich sah. Er schrieb an Jane:

> Was mir gefehlt hat, war jemand dem ich dienen durfte; du hast meine Dienste angenommen und nun habe ich inneren Frieden. Mein Leben hat wenig Sinn, außer wenn ich jemand solch treuen Dienst erweisen kann, dazu habe ich eine Gabe, siehst du daran meine Liebe zu dir?[16]

Während des Berlinaufenthalts machte Ralph erste Aufzeichnungen für sein Buch *Grass of the Desert* und näherte sich dabei vorsichtig einer Verschmelzung der Theorien von John Ruskin und William Morris. Darüber hinaus entwickelte er eine eigene Version der idealen Gesellschaft. Er adaptierte den Gedanken seines Mentors John Ruskin, wonach es gut wäre, wenn jeder einem Handwerk nachginge, um das Ansehen der Gewerkschaften zu stützen, die sich in der Folge wiederum für die Arbeiter einsetzen könnten.

Gleichzeitig stimmte er mit Morris überein, dass nur in Verbindung mit individuell angemessener Arbeit und in einem angenehmen Umfeld, moralische Verantwortung und Achtung vor der Natur entstehen könne. Niedriges und Hässliches jeglicher Form sollte verschwinden, koste es, was es wolle. Und er meinte damit nicht nur die Wohlhabenden, dieser Gedanke galt für alle. Die Reichen sollten ihre Güter so einsetzen, dass auch die Armen davon profitierten, anstatt sich mit unnützen Dingen zu umgeben, die ausschließlich den Zweck hatten, ihren Reichtum zu repräsentieren. Im Kampf um die moralische und physische Gesundheit jedes Einzelnen, wäre es eine unabdingbare Notwendigkeit, den Erziehungsprozess bereits bei den Kindern zu beginnen. Den Weg dorthin beschrieb er folgendermaßen:

> Kinder lernen mehr durch Beispiele und Assoziation als durch Regeln. Der Erfolg durch das Anlesen von Büchern ist viel geringer, als man erwartet, da wir uns für unsere Kinder Gesundheit, aktive Körper und brillante Intelligenz wünschen, um all die Schönheit in Natur und Kunst würdigen zu können; zurzeit ist all das nur für Menschen mit einem hohen Bildungsgrad schön und einfach.[17]

Zum anderen verdeutlichte er in *Grass of the Desert* seine Vorstellung eines Lebens in Einheit mit der Natur, und anders als Ruskin verbannte Whitehead die Frauen nicht an den Herd oder als Krankenschwestern in pflegerische Einrichtungen. Im Gegenteil. Sein Aufruf sich künstlerisch zu betätigen, richtete sich besonders an Frauen. In seinem Kapitel *Work* nannte Whitehead drei Punkte, die seiner Meinung nach die Basis für eine neue, menschenwürdige Gesellschaft bildeten:

1. Die Sehnsucht nach Behaglichkeit und größerer materieller Unterstützung.
2. Das Ideal der Rechtschaffenheit, oder wie Plato es nannte, Gerechtigkeit.
3. Die Liebe zur Schönheit mit ihren weitreichenden Verbindungen.[18]

Für die Gestaltung seines Buchs bat er Jane um künstlerische Mitwirkung. Sie lieferte ihm mehrere Einbandvorschläge und stellte gravierte Platten für deren Druck her. Dazu wünschte er sich dekorative Initialen und besondere Kopf- und Schlusszeilen für jedes Kapitel. Sie antwortete:

> Ich habe zwei kleine Zeichnungen auf einer Stahlplatte beigelegt, für die Rückseite deines Buches. [...] ich zeichnete ein Motiv auf die Stahlplatte, bedeckt mit getrocknetem Kalk. (...) all die Gravuren für das Fleurs-de-Lys-Motiv schlugen fehl, ich werde es morgen noch mal versuchen. Ich werde auch einige Versuche mit indischer Tinte machen.[19]

Jane gestaltete diverse Entwürfe und entwickelte dabei das Flügel-und-Pfeil-Motiv sowie das Fleurs-de-Lys, das Lilienmotiv, jene Embleme, die zum Symbol ihrer Beziehung wurden. Sie benutzten sie oft zur Identifizierung ihrer gemeinsamen Projekte und spätere Veröffentlichungen zeigen, dass diese Form der Zusammenarbeit über Jahre andauerte.

In Ralphs Buch *Pictures for School* fliegen auf dem Deckblatt der Flügel und der Pfeil vor einem Sonnenuntergang – mit einer Widmung an Jane:

> Für meine Frau, für deren Kunstverstand ich zu Dank verpflichtet bin, der für diese Lektüre sehr von Nutzen war.[20]

Damit honorierte er Janes künstlerische Fähigkeiten und bestätigte damit ihre intellektuelle Partnerschaft, auch wenn er als alleiniger Autor verantwortlich zeichnete.

Im März 1892 wurde Ralph in Deutschland von Marie geschieden und einen Monat später reiste er nach New York, wo er Jane, die sich in Colorado Springs zur Kur befand, seine Ankunft mitteilte. Nach einer neuerlichen Vorsprache bei ihren Eltern erklärten sich diese schließlich mit der Ehe einverstanden.

Ralph und Jane heirateten am 23. August 1892 in Portsmouth/New Hampshire, nahe dem Sommersitz der Familie McCall, nachdem sie beide zum apostolischen Glauben übergetreten waren. Nach langer Suche hatte sich schließlich ein apostolischer Priester bereit erklärt, sie zu trauen, obwohl Ralph geschieden war. Er bekam von der Familie McCall eine Mitgift von 125 000 Dollar, die im Falle einer Scheidung oder Trennung, vertraglich festgelegt an Jane zurückfallen sollte.

Für ihre Flitterwochen erstanden sie ein kleines Hausboot und ließen sich langsam an der Küste Maines dahintreiben. Bereits in den ersten Tagen übernahm die frisch getraute Ehefrau unmerklich das Regiment. Sie bestimmte die Farbe des Bootes, die Einrichtung, das Essen und den Tag-Nacht-Rhythmus, der sich je nach ihrer gesundheitlichen Verfassung änderte. Durch das Schaukeln des Boots wurde sie mitunter von Magenkrämpfen gepeinigt, die sie bei Nacht um den Schlaf brachten. Dann geisterte sie im Mondschein auf der Suche nach einem Beruhigungsmittel durch die Gänge und lag tagsüber blass und ermattet in Decken gehüllt im Liegestuhl an Deck, im Windschatten des Bugs. Aber Ralph fügte sich in alles. Er war glücklich, Jane endlich an seiner Seite zu haben. Er hielt ihr das Handtuch, wenn sie aus dem Bad stieg und umarmte sie in inniger Zärtlichkeit wie eine Königin, der kein Leid geschehen darf. Behutsam küsste er sie in den nächsten Tag, bis sie im Morgengrauen von den kurzen, heiseren Schreien der Graureiher begrüßt wurden, die ihren Weg entlang des Ufers säumten. Als wollten sie Ralph und Jane zurufen: Viel Glück, viel Glück!

Am Ende entfachten sie ein Feuer und sahen in einträchtiger Umarmung zu, wie das Hausboot langsam in Flammen aufging. Kein anderer nach ihnen sollte es jemals für einen weniger glorreichen Zweck benutzen und somit entweihen können.[21]

Für Ralph Whitehead war ein Traum in Erfüllung gegangen. Doch Jane peinigten ihr Leben lang Zweifel über die Gültigkeit ihrer Ehe mit ihm. Bei jedem Hinweis auf Ralphs erste Ehefrau Marie und seine Scheidung geriet sie in Rage. Sie vernichtete alle Informationen über sein Leben vor 1892, sämtliche Briefe, Fotografien oder sonstige Erinnerungsstücke. Diese Besessenheit übertrug sie später auch auf ihren Sohn Peter, der zeitlebens bestritt, dass es eine erste Ehe seines Vaters gegeben habe.

Im Anschluss an ihre Hochzeit folgte eine ausgedehnte Reise durch Europa über nahezu zwei Jahre, was damals nicht ungewöhnlich war. Ende September segelten sie von New York nach Liverpool, verließen London am 12. Oktober 1892 und überquerten bei Dover den Ärmelkanal, um nach Frankreich überzusetzen. Sie besuchten Versailles, Cannes und Rouen. In Paris nahm Jane wieder ihre Kunststudien an der Académie Julian auf, wo sie bereits 1886 studiert hatte.

Obwohl sie ein Leben gemeinsamer Arbeit und Aktionen planten, war es von Anfang an selbstverständlich, dass jeder von ihnen die Freiheit hatte, seine eigenen künstlerischen Interessen weiterzuverfolgen. In Paris verfeinerte Jane ihre Aquarelltechnik und genoss das gesellschaftliche Leben zusammen mit ihrer Mutter Mercer und Schwester Gerty, die, wie damals üblich, das Paar zeitweise auf der Reise begleiteten.

Ralph machte unterdessen einen Abstecher nach London und stellte dort Ende 1892 sein Buch *Grass of the Desert* vor, herausgegeben von seinem Freund und Verleger Walter Crane von der Chiswick Press. Den Titel entnahm Whitehead einem Gedicht seines amerikanischen Lieblingsautors Walt Whitman.

Neben dem Titel *Work* enthält *Grass of the Desert* eine Besprechung von Platos *Phaedrus* und mehrere Kapitel über die *Göttliche Komödie* von Dante, die von der Kritik mit Wohlwollen aufgenommen wurden.

Ralph und Jane trafen sich wieder in Florenz, dem Ort, an dem ihre Liebe ihren Anfang genommen hatte und verbrachten einige Monate in seiner Villa an der Riviera. In den lauen Nächten am Mittelmeer versanken sie wieder in Träume über das Land ihrer Sehnsucht, ihrem »Dream of Somewhere« und schmiedeten Pläne für die Zukunft. Jane erholte sich zusehends von diversen, immer wiederkehrenden Leiden und blühte sichtlich auf unter dem Einfluss der würzigen Seeluft und den warmen Winden des Südens.

40 Jahre später schrieb ein deutscher Freund über den Eindruck, den sie auf ihn in jenen Tagen machte:

> In der Fantasie sehe ich dich noch immer so, wie du mir in Florenz entgegenkamst, am ersten Jahrestag deiner Hochzeit: jung, wunderschön, mit einem Glorienschein goldener Locken um den Kopf und den graziösen Bewegungen einer Zauberfee! Bekleidet mit entzückenden Gewändern aus Paris, funkelnden Juwelen im Haar, die Laute unter dem Arm, alte Volkslieder auf den Lippen – ich war vollkommen berauscht von so viel Vollkommenheit und werde das niemals vergessen.[22]

Es ist kein Wunder, dass Jane Ralph damals wie eine präraphaelitische Muse erschien, die ihn in seiner Korrespondenz zu galanter und blumiger Sprache inspirierte und gleichzeitig seine geistigen Visionen zu futuristischen Höhenflügen anspornte. Doch es würde einige Zeit dauern, bis es gelang, diese auch in die Tat umzusetzen.

Der Aufbruch

Es gibt Erlebnisse, die müssen erst gelebt werden, bevor die Einsicht kommt.[23]

Als Ralph Radcliffe Whitehead gegen den Willen seines ehemaligen Mentors John Ruskin beschloss, in den Vereinigten Staaten zu leben, schien er keine große Eile zu haben, seine Pläne zu verwirklichen. Lange Zeit sammelte er Pressematerial und verglich Informationen seiner Freunde und Bekannten. Unterstützt von der Eisenbahnlinie, die seit Mitte des 19. Jahrhunderts die Ost- und Westküste miteinander verband, hoben Werbekampagnen besonders den Westen Nordamerikas als Land ungeahnter Möglichkeiten hervor.

Schließlich, nach einem Treffen mit seinem englischen Verleger Walter Crane, der, wie sein amerikanischer Lieblingsautor Walt Whitman, von der Schönheit Kaliforniens schwärmte, und als auch noch andere Reisende davon berichteten, reifte sein Entschluss.

Ende April 1894 trat Ralph mit seiner Frau Jane Byrd von London aus die Reise Richtung Amerika über den Atlantik an. Mit ihnen an Bord gingen 21 Koffer, davon 13 fahrbare Schrankkoffer, in denen sich neben antiken und modernen Schätzen auch seine kostbare Büchersammlung befand. In New York angekommen trennten sie sich, und während Ralph dort den Großteil des Gepäcks deponierte, besuchte Jane ihre Heimatstadt Philadelphia und besuchte ihre Familie. Sie trafen sich wieder in Chicago, überquerten mit der neuen Eisenbahnlinie den Kontinent Richtung Westen, machten einen Zwischenstopp in Las Vegas und erreichten schließlich Los Angeles am Pazifik. Von dort bewegten sie sich langsam entlang der Westküste Richtung Norden.

Sie siedelten sich in dem Dorf Montecito an, nahe Santa Barbara an der Küste Kaliforniens. Für Ralph und Jane hatte der Ort seinen eigenen Charme. Der tiefblaue Pazifik auf der einen, die Berge auf der anderen Seite erinnerte sie die Landschaft an ihr italienisches Idyll am Mittelmeer. Von der Seeseite wehte stetig ein frischer Wind und sie erhofften sich von ihm wie auch von dem milden Klima Unterstützung ihrer schwachen Gesundheit. Die einheimische Bevölkerung bestand aus einer Mischung von wohlhabenden Siedlern der Ostküste und des Mittleren Westens, Glücksrittern, die im Tal des Sacramento River nach Gold schürften, sowie mexikanischen Einwanderern, die inmitten üppiger Plantagen in pittoresker Armut lebten.

Die Whiteheads erstanden einen gebirgigen Landstrich von ca. 70 Hektar und ließen dort ihre Villa Arcady im italienischen Stil der Toskana errichten, die bis heute auf dem Hügel steht. Umgeben von Bergen zu beiden Seiten bietet sie einen unvergleichlichen Blick über den Ozean. Es sind noch Reste der ehemals prächtigen Gartenanlage erhalten.

Unter Beteiligung angrenzender Landeigentümer heuerte Whitehead einen Trupp mexikanischer Arbeiter an, ließ Rohre und Leitungen hinauf zu seiner Villa legen und machte Pläne für neue Zufahrtsstraßen. Die ausgehobene Erde des Straßenbaus wurde zur Errichtung eines Terrassengartens unterhalb seines Hauses verwandt, den Ralph mithilfe eines alten englischen Gärtners eigenhändig anlegte. Er plante und überwachte den Bau einer Bewässerungsanlage, bekannt geworden als die »Whitehead's Tunnels«, die das Wasser nach Arcady und zu den umliegenden Obstplantagen bringen sollten.

Eingebunden in die natürliche Flora und unter Berücksichtigung der geologischen Verhältnisse entstanden Terrassen mit Olivenbäumen und Weinreben, daneben Obstgärten mit Mandarinen- und Grapefruitbäumen, in denen Whitehead aus ideologischer Überzeugung täglich zwei Stunden arbeitete, »der Hände Arbeit« bedeutete »geistige Nahrung«. Nachdem die Wege befestigt waren, ließ er die ausrangierten, verwitterten Gesteinsbrocken sammeln und in Abständen in der Gartenanlage verteilen, um den Eindruck der natürlichen Formationen zu verstärken.

Die Villa selbst gestaltete er unter Mitarbeit des englischen Architekten Samuel Ilsley und des dänischen Kunsthandwerkers Christoph Tornoe in einem Stil, der in Kalifornien bis dahin unbekannt war. In Anlehnung an den Bau italienischer Paläste war sie ausgestattet mit Stuckarbeiten und Säulen sowie eleganten Möbeln, mediterranen Antiquitäten und edlen Textilien von Whiteheads Freund William Morris.

Anlage und Einrichtung der Zimmer verbanden klassische italienische Elemente mit kalifornischer Einfachheit wie etwa der Anbau Stoa, der aus einem einzigen großen Raum bestand, der flankiert war von einer überdachten Veranda. Jane benutzte ihn als Studioraum, später diente er auch als Musikzimmer. Die weitere architektonische Gestaltung der Arcady Colony wurde unter anderem von Whiteheads Erinnerungen und Aufzeichnungen der Schweizer Chalets geprägt, die er 1892 bei seiner Reise durch die Schweiz in St. Moritz gesehen hatte. Unter der Leitung schweizerischer und skandinavischer Architekten entstanden für Mitarbeiter und zukünftige Gäste Häuser, die alle Namen bekamen.

Das Haus Giglio (ital.: Lilie) lag versteckt auf einem Hügel zwischen Bäumen, es wirkte wie ein Baumhaus. Die Tür schmückte Whiteheads florentinische Lilienblüte, die später zu seinem Logo wurde. Daneben stand das steingraue Moon, das primär für Studiengäste und Handwerker genutzt wurde und das Woodworking Studio.

Das unmittelbare Erlebnis der ständig wechselnden Natur und der Landschaft um

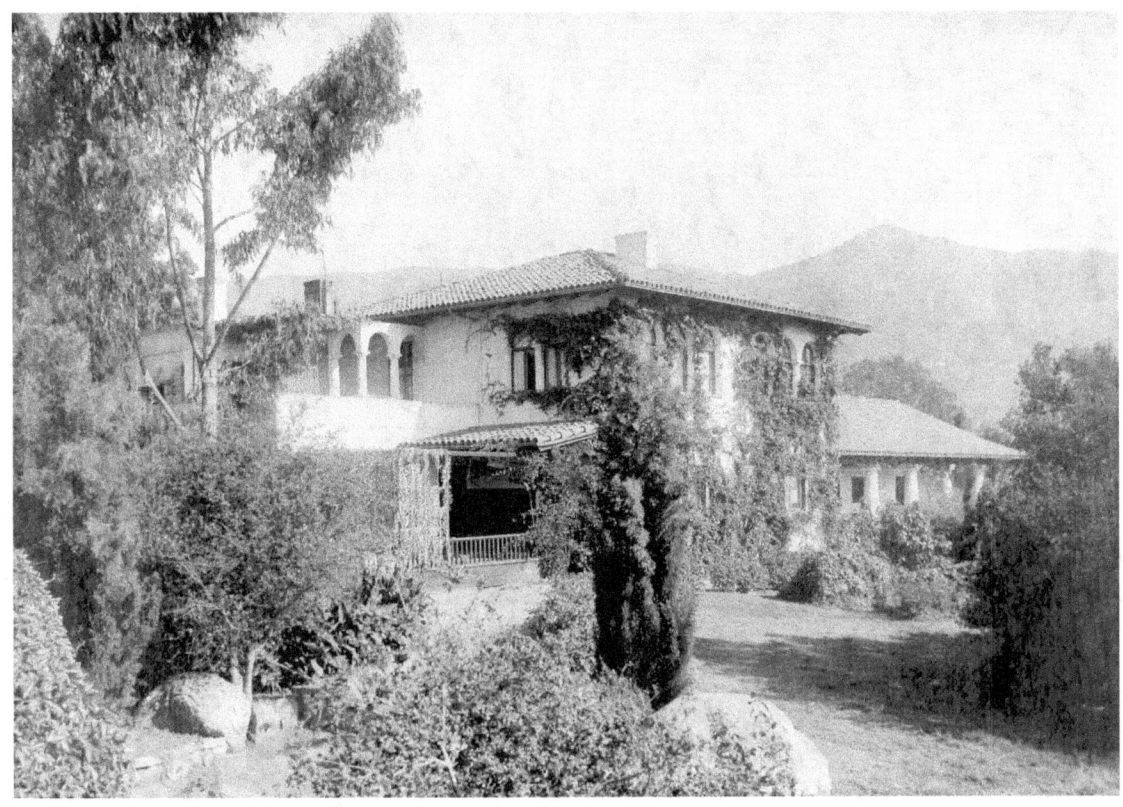

Arcady, Kalifornien, ca. 1895

ihn herum inspirierte Ralph dazu, einen Text zu verwenden, der bis heute in der Kopfleiste der Tür in seinem Bungalow Neroli eingraviert ist. Es ist ein Gedicht aus dem Sanskrit, das dem Poeten Kalidasa aus dem 5. Jahrhundert zugeschrieben wird.

Gruß an die Morgendämmerung	Listen to the Exhortation of the Dawn
Sieh dieser Tag!	Look to this Day!
Denn er ist Leben – ja das Leben selbst	For it is Life – the very Life of Life
In seinem kurzen Lauf liegt alle Wahrheit, alles Wesen deines Seins.	In its brief course lies all the Varieties and Realities of your Existence.
Die Seligkeit zu wachsen,	The Bliss of Growth
Die Freude zu handeln,	The Glory of Action
Die Pracht der Schönheit,	The Splendour of Beauty
Denn Gestern ist nur noch ein Traum	For Yesterday is but a Dream
Und jedes Morgen ist nur ein Bild der Fantasie,	And every Tomorrow is only a Vision

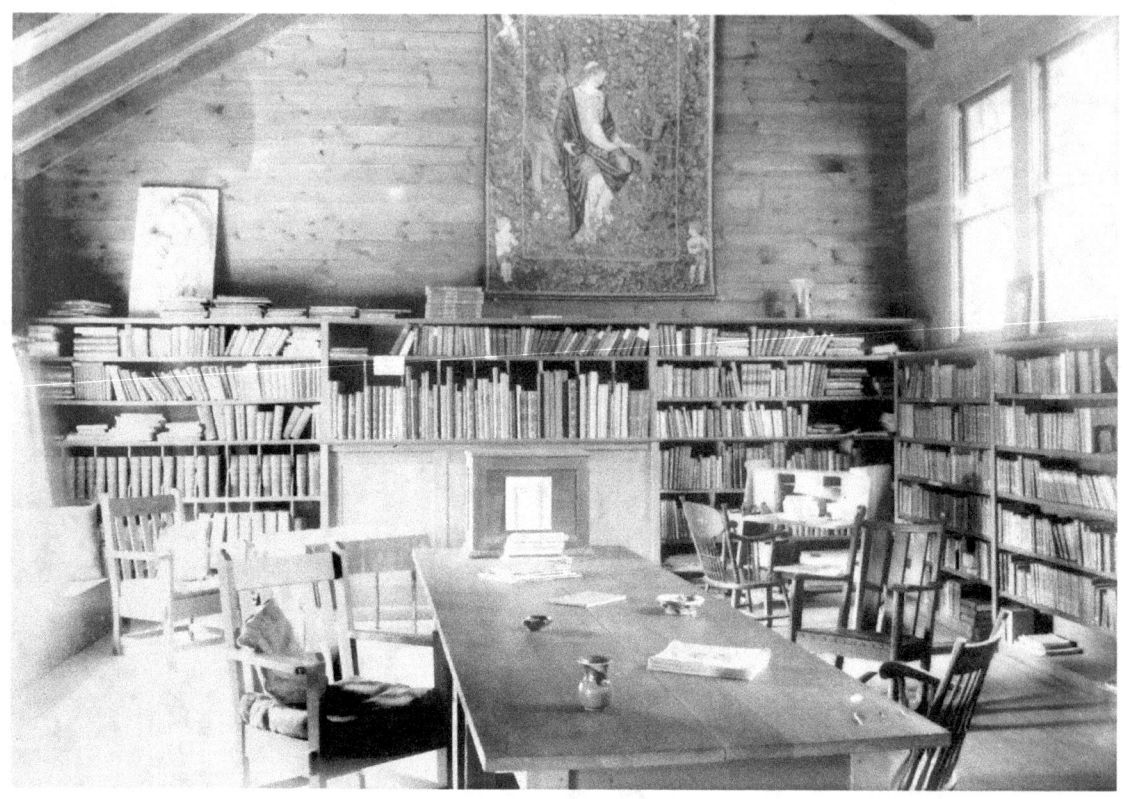

Bibliothek in Byrdcliffe, ca. 1908
Der Wandteppich ist gewebt von William Morris, erstanden von Whitehead 1890.

Doch heute, richtig gelebt, verwandelt	But Today, Well-lived, makes
jedes Gestern in einen gleichseeligen Traum.	Yesterday a Dream of Happiness
Und jeder Morgen ist ein Bild der Hoffnung	And every Tomorrow a vision of Hope
So sieh denn diesen Tag genau!	Look well, therefore, to this Day,
Das ist der Gruß der Morgendämmerung	Such – is the Salutation of the Dawn[24]

Über dem Kamin im Wohnzimmer deponierte Whitehead die Skulptur der *Madonna mit Kind* des Renaissancebildhauers Luca della Robbia, ein Ausdruck seiner Verehrung alter europäischer Meister. Neben seiner Büchersammlung aus New York ließ er sich aus Europa Fotografien und Kopien italienischer und englischer Renaissancemaler und -bildhauer kommen, die er dort gesammelt hatte. Sie bildeten den Grundstock seiner viel bewunderten, eindrucksvollen Bibliothek, die allen Interessenten gleichermaßen zugänglich war.

Eine Auswahl von Kopien der Kunstwerke Alter Meister stellte er auch der städtischen Schule von Santa Barbara zur Verfügung, in Rahmen gesetzt von Jane.

Auch wenn es anfangs schien, als hätten sie ihr Ziel gefunden, unterschied sich das Leben in Arcady doch spürbar von jenem, welches Jane bis dato gewöhnt war. Sicher waren sie glücklich, im Land der untergehenden Sonne und an der Wiege der Kultur der spanischen Mission zu sein – doch ehemals eingebettet in höchsten Komfort und in die Aura vornehmer Kreise begegnete Jane hier dem rauen Leben auf dem Land und oftmals einer Sprache, die sie nicht verstand.

Sie hatten vom »simple life« geträumt, doch dieses neue Leben entsprach keineswegs dem Traum, den sie mit Ralph geträumt hatte. Im August 1894 schrieb Jane, dass es ihr nur mit Mühe gelinge, Ruhe zu bewahren und im Oktober folgte der Bericht einer Fahrt nach Santa Barbara, wo es »seedy« sei, sprich vergammelt.[25]

Zudem wurde sie zunehmend lustloser. Es folgte eine fiebrige Infektionskrankheit, die sie zu einem längeren Aufenthalt ins städtische Krankenhaus von Santa Barbara zwang. Während der Behandlung erhielt sie unter anderem Äther, was möglicherweise der Auslöser für eine spätere Fehlgeburt war.

Sie malte nicht mehr, noch betätigte sie sich in irgendeiner künstlerischen Richtung. Ihre Tage waren angefüllt mit der langwierigen und mühsamen Organisation des Haushalts, den sie anfangs alleine und mit primitivsten Mitteln zu bewerkstelligen hatte. Neben ihrem steten Kampf gegen Magengeschwüre und den sich täglich wiederholenden Auseinandersetzungen mit Dienstboten, denen lange Ruhepausen folgten, verwaltete Jane das Anwesen so gut sie konnte. Die Verständigung mit der Spanisch sprechenden Bevölkerung erwies sich als weit schwieriger, als sie erwartet hatte; nicht nur deren Sprache, auch deren Lebenseinstellung war anders.

Mittags lag sie erschöpft im Schatten der überdachten Veranda und schrieb nahezu täglich Briefe an ihre Mutter, die sie sehr vermisste. Sie diskutierte mit ihr über den Begriff »Arcady«, der abgeleitet war von Arcadia, dem sagenumwobenen Land des antiken Griechenlands, dessen Einwohner in glücklicher Eintracht und in Frieden gelebt hatten. Dieses Land suchte sie für sich und Ralph, und es war wie eine Beschwörung, dass die beiden ihrer Villa diesen Namen gaben.

Im Januar 1895 fand sich schließlich verlässliches Personal, das Jane tatkräftig unterstützte und ihr die wichtigsten Gänge abnahm. Beschwingt durch die Aussicht auf mehr freie Zeit richtete sie vorsichtig den Blick auf die wilde Schönheit ihrer Umgebung, die in ständigem Wechsel auf sie einwirkte. Sie schrieb ihrer Mutter, dass sie jetzt jeden Tag freudig begrüße und morgens auf den Hügel steige, um zu malen, die Gesundheit habe gesiegt!

Kurz darauf berichtete sie von ihrer Vorstellung, zu leben wie ein gewöhnlicher Bürger und wie gut sie sich dabei fühle »den Boden zu bearbeiten, als wäre es für jemand anderen, für den wir das täten.«[26] Was amüsant erscheint, wenn man bedenkt, dass sie ein besonderes Faible für sehr noblen Stil und ein hochkultiviertes Leben hatte und für ihren Lebensunterhalt niemals selbst arbeiten musste.

Sobald sie sich besser fühlte, entwickelte sie eigene Ideen und beteiligte sich maßgeblich an der Gestaltung und Einrichtung der Villa und deren Nebengebäuden. Ebenso wie Ralph wünschte sich auch Jane eine möglichst enge Verbindung zwischen der sie umgebenden Natur und ihrem Kunstbetrieb, der, eingebettet in den praktischen Alltag, ihr gemeinsames Lebensgefühl mit dem Motto »Kunst ist Leben und Leben ist Kunst« widerspiegeln sollte.

Sie bestimmte die Dekorationen, suchte die Stoffe und Farben aus und kümmerte sich um alles bis hin zu den unterschiedlichen Pflanzen im Garten:

> Ich wünsche mir, dass jede Art von Dekor eine Bedeutung hat, und wenn es keine Bedeutung hat, soll es durch die Schönheit der Farbe oder seine Form überzeugen, und die Formen für Verzierungen entnehme ich, soweit es möglich ist, aus den alltäglichen Dingen der Natur, wie im Fall der Abalone-Muscheln, der Eukalyptusblätter etc. Ich beschwor Ilsley, uns keine landesüblich maschinell hergestellte Tür einzubauen, und er sicherte mir das zu.[27]

Als der Frühling kam, waren die Whiteheads umringt von einem Kreis reicher Freunde, insbesondere anderer Kolonialisten, die sich im Umkreis angesiedelt hatten und Arcady zu einem beliebten Treffpunkt machten. Sie feierten elegante Dinnerpartys mit erlesenen Speisen, serviert von chinesischen Dienern, die sich diskret zwischen ihnen bewegten, während im Raum nebenan die Musiker ihre Instrumente stimmten. Musik wurde ein wichtiger Bestandteil ihres Lebens.

Der Cellist Louis Opid, Neffe der berühmten polnischen Schauspielerin Helena Modjewska, mit der die beiden befreundet waren, bekam den Anbau Stoa zur freien Verfügung, in dem Sonntagskonzerte mit Cembalo, Violine und Cello veranstaltet wurden. Daneben förderte Ralph eine Gruppe von Kammermusikern, die er werktags in die öffentlichen Schulen von Santa Barbara schickte, um dort klassische Musiknachmittage zu halten.

Angetrieben von dem philantropischen Gedanken »Glück der Seele« beschäftigte sich Ralph eingehend mit der Erziehung der Jugend, in der in seinen Augen die Weichen für den respektvollen Umgang mit sich selbst und der Natur gestellt werden. Er ließ von dem dänischen Architekten Christoph Tornoe eine Flachbauschule errichten. Dort sollte der Unterricht basierend auf dem Modell der Sloyd-Lernmethode gestaltet werden, die, ausgehend von Schweden, seit Ende des 19. Jahrhunderts in Teilen Europas praktiziert wurde. Ihr Grundprinzip war ein praxisnaher Unterricht in freier Natur, verbunden mit Handwerksunterricht.

Als die neue Schule feierlich eröffnet wurde, gab es in Santa Barbara bereits eine öffentliche Grundschule für alle, Ralphs Sloyd School sollte lediglich als Ergänzung dienen. Sie beinhaltete Unterricht in Allgemeinbildung und Kunst, zuzüglich sechs Stunden Handwerkerarbeit pro Woche, die zum Ziel hatten, den Kindern Holzverarbeitung beizubringen, nicht um Schreiner zu werden, sondern zur Förderung ihrer geistigen, moralischen und körperlichen Kräfte.[28]

Wann immer das Wetter es zuließ, fand der Unterricht im Freien statt, was von allen begrüßt wurde. Ralph stellte eine englische Lehrerin ein, die Spanisch sprach, und unterstützte ihren Wunsch, auch Minoritäten aufzunehmen, im Besonderen Kinder von Arbeiterfamilien, die, wie seine Landarbeiter, aus Mexiko eingewandert waren. Ehefrau Jane organisierte an Feiertagen Feste mit Theateraufführungen und Verkaufsständen für die Kinder.

1895 beteiligte sich Jane an der jährlichen Blumenparade in Santa Barbara. Gemeinsam mit dort ansässigen Künstlern verwandelte sie die von Pferden geführte Kutsche »Flowers of the Sea and Seashore« in eine venezianischen Gondel, geschmückt mit Muscheln und Seegras, das sie danach als Dekoration in ihrem Studio aufhängte. In einem undatierten Brief an Ralph, der sich oft auf Reisen befand, schrieb sie:

Das Studio ist jetzt wunderbar. Ich habe es sozusagen umgebaut. Sicherlich ist der Ort von großer Schönheit. Die Frage nach dem Besitz stellt sich mir oft. Man kann nicht irgendetwas Materielles besitzen und wir verlieren es – das Gefühl und die Erfahrung, die wir damit gemacht haben, bleiben erhalten. Das dürfen wir nicht vergessen. Dein Arcady war ein großartiger Entwurf.[29]

Im selben Jahr nahm Jane Malunterricht bei ihrem talentierten Kollegen, dem schwedischen Landschaftsmaler Lovell Birge Harrison, den sie in Paris an der École des Beaux-Arts kennengelernt hatte. Er war ebenso alt wie ihr Ehemann Ralph, der ihn als Freund willkommen geheißen und ihm einen längeren Aufenthalt in Arcady angeboten hatte, wenn er sich nützlich machen würde. Birge wohnte im Baumhaus Giglio und streifte mit der Staffelei unter dem Arm auf der Suche nach malerischen Motiven durch die Landschaft. Daneben unterrichtete er die Kinder in der Sloyd School in Kunst und half Jane bei der Organisation der wöchentlichen Musikdarbietungen wie auch beim Dekorieren der Feste.

Obwohl sich Jane alle Mühe gab und Ralph fasziniert war von ihrer Art der »Hofhaltung«, er nannte sie meine »poetische Malerin«, begann die Glut der ehemals leidenschaftlichen Verbindung zwischen den beiden abzukühlen. Immer öfter saß die Malerin mit ihren beiden Hunden allein zu Hause, während Ralph in der Ferne auf ihr unbekannten Wegen unterwegs war.

Auf der Suche nach geistiger Anregung ließ Ralph keine Gelegenheit aus, kreuz und quer durchs Land zu fahren und Menschen mit neuen Ideen aufzuspüren. Nach einem internationalen Kongress in Chicago, wo er mit Kapazitäten der Gesellschaft für psychische Forschung diskutierte, reiste er nach Boston, dem damaligen Zentrum intellektuellen Lebens. Dort traf er auf fortschrittliche Denker aller Schattierungen, mit denen er Fragen des sozialen Lebens debattierte, um sein Bild einer alternativen Gesellschaft zu vertiefen und weiter auszumalen. Ruhelos wie er war, blieb es nicht aus, dass sich seine Interessen auch in anderer Richtung bewegten.

Zurück in Arcady begann er wieder seine Ausflüge nach Los Angeles. Eines Tages begegnete er auf dem Weg dorthin einer Gruppe von Künstlern, die ihn zu sich einluden und ihn mit selbstverständlicher Freundlichkeit in ihren Kreis aufnahmen. Er war sofort gefangen genommen. Welch sorglose Leichtigkeit, welch überschäumende Lebensfreude strahlte ihm hier entgegen!

Die reiche Mrs. Hart aus Cleveland hatte an der Peripherie von Santa Barbara eine prunkvolle Villa erstanden, wo sie, umringt von exotischen Dienstboten, mit ihrer Tochter Louise lebte. Louise war ebenso schön wie im Herzen rebellisch, und zur Belustigung der Nachbarn war es ihr größtes Vergnügen, nachts im Mondschein, umhüllt von durchsichtigen, weißen Schleiern barfuß und singend durch die feuchten Wiesen zu tanzen. Häufig stand sie dabei unter dem Einfluss von Opium, das ihr ihre chinesische Dienerin verschafft hatte.

Ralph entflammte in heißer Liebe zu Louise, die so ganz anders war, als die Damen der gehobenen Gesellschaft, die er bis dahin kennengelernt hatte. Er schrieb ihr Gedichte mit blumigen Liebesschwüren und war gefesselt, völlig im Bann dieses erotischen Abenteuers, das sich über Monate erstreckte. Gleichzeitig wurde es immer schwieriger für ihn, diese Liebschaft vor seiner Ehefrau geheim zu halten.

An einem ungewöhnlich heißen Tag im Juli 1895 stand Jane auf einem Platz in Santa Barbara und wartete auf den Kutscher mit dem Wagen. Um sie herum standen Körbe, voll beladen mit Einkäufen für die kommende Woche. Der Kutscher hatte gesagt, er wolle nur mal um die Ecke fahren. Aber er kam nicht zurück. Sie hob die Körbe und schleppte sie in den Schatten eines Cafés, um dort auf ihn zu warten. Die Sonne brannte auf den hellen Sand, die Luft flimmerte vom Staub der nahen Wüste.

Jane ließ sich auf einen der Stühle fallen. Sie nahm ihren Hut ab und wischte sich seufzend Schweißtropfen von den Schläfen, die in Bächen von ihrer Stirn rannen und im Lockengestrüpp ihrer Haare klebten. Hier im Landesinneren war das neben der Mückenplage das Schlimmste, diese Hitze, ohne den geringsten Luftzug. Sie benutzte die Speisekarte als Fächer, wedelte dabei gleichzeitig die Bedienung herbei.

Während sie bestellte, irrte ihr Blick seitlich am Kellner vorbei. Sie erstarrte. Auf der gegenüberliegenden Straßenseite stand eine Gestalt, die ihr bekannt vorkam. Sie sah aus wie ihr Ehemann. Sie musste sich täuschen. Es war nicht möglich. Ralph hatte gesagt, er wäre bei einem geschäftlichen Treffen in Los Angeles, bereits seit dem frühen Nachmittag. Doch er trug den hellen Anzug, den sie ihm am Morgen hingelegt hatte. Der Hemdkragen stand offen, die Krawatte fehlte.

Erst jetzt bemerkte Jane die stattliche junge Frau, die auf ihn zukam. Sie trug einen Strohhut und Sandalen und begrüßte ihn mit einem koketten Knicks. Sie flüsterte ihm etwas zu. Mit Schwung zog er sie an sich, küsste sie hinterm Ohr. Sie lachte, dass man es bis weit über die Straße hörte.

Vor dem Tisch stand plötzlich der Kutscher, außer Atem. Jane wartete nicht auf seine Entschuldigung. Mit einer heftigen Bewegung stieß sie den Stuhl nach hinten und folgte dem Kutscher zur Kalesche. Geduckt im Schatten ihres Huts warf sie einen letzten Blick auf das Paar gegenüber – die beiden waren ausschließlich mit sich selbst beschäftigt.

Es war lange her, dass sie etwas Ähnliches gespürt hatte. Wie in einen offenen Krater stürzte ihre gesammelte Energie in sich zusammen und breitete sich wellenartig von der Mitte über ihren gesamten Körper aus. Als die Welle die Kniekehlen erreichte, glaubte sie einzuknicken, die Beine versagten ihr minutenlang den Dienst. Für einen Moment wurde ihr schwindelig und nur mit Mühe widerstand sie der Versuchung, beim Einsteigen in den Wagen noch einmal zur anderen Straßenseite zu sehen.

Plötzlich schoss ihr ein Gedanke durch den Kopf: Wenn du loslässt, hast du beide Hände frei. Ein heiserer Krächzer drang aus ihrer Kehle, dessen aufsteigende Tonfolge an das schrille Gelächter einer Hyäne erinnerte, sodass sich der Kutscher erstaunt umdrehte.

Am nächsten Tag war sie im Morgengrauen am Bahnhof und bestieg den ersten Zug Richtung Osten. Sie verschanzte sich wochenlang in Philadelphia, in der Hochburg ihrer Eltern. Ihre Mutter Mercer stand ihr in der folgenden Zeit mit ausdauernd liebevoller Fürsorge zur Seite. Nur zögernd reagierte Jane auf die verzweifelten Briefe ihres reuigen Ehemanns, in denen er sie inständig um Verzeihung bat.

Erst nachdem Ralph ihr zum wiederholten Mal schriftlich versichert hatte, die Affäre mit der Tänzerin Louise Hart zu beenden und versprach, sich wieder intensiv der Gründung einer »Kolonie im Dienst der Kunst« zu widmen, stellte ihm Jane die Chance einer Versöhnung in Aussicht. Sie wagten einen neuen Versuch.

Ihr gemeinsames Leben schien auf dem Weg der Besserung, als Jane schwanger wurde und im Mai 1896 einen Sohn gebar. Er wurde zwar lebend geboren, starb jedoch bereits nach zwei Tagen. Noch ein halbes Jahr später finden sich in ihren Tagebüchern Notizen über Träume von einer Geburt, die sich auf den tragischen Verlust ihres Babys beziehen.

Im Herbst unternahm das Paar eine gemeinsame Reise nach Europa, im Bemühen, ihre Beziehung zu festigen und der Trauer über den Tod ihres Kindes zu entfliehen. In Paris besuchte Jane wieder das Künstleratelier von Edmond Amand Jean und frischte ihre Malereikenntnisse auf.

Ralph wanderte unterdessen durch die Pariser Museen wie damals in seinen Anfangsjahren. Er entwarf für sich ein dichtes Programm mit genauem Tagesablauf, das ihn vom frühen Morgen bis zum späten Nachmittag in Bewegung hielt. Neben aktuellen Ausstellungen besuchte er zeitkritische Zirkel, wo er eifrig mitdiskutierte, oder er war stiller Beobachter, wenn sich Künstler trafen und ihre Probleme erörterten. Er verbrachte viele Stunden am Schreibtisch, um seine Eindrücke niederzuschreiben. Unterstützt von Jane näherte er sich dabei seiner alten Idee, talentierten Menschen zu helfen und ihnen durch angenehmere Lebensbedingungen größere Entfaltungsmöglichkeit zu bieten.

Anfang 1897 begannen sie wieder über die Gründung eines »Klosters ihrer Träume« zu sprechen und Ralph beschloss, diesmal erst einige solcher Orte zu besichtigen, bevor er Kapital und Energie in ein eigenes Unternehmen investieren wolle.

Zurück in den Staaten nahm er die Bahn nach Osten und besuchte in Tennessee eine dort bestehende Kolonie, die nach dem Modell der Theorie seines ehemaligen Mentors John Ruskin betrieben wurde. Von dort schrieb er seine Eindrücke an Jane:

> Ruskin war sehr interessant für mich [...] Ruskin existiert seit drei Jahren und hat schwere Zeiten hinter sich. Es besteht aus 60 Mitgliedern und jeder von ihnen hat einen Beitrag von 500 Dollar bezahlt. Sie haben Land gekauft, betreiben Landwirtschaft und nebenher laufen einige Druckmaschinen [...]! Sie drucken auf eigenem Papier und nehmen Aufträge für Druckarbeiten von außen an [...] jeder arbeitet neun Stunden am Tag und allen wird das Gleiche bezahlt.[30]

Doch dies war nicht das Ideal, das sie beide anstrebten, obwohl Whitehead notierte:

> Es ist sehr gut verwaltet und die Leute sind intelligent, was die Wirtschaft betrifft, und ich wünsche ihnen dabei Erfolg. Warum es aber so ist, dass weder ich noch du, wie ich vermute, daran teilhaben wollen, kann ich nicht genau sagen. Ich nehme an, wir brauchen mehr von den schönen Dingen des Lebens ...[31]

Im Juni 1897 reiste Whitehead nach Glenmore in die Adirondacks, wo er die Kolonie Summerbrook besuchte. Doch auch diese Kolonie mit ihrer doktrinären Reformatmosphäre entsprach nicht seinem Geschmack. Im Herbst traf er sich mit Jane in Boston, um sich mit ihr zu beraten und neue Erkenntnisse auszutauschen. Sie machten die Bekanntschaft des Kunstmalers Hermann Dudley Murphy, mit dem sie sich anfreundeten und den sie später als Mallehrer engagieren sollten. Kurz danach kehrte Jane allein zurück nach Santa Barbara, während Ralph seine Fahrt in Chicago unterbrach, wo er das Hull House besuchte.

Im Chicagoer Hull House traf Whitehead endlich auf jene Atmosphäre, die er lange Zeit in Amerika gesucht hatte und die schließlich seinen Vorstellungen entsprach. Dieses Boarding House, geleitet von der Sozialistin Jane Addams war ein Treffpunkt für Intellektuelle und Künstler, für Sozialisten und Suchende, für Arme wie Reiche. Nach ihrem englischen Vorbild, der Toynbee Hall in London, wurde dort miteinander gearbeitet, musiziert und diskutiert, ohne Unterschied von Rasse, Geschlecht oder Herkunft. Jeder galt als das, was er war, nicht als das, was er zu sein vorgab oder wozu ihn sein Stand prädestinierte. Alle wurden gleich behandelt.

Hier begegnete Ralph erstmals dem zwölf Jahre jüngeren Schriftsteller Hervey White und war augenblicklich von ihm fasziniert.

Hervey White war ein charmanter, bärtiger Sozialarbeiter mit literarischen Ambitionen, der die Leute oftmals verblüffte durch die Vielschichtigkeit seines Charakters, in dem sich sowohl Einfachheit wie Kultiviertheit, politischer Idealismus wie auch die Back-to-nature-Denkweise trafen. Er war stets heiter und gelassen, kontaktfreudig und hilfsbereit und voller Ideen. Und wie Ralph Whitehead hatte er mit knapp zehn Jahren durch einen plötzlichen Tod seine Mutter verloren.

Geboren 1866 in einer kleinen Stadt in Iowa hatte Hervey zunächst auf der Farm seines Vaters gearbeitet und mit sonntäglichem Fiedelspiel die Gäste auf Tanzveranstaltungen unterhalten. Angetrieben von Wissensdurst hatte er die Kleinstadt verlassen und unter großen Entbehrungen ein Studium an der Universität in Kansas begonnen. Nach einer ausgiebigen Reise durch Mexiko war es ihm gelungen, in Harvard das Schlussexamen zu machen. Die anschließende Fahrt nach und durch Europa beendete er mit einer aufreibenden Wanderung durch die Bergwelt Italiens, die ihm zeitlebens unvergesslich blieb. Wochenlang kämpfte er sich mit ärmlichsten Mitteln durch, ernährte sich ausschließlich von Nüssen und Beeren und trank vom Wasser der Quellen. In späteren Jahren erinnerte er sich des Öfteren daran.

Herveys Herzlichkeit und seine menschliche Anteilnahme machten ihn, wie viele junge Leute seiner Zeit, zu einem begeisterten Verfechter der damaligen Ideen über soziale und ästhetische Reformen. Mit Argwohn beobachtete er die zunehmende Industrialisierung der Handwerksbetriebe, die die Menschen vermehrt in Fabriken und somit in die Isolation trieb. Seine Vorstellung war die einer großen, allumfassenden Gemeinschaft, in der man sich in handwerklichen oder intellektuellen Fähigkeiten gegenseitig ergänzen und fördern könnte. Er setzte sich für die Rechte der Frauen ein und unterstützte mit Parolen und Spruchbändern deren Proteste, in denen auf die ungleiche Behandlung von Männern und Frauen in der Arbeitswelt hinwiesen wurde. Auf der Suche nach Gleichgesinnten war er dabei auf ein neues Umfeld gestoßen.

Das Chicagoer Hull House, eines der ersten amerikanischen Gründerhäuser, war im Jahr 1883 nach englischem Vorbild von der Frauenrechtlerin Jane Addams und ihrer Freundin Ellen Gates Starr erbaut worden. Es besaß viele Neuerungen, die für die damalige Zeit einen Umbruch im gesellschaftlichen Leben bedeuteten. Neben dem öffentlichen Badehaus gab es ein Schwimmbad, einen Spielsalon, wechselnde Kunstausstellungen und die erste offizielle Mietshausregelung. Auch Künstlern, die in Not geraten waren, wurde dort ein neues Zuhause geboten und die Chance, sich ihre Miete durch Gegenleistungen zu verdienen. Das Haus besaß Modellcharakter und war richtungsweisend für viele Nachfolger. 1931 wurde seine Gründerin Jane Addams für den Nobelpreis nominiert.

Als Hervey White dort das erste Mal anklopfte, schien er wie geschaffen für Mrs. Addams' Boarding House. Als unterhaltsamer Gast mit sozialistischen Ideen und einer Fiedel im Gepäck hieß man ihn herzlich willkommen und gab ihm ein Zimmer. Er verdiente sich seinen Lebensunterhalt als Verwalter der Bibliothek und Organisator für geplante Theater- und Musikveranstaltungen.

In dieser Zeit schrieb er seine erste Novelle *Differences* und benannte seine Heldin darin nach seinem neuen Freund Ralph Radcliffe, Genevieve Radcliffe. Die Geschichte basierte auf seinen Chicagoer Erlebnissen und verschaffte ihm die Freundschaft vieler Gesinnungsgenossen an vorderster Front der Reformbewegung.

1900 veröffentlichte White seinen zweiten Roman *Quicksand*, der ein großer Erfolg wurde und ihn unter die erste Garde der Schriftsteller Amerikas katapultierte.

In ihrem Empfehlungsschreiben für die Einführung Ralph Whiteheads in den Chicagoer Kreis schrieb die damals führende Feministin Charlotte Perkins an Hervey White folgendes:

> Ich schicke dir einen Engländer, der zum Yankee geworden ist, der einige Tage in Chicago verbringen wird. Sein Name lautet Whitehead. Sei nett zu ihm, du wirst ihn sicher sehr interessant finden.[32]

White antwortete kurz: »Er wird sicher sehr hungrig sein«, und warf den Brief in den Papierkorb.[33]

Doch die Vorhersage von Frau Perkins erwies sich als richtig, die beiden wurden Freunde. Von da an besuchte Whitehead den Sozialisten White jedes Mal, wenn er nach Chicago kam, und umgekehrt besuchte White die Familie Whitehead im kalifornischen Santa Barbara.

Ralph war beeindruckt von dem jungen Schriftsteller Hervey White, der viele seiner Träume und Ziele teilte. Er nannte ihn liebevoll »Nicolo« und lud ihn zu sich nach Arcady ein, wo er in das luxuriöse Leben der Whiteheads eingeführt wurde. Meist hatte er dabei seine Fiedel umgehängt, und Ralph empfing ihn mit den Worten: »Heute schon Fiedel gespielt?« Je nach Situation antwortete Hervey: »Noch nicht« oder »Sie wartet auf dich!« Bald wurde dies zu einem Running Gag zwischen ihnen. Auch Ralph wurde dann nach seinem Fiedelspiel gefragt und er antwortete so etwas wie: »Die Ernte ruft«, wenn die Pfirsiche reif waren oder »Ich bin noch am Üben«, falls er mitten in einer Arbeit war.

An den Tagen an denen Hervey White nach Arcady kam, war er selten allein. In seinem Gefolge befand sich meist eine illustre Gesellschaft aus alten und neuen Künstlerfreunden, mitunter auch wilde Bohemiens, die er unterwegs kennengelernt hatte. Im Handumdrehen eroberten sie gemeinsam die kultivierte Stätte Whiteheads, der bereitwillig sein Haus für alle öffnete.

In Ralphs Augen gehörte seine Einladung zum natürlichen Privileg eines jeden Künstlers und war ein geradezu zwingendes Gebot der Gastfreundschaft, auf das er bestand und das von allen Besuchern mit freudiger Selbstverständlichkeit angenommen wurde. Zum Ausgleich halfen sie manchmal unter großem Gejohle Ralphs Jagdhund einzufangen, der ausgerissen war und hinter einem Fasan herrannte, oder sie verteilten Girlanden in den Bäumen, wenn ein Gartenfest geplant war und sie gerade Lust dazu hatten; aber das war eher die Ausnahme.

Bei freiem Wohnen und exzellenter täglicher Verpflegung konnten sich die Künstler ungehindert in den Studioräumen bewegen, dort die Materialien benutzen und an den geselligen Abenden teilnehmen, an denen Musikdarbietungen für heitere Zerstreuung sorgten. Während Ralph primär um das leibliche Wohl bemüht war, spielte Hervey den charmanten Entertainer, der die Gäste mit seinen Geschichten unterhielt. Zudem erhielt er ein großzügiges Honorar für sein Versprechen, an der Planung und Errichtung einer »colony in work« mitzuwirken.

Eines Tages erzählte June Reed, die Pianistin des kleinen Kammerorchesters, von einem idyllischen Platz an einem Fluss im Staat Oregon, wo ihr Bruder lebte. Dort war ein Großteil des Waldes einem Feuer zum Opfer gefallen und keiner kümmerte sich darum.

Als Ralph davon hörte, reiste er mit Hervey White zur Besichtigung des Geländes in den Norden nach Oregon und plante in den folgenden Monaten die Errichtung einer Kolonie in allen Einzelheiten.

Die Eröffnungsfeier sollte mit einem Stück von Beethoven beginnen, gespielt von seinen Musikern: June Reed am Piano, Louis Opid am Cello und Louise Tolles an der Violine. Diese drei sollten mit den Proben fertig sein, wenn Ralph und Hervey zurückkämen. Doch als die Zeit näherrückte, wurde immer deutlicher, dass sich Ralphs Pläne in Nichts auflösen würden. Die Musiker hatten sich zerstritten und da sie zu keiner gemeinsamen Übereinstimmung gelangten, hatten sie auch nicht geprobt. Es gab kein funktionierendes Beethoven-Trio, das die neue Kolonie in angemessen würdiger Weise hätte eröffnen können.

Ralph lachte, als er davon erfuhr, und nahm es mit englischem Humor. Er resümierte, dass es für ihn – trotz allem – ein lohnendes Abenteuer gewesen war.

Anhand dieses Erlebnisses wurde Ralph mit großer Deutlichkeit bewusst, dass er für sein Projekt unausweichlich auf die Mithilfe und das Wohlwollen verlässlicher Mitmenschen angewiesen war, was mit Geld nicht immer zu bezahlen war. Er musste sie von seinen Ideen überzeugen. Gleichzeitig spürte er täglich aufs Neue, dass sich sein kalifornisches Arcady, so schön und ästhetisch der gemeinschaftliche Lebensstil auch war, auf Dauer nicht für eine Künstlerkolonie eignete. Das passende gesellschaftliche Umfeld fehlte, wie auch die Nähe zum kulturellen Leben einer größeren Stadt, die dieses Projekt tragfähig machen könnte.

Daneben verstärkte sich der Druck seitens der um ihn herum wachsenden Familie, die unausgesprochen forderte, ihrem gemeinsamen Leben einen greifbaren Sinn zu geben. Sie hatten zwar eine Vielzahl von Dienstboten, doch Ehefrau Jane erschöpfte sich neben ihrer Arbeit in der Schule nahezu ausschließlich mit der Organisation des Haushalts, den vielen Gästen und inzwischen auch mit ihren Kindern. 1899 war Ralph junior auf die Welt gekommen, zwei Jahre später Geoffrey, genannt Peter. So sehr sie sich freute, endlich Kinder zu haben, blieb ihr keine Zeit zu malen oder irgendeiner künstlerischen Tätigkeit nachzugehen. Geplagt von immer wiederkehrenden Leiden beschrieb sie ein Freund des Hauses gar als »invalid«.

Auf ihr Drängen beschloss Ralph, gezielt nach einem neuen Ort zu suchen und, nicht nur dass Jane seine Gedanken unterstützte, sie machte sie schließlich zur Bedingung ihrer weiteren Zuneigung und des Zusammenlebens mit ihm. Nicht zuletzt auch in der Hoffnung, ihn damit endgültig aus dem verführerischen Dunstkreis der Tänzerin Louise Hart verbannen zu können.

In einer düsteren Nacht in Chicago im Jahr 1901 kehrte jener Traum zurück, der in Paris seinen Anfang genommen hatte und der Ralph erneut in Angstschweiß badete:

Er sitzt hoch auf dem Berg über einer Schar von Menschen, auf einem Thron, auf dem Kopf eine diamantbesetzte Krone. Er kann den Kopf kaum bewegen, so schwer ist sie. Um ihn herum tanzen Diener mit Speisen und Getränken und Schauspieler, die ihn umschwirren und an ihm zupfen. Sie wollen etwas von ihm. Er weiß, er muss ihnen ihre Rollen zuteilen, aber er weiß nicht welche. Immer dichter und näher drängen sie heran, schieben ihr Ohr dicht vor sein Gesicht, um seine Befehle entgegenzunehmen. Doch aus seinem Mund kommt nur Gestammel, er findet keine Worte. Panische Angst überfällt ihn. Er erwachte mit einem Schrei. Am nächsten Morgen schrieb er einen Brief an Jane, der seine damalige Stimmung deutlich macht:

> Ich fühle mich so schrecklich, es quält mich Tag und Nacht, dass ich keinen festen Platz in dieser großen weiten Welt habe, wo ich nützlich sein kann. Auch für die Zukunft der Jungs muss ich einen Platz finden, denn wenn sie groß werden, sollen sie mich einmal als jemand respektieren, der seinen Anteil inmitten einer menschlichen Gemeinschaft trägt, als einen, der seinen Beitrag zur Arbeit in der Welt leistet [...] Ein Landedelmann zu sein, ist nicht länger von Bedeutung.[34]

Die Entdeckung

Ein später Nachmittag im Frühjahr 1902. Weißer Nebel lag über dem Catskills Valley.

    H: Hast Du das gehört, Abe?
    A: Mhm.
    H: Da war doch was, Stimmen …
    A: Mhm.
    H: Da, sieht aus wie ein Hut.
    A: Algonquin Indians hatten Hüte auf …
    H: Algonquins liegen alle unter der Erde, Abe, da läuft keiner mehr rum.
    A: Lass uns gehen, Henry, ich will nach Hause.
    H: Sei still, warte – ah, wer ist das?

Der Hut stieg hinter dem Hügel hervor. Ein Mann richtete sich auf. Der Mann nahm den Hut ab und wischte sich dabei mit dem Arm über die Stirn. Er holte ein Tuch aus der Tasche, schüttelte es, schnäuzte hinein. Der Mann blickte in die Runde und weiter in die Ferne.

    H: Na, was hab ich gesagt!
    A: Mhm. Was macht er da?

Der Mann zog ein Messgerät aus der Tasche, hielt es quer in die Luft, schaute zum Himmel und zu den Bergen am Horizont. Er kramte einen Notizblock hervor, schrieb etwas auf.

    H: Der Landvermesser, wer wird's sonst schon sein.
    A: Ein Spion.
    H: Morgen ist er eh weg.
    A: Vielleicht, vielleicht auch nicht.

Am nächsten Morgen war der Mann immer noch da. Er stapfte im Dorf umher und suchte etwas Bestimmtes, einen Apparat. Er sah aus, als hätte er sich tagelang weder gewaschen noch geschlafen. So richtig wollte keiner mit ihm zu tun haben. Immerhin sprach er ihre Sprache, wenn auch vornehmer.

Schließlich fand er den Laden von Mr. Snyder. Er diktierte einen kurzen Text, der die nächsten Tage andächtig von den Dorfbewohnern wiederholt wurde. Wie bitte, was hat er telegrafiert? Was meint er damit? Was soll das bedeuten? Bolton Brown gab ihnen Rätsel auf. Und die versprachen nichts Gutes.

Noch ahnten Woodstocks Dorfbewohner nicht, dass der knappe Text dieses kleinen, verschwitzten Mannes der Auslöser für eine Kette von Ereignissen sein würde, die ihr Leben für immer verändern sollten. Ihr anfängliches Misstrauen hingegen würde sich über Jahre hinweg halten.

Im Frühjahr 1902 veranlasste Ralph Radcliffe Whitehead ein Treffen in Indianapolis, bei dem er Hervey White einen weiteren Teilhaber der geplanten Kolonie vorstellte: Bolton Coit Brown.[35]

Brown, Jahrgang 1864, war der verwöhnte Sohn eines konservativen New Yorker Ministers und hatte das unvergleichliche Talent, sich angehende Freunde schnell zum Feind zu machen. In Zeiten, in denen fast niemand einen Titel trug, besaß er bereits den Master of Arts in Malerei, zudem war er ein Besserwisser, der immer und überall recht hatte, was nicht gerade zu seiner Beliebtheit beitrug. In seiner Studienzeit an der Universität von Syracuse / New York war er Leichtathletik-Champion gewesen und hatte sportliche Veranstaltungen organisiert.

Seitdem war er ein begeisterter Anhänger körperlicher Fitness. Er nahm das ganze Jahr über kalte Bäder und unternahm auch im Winter ausgiebige Bergtouren durch die Schweizer Alpen, zum Neid und Spott seiner Bekannten. 1890 leitete er die Kunstakademie der Stanford Universität und war Mitglied im Sierra Club in Kalifornien, wo er einen Bungalow in Palo Alto bewohnte, gebaut in der Back-to-nature-Methode, im rustikal einfachen Stil aus Red-Wood-Holz. Er war seit sechs Jahren mit Lucy Brown geborene Fletcher verheiratet, einer lieblichen Schönheit mit messerscharfem Verstand.

Als Whitehead Brown begegnete, hatte dieser bereits eine beachtliche Laufbahn als Kunstlehrer an den Universitäten von Toronto, Cornell und Stanford hinter sich. Brown hatte gerade sein Interesse für japanische Drucke entdeckt und begonnen, damit Handel zu treiben, als ihn Ralph als zweiten Kompagnon für seine geplante Kolonie engagierte. Man beschloss, gemeinsam nach einem geeigneten Platz zu suchen.

Die drei trafen sich in Indianapolis im Haus von Dr. Fletcher, Browns Schwiegervater, wo sie sich nach einem reichhaltigen Essen in den Salon begaben. Ralph erläuterte die Bedeutung des richtigen Standorts für die Kolonie und berichtete noch einmal in groben Zügen von seinen Erlebnissen an der Westküste. Danach erzählte jeder von seinen eigenen Reiseerfahrungen, wobei Ralph Notizen über die verschiedenen Plätze machte, mit Angaben über deren klimatische sowie geologische Bedingungen, soweit diese bekannt waren.

Anschließend beugten sie sich über den runden Mahagonitisch, auf dem ausgebreitet die Landkarte Nordamerikas lag, und studierten den östlichen Teil. Nach langer Debatte und einigen Kompromissen, bei denen Dr. Fletcher diskret den Vermittler spielte und zügig Whisky nachschenkte, einigten sie sich auf ein Programm.

Während Whitehead und White die Erkundung der Gegenden von Virginia und Carolina in Angriff nehmen sollten, könnte Brown als geübter Bergsteiger in die Catskill Mountains im Norden reisen und diese Region erforschen.

Whitehead war weit entfernt von Begeisterung für die Catskills, wo er neben zu hohen Bergen viele Juden vermutete. Bei einem Aufenthalt in einem Hotel Jahre zuvor hatte er die Anwesenheit von Angehörigen dieser Religion eher als Störung empfunden. Wie viele seiner Zeit war er in diesem Punkt voller Vorurteile, die aber flexibel waren, bewies er doch bei anderer Gelegenheit genau das Gegenteil. Whitehead dachte nicht, dass die Catskills die klimatischen Bedingungen erfüllen könnten, die für die Kolonie erforderlich wären, um zum Beispiel Getreide und Wein anzubauen, auch zweifelte er, ob es eine passende Gemeinde in der Nähe gab. Nach den Prinzipien seines Mentors John Ruskin sollte das Gelände nicht höher als 1500 Fuß (1 Fuß entspricht etwa 30 Zentimeter) liegen.

Bolton Coit Brown aber warf sich voller Elan in seine neue Aufgabe und organisierte die Expedition mit der ihm angeborenen Energie und Gründlichkeit. Ausgestattet mit einer regionalen Landkarte und einem Höhenmesser, passendem Schuhwerk und Hut durchforstete er systematisch und Schritt für Schritt die Gegend der Catskills bis auf 1500 Fuß Meereshöhe.

Er fing bei Windham an und nach drei Wochen, während derer er meist zu Fuß unterwegs war – nur gelegentlich heuerte er einen Geländewagen an – konnte er von sich behaupten, dass ihm auch nicht der hinterste Winkel entgangen war.

Sein Marsch führte ihn durch einsame Regionen ohne Weg und Steg, hinauf in unerforschte, wilde Gebirgslandschaften und oftmals dachte Brown, seine letzte Stunde habe geschlagen:

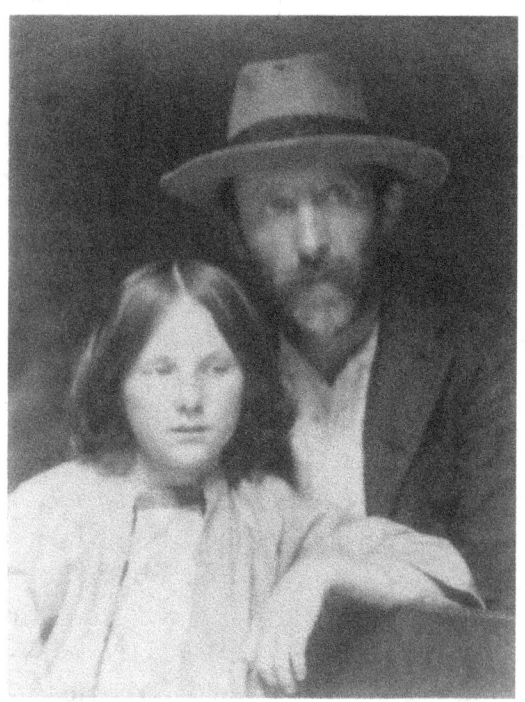

Bolton Brown mit seiner Tochter Eleanor, ca. 1905

> Zu Fuß und alleine kletterte ich über Gipfel und Felsen so wild und schroff, kein Mensch, nicht einmal ein Tier waren jemals dort gewesen. Ich marschierte über flache Tafelfelsen, bedeckt mit zentimeterdickem, trockenem grünem Moos, das in traurigen, grauen Troddeln von den Zweigen der wenigen Bäume hing, die hier überlebt hatten. Ich bin ein alter routinierter Bergsteiger, der seine Lehrstunden in der wildesten kalifornischen Sierra absolviert hat, aber die wilde Undurchdringlichkeit dieser Catskills-Trips, mit ihrer äußersten Mühsal, erregte wirklich meine Aufmerksamkeit. Bei einer Gelegenheit zerfetzte und zerriss ich meine Kleidung in einem Ausmaß, das mich zwang, als ich wieder in die Gegend von Farmen kam, mir Nadel und Faden zu leihen und meine Kleidung zusammenzunähen, bevor ich Menschen gegenübertreten konnte.[36]

Eines Morgens im Mai 1902 wanderte Brown auf der Rückseite der Overlook Mountains und gelangte zu der Senke von Mead's Hotel. Vor ihm erstreckte sich eine leuchtende Hügellandschaft mit üppiger Vegetation, umgeben von einer sanften Bergkette vor strahlend blauem Himmel. Neben ihm ging ein weißhaariger Mann und Brown deutete hinunter auf einen blühenden Apfelhain und auf die Silhouette einiger Häuser in der Ferne. Er fragte nach dem Namen der Siedlung und George Mead, der alte Mann, antwortete: »Woodstock.« Später schrieb Bolton Brown:

> Genau hier, in diesem Moment, an diesem Platz begann für Woodstock eine neue Geschichte ... genau in diesem Augenblick begann die Geschichte des modernen Woodstock, von diesem Platz aus sah ich als Erster meine Südsee, wie Balboa in »Peal in Darien«. Südlich war es tatsächlich und erstaunlich in seiner Weite, der silberne Hudson verliert sich im fernen Dunst. Jene kaum sichtbaren und weit entfernt am Horizont entlang gelegenen Buckel, das sind die Bergrücken der Shawangunks.[37]

Doch gründlich wie er war, traute Brown seinem ersten Eindruck nicht. Er wischte sich den Schweiß von der Stirn und ging auf der Bergseite weiter, zückte abwechselnd sein Messgerät und den Kompass, kontrollierte Meereshöhe und Lage, während sein Adlerblick über die Wiesen wanderte, bis hin zu den umliegenden Bergen. Danach näherte er sich zielstrebig dem Dorf Woodstock. Er musterte den Platz mit gewohnter Präzision und stellte sachdienliche Fragen. Erst dann festigte sich sein Eindruck. Er ging die Hauptstraße entlang, bis er an der letzten Ecke fand, was er suchte.

Bolton Brown betrat den Store von Bide Snyder, den einzigen Laden, der mit einer Telegrafenleitung ausgestattet war, und bat Mr. Snyder, eine Nachricht an Ralph Whitehead zu telegrafieren. Obwohl die exakten Worte der Nachricht nicht überliefert sind, ist anzunehmen, dass Brown die Gründe seiner Anwesenheit geheim gehalten hat. Worte der Begeisterung hätten im Handumdrehen die Preise der Farmen und Grundstücke in die Höhe getrieben.

Whitehead erhielt die Nachricht und trotz einiger Skepsis erklärte er sich bereit, Browns Entdeckung zu begutachten. Die drei trafen sich in Washington, reisten gemeinsam nach New York und von dort weiter in den Norden, Richtung Catskill Mountains.

Am 31. Mai 1902 standen Whitehead, White und Brown in der Senke von Mead's Hotel und blickten hinunter auf die blühenden Apfelbäume und hinüber zum Blau des Himmels. Ralph war beeindruckt von der Schönheit der Landschaft, darüber hinaus entsprach sie im Wesentlichen den Empfehlungen Ruskins. Die Drei gingen entlang der Bergseite hinunter in die Ebene ebenso wie Brown ein paar Wochen zuvor und kamen ins Tal von Woodstock. Nach einem Rundgang durch das Dorf nickte Ralph Whitehead und sagte einfach: »Well, alright, let's have it here!«[38]

Am 2. Juni schrieb er einen begeisterten Brief an seinen Sohn Ralph jun., genannt Bim:

> Erzähle deiner Mutter, dass das Land von Herrn Brown viel besser ist, als ich es erwartet habe und dass die Wälder sehr edel sind, es gibt nur wenige Kiefern, und sag ihr auch, dass ich ihr schreiben werde, wenn ich mehr davon gesehen habe. Es ist reines Wasser hier und gute Luft und es ist ein Paradies für Maler und nur fünf Stunden von New York entfernt.[39]

Drei Tage später an Jane:

> Wir haben ein Land gefunden mit einem Himmel – von einer Schönheit, wie ich ihn außer in Frankreich niemals gesehen habe. Dieser Himmel ist wie geschaffen für Maler, von durchsichtigem Blau mit feinen Abstufungen bis zum Horizont und mit Wolkengebilden von einer Schönheit, wie ich es niemals erwartet habe im Staat New York ... hier ist eine Atmosphäre für dich, Liebste, wie ich sie erhofft hatte, und die Schönheit der Landschaft ist überwältigend.[40]

Im nächsten Brief schrieb Ralph:

> Wir haben in weit entfernten Gebieten gesucht, wie du ja weißt, Liebste, doch dieser Ort ist bei Weitem der Beste, obwohl er nicht ganz so hoch liegt, wie ich es gewünscht hätte, auch fehlt hier ein Fluss. Doch die Luft ist sehr rein, es riecht nach Bergen und Wäldern, die nähere Umgebung ist sehr schön und die weiter entfernt liegende Landschaft ist von überragender Schönheit. Meine Gefährten sind beide sehr zufrieden und ich bin es auch.[41]

In ihrer Antwort war Jane ebenso begeistert wie er. Die Künstlerkolonie konnte ins Leben gerufen werden.

Ralph Whitehead war überrascht von der Bevölkerung Woodstocks, unter der entgegen seinen Erwartungen viele alte Leute zu finden waren. Obwohl nur 90 Meilen von New York City entfernt, lebten seine Einwohner in dornröschenartiger Abgeschiedenheit, in großer Genügsamkeit und mit sparsamem Kontakt zu ihren Nachbarn, der sich auf das Allernötigste beschränkte. Es schien, als wäre die Entwicklung der Zeit gänzlich an ihnen vorübergegangen.

Unter den wenigen Jungen gab es einige, die sich die Mode der nahen Großstadt zueigen gemacht hatten, selbst gedrehte Zigaretten rauchten und eng anliegende Nadelstreifenanzüge trugen. Sie kurvten mit dem Fahrrad um den Dorfplatz und riefen sich dabei gegenseitig die neuesten Werbeslogans aus der *Kingston Newspaper* zu: »Guten Morgen, mein Herr, haben Sie heute schon Pears's Seife benutzt?« Doch das war die Ausnahme.

Der Großteil von ihnen waren aus Europa eingewanderte Farmer und Handwerker, die im Bluestone-Steinbruch arbeiteten, Gemüse- und Obstanbau betrieben, Forellen züchteten oder sich in den umliegenden Wäldern als Förster und Holzfäller betätigten. Durch sie hatte sich bereits früh eine Lobby gebildet, die den Namen des Dorfes bestimmt hatte: »Wodstoc« hieß ursprünglich »den Wald roden« oder »waldiger Ort«.

Die Gemeinde zählte zu dieser Zeit etwa 1700 Einwohner und die meisten von ihnen waren über 60 Jahre alt, selbst der Anteil der über 90-Jährigen war ungewöhnlich hoch. »Woodstock, where people seldom die«, lautete die Überschrift eines Artikels im *Kingston Newspaper* 1907, der von einem Ehepaar berichtete, beide im Alter von 95, die noch täglich arbeiteten und Butter für Roses Gemischtwarenladen herstellten.

Das bedeutete zum einen, dass die Lebensbedingungen und die atmosphärischen Gegebenheiten von großer Güte waren, zum anderen war es ein Zeichen dafür, dass die Jungen vermehrt in die umliegenden Städte abwanderten, um bessere Verdienstmöglichkeiten zu finden. Die Gemeindekasse war meist leer, es gab wenig Sommertourismus, das einzige Hotel im Ort, das Overlook Mountain House von Mr. Mead, verfiel zusehends, und der Bluestone-Steinbruch, wie auch die höher gelegenen Farmen brachten kaum Profit.

Auch wenn sie auf den Anschluss an die in der Nähe vorbeiführende Bahnlinie und eine Bahnstation hofften, verhielten sich die alten Woodstocker eher ablehnend gegenüber Industrie und Kommerz und verfolgten geschlossen ihre konservative Linie. Der Erhalt ihrer idyllischen Landschaft mit vielen Bächen und Teichen war ihnen wichtiger. Dort trieben sie regen Fischfang, die »noble trout« war eine beliebte Delikatesse, und es gab Zeiten, da berichtete man stolz, an einem einzigen Tag 500 Forellen gefangen zu haben.

Dabei erzählten sie sich Geschichten von ihren berühmten Hexen, wie der »Aunt Zantee«, die ihre Feinde mit einem Fluch belegen konnte, der diese lebenslang verfolgte, oder von »Misses Grimm« an der Ohayo Mountain Road, die die Gestalt eines weißen Rebhuhns annehmen konnte. In dieser Verkleidung entkam sie ihren Verfolgern und wurde unverwundbar für alle Geschosse der Jäger, nur reinsilberne Kugeln konnten ihr gefährlich werden. Diese Frauen lebten in den umliegenden Bergen und Wäldern und einigen von ihnen sagte man sogar heilende Kräfte nach, das waren dann die Guten, die »weißen Hexen«. Doch es gab auch andere.

Jahrzehnte zuvor hatten in den Bergen Indianer vom Stamm der Algonquin gelebt, die auf ihrer Suche nach Nahrung stets einen weiten Bogen um das Woodstock-Tal gemacht hatten. Geduckt, im Schatten der Felsen waren sie den Spuren der Rehe oder Schwarzbären gefolgt, doch aus Angst vor bösen Geistern hatten sie sich in Jager's Cave versteckt, jener sagenumwobenen Höhle, deren Eingang heute hinter dornigem Gestrüpp verborgen liegt – im Winter verdeckt von dicken Eisplatten, im Sommer belagert von zischenden Klapperschlangen.

In den feuchten Nebelgründen hatten die Algonquin angeblich auf einer Waldlichtung dem Tanz teuflischer Gestalten zugesehen und mittels Rauchzeichen nachfolgende Ahnungslose gewarnt. Doch vielleicht waren es am Ende nur tanzende Truthähne gewesen, die sie gesehen hatten. Es schien, als wäre Woodstock prädestiniert für seine zukünftige Rolle als »Art Colony«.

Zwei Tage lang durchwanderte Ralph Whitehead die Landschaft, machte Notizen und Zeichnungen. Anschließend gab er Brown und White den Auftrag, im Woodstocker Umland sieben Farmen zu kaufen, »along the slope beneath« und westlich von Mead's Hotel, insgesamt auf einem Areal von über 1000 Hektar. Er kehrte nach Santa Barbara zurück und begann die Vorbereitung und Planung der Kolonie. Von dort schickte er seinem neuen Kompagnon detaillierte Instruktionen zum Kauf der Farmen. Für diese heikle Aufgabe erschien ihm Bergsteiger Brown geeigneter:

> Wenn einer dieser Farmer einen Engländer wie mich im weißen Flanell über seine Äcker wandern sieht, wird sein Preis am nächsten Morgen doppelt so hoch sein! Ich werde 10 000 Dollar auf Ihren Namen bei der Kingston Bank deponieren und verlasse mich darauf, dass Sie den Kauf diskret tätigen.[42]

Es bleibt bis heute ein Geheimnis, wie Bolton Brown und Hervey White diesen Auftrag ausführen konnten, ohne den Woodstocker Bauern zu sagen, für welchen Zweck und für wen die Farmen bestimmt waren. Als geübter Händler musste Brown alle denkbaren Tricks und Strategien anwenden, um möglichst billig an die Farmen zu kommen und vor allem, ohne sich anmerken zu lassen, dass er letztlich bereit war, jeden Preis zu zahlen, Hauptsache, der Farmer verkaufte.

Hervey White spielte dabei den charmanten Begleiter, der lässig die Beine übereinanderschlug und durch legere Kleidung unterstrich, dass sie beide lediglich interessierte Händler seien. Erst nachdem die Kaufverträge unterschrieben und die ersten Arbeiter angeheuert worden waren, wurde das Geheimnis um den eigentlichen Verwendungszweck der Farmen Schritt für Schritt gelüftet und der Bau der Kolonie konnte beginnen.

Ralph Whitehead startete sein Unternehmen, indem er sich eingehend mit der architektonischen Planung der Kolonie befasste. Anhand seiner Notizen rekonstruierte er die Lage der Hügel, zeichnete Häuser ein und legte den Verlauf der neuen Straßen fest.

Er hatte eine Schwäche für das Entwerfen von Landkarten, das Messen von Entfernungen und das Herstellen proportionaler Bezüge, und vielleicht lag hier seine eigentliche Stärke, mehr als in jeder anderen Kunstrichtung. Er verbrachte Stunden mit der Spezifizierung der zu verarbeitenden Hölzer, der Neigung der Dachgiebel, der Aufteilung und Anordnung der einzelnen Zimmer. Einschließlich der zugehörigen Treppen und Terrassen sah er im Geiste schon alles deutlich vor sich.

Doch so sehr er sich auch bemühte, zu seinem Leidwesen entsprachen seine Zeichnungen in den wenigsten Fällen seiner Vorstellung, er war außerstande, sie zu Papier zu bringen. Mit dieser Aufgabe beauftragte Ralph daher einen seiner neuen Freunde, den ehemaligen Kunstprofessor aus Stanford.

Anfangs war es Bolton Coit Brown allein, der die architektonischen Entwürfe der einzelnen Häuser anfertigte und den Bau der Gebäude dirigierte. Brown plante zuerst sein eigenes Haus, das Casa Carniola, das er eigenhändig für sich und seine Familie baute. In seinem späteren Bericht führte er begeistert aus:

> Die Eingangstür war acht Fuß breit und entsprach damit allen Anforderungen ... im Halbdunkel sah ich eine Wildkatze, die in den Keller hinunterschlich, ihr runder Kopf drehte sich zu mir und ihre Augen funkelten im Licht meiner Lampe.[43]

Bevor der Winter kam, sollte die Feuerstelle fertig sein, und Brown holte mit Pferd und Wagen die schweren Steinquader vom Steinbruch und legte einen über den anderen für den Kamin. Es wurde sehr kalt, und damit der Mörtel nicht einfror, musste er ständig nachheizen. Von dem nahen Ort Rock City, wo er ein Zimmer gemietet hatte, ritt er jeden Morgen auf seinem Pferd Billy hinüber zu dem Rohbau und arbeitete daran weiter, so gut es ging.

An einem besonders kalten Tag ließ er Billy mit ins Haus, fachte abends das Feuer an und legte sich daneben auf die Schreinerbank. Er blieb dort die ganze Nacht und wachte über der Glut. Unter den Blicken des Pferdes, dessen Augen im Licht des Feuers glänzten, stand er immer wieder auf, um Holz im Kamin nachzulegen. Im Morgengrauen ritt er nach Rock City – die Luft war so kalt, dass er kaum atmen konnte – und frühstückte Buchweizenwaffeln im Laden von Mrs. Risley. Und das eine ganze Woche lang. Danach berichtete er stolz: »Ich habe ihn geschlagen, den Mr. Frost!«[44]

Doch im Herbst 1902, als Ralph nach sechswöchiger Abwesenheit nach Woodstock zurückkehrte, fand er dort chaotische Verhältnisse vor. Er verlor zusehends das Vertrauen in seinen Chefplaner. Wie es schien, war dieser weder imstande sich an Zeitpläne oder Termine zu halten, noch den Bau der Gebäude zuverlässig zu überwachen. Nachdem der Rohbau der ersten Etage des White-Pine-Hauses stand, stellte sich heraus, dass es keinen Zugang vom Erdgeschoss nach oben geben würde, die Treppe war nicht eingeplant. Auch konnte er den Keller nicht inspizieren, weil es stockdunkel war. Bolton Brown hatte unten keine Fenster vorgesehen!

Ralph entzog ihm daraufhin den Entwurf seines Hauses und übergab alle weiteren Arbeiten Hervey White, den er zum Supervisor und Chefingenieur ernannte. Am 12. Dezember 1902 schrieb er Jane:

> Ich habe das Management der Geschäfte jetzt komplett selbst übernommen. Der Chef, den ich hatte, ist krank, Brown ist unfähig, Chef zu sein und Nicolo kann bei allem guten Willen unmöglich all das allein bewerkstelligen, was hier zurzeit zu tun ist. Nächste Woche stoppt erstmal alles oder läuft nur auf Sparflamme, dann kann Nicolo, der mir wirklich sehr hilft, die Außenarbeiten organisieren und Brown die Innenarbeiten.[45]

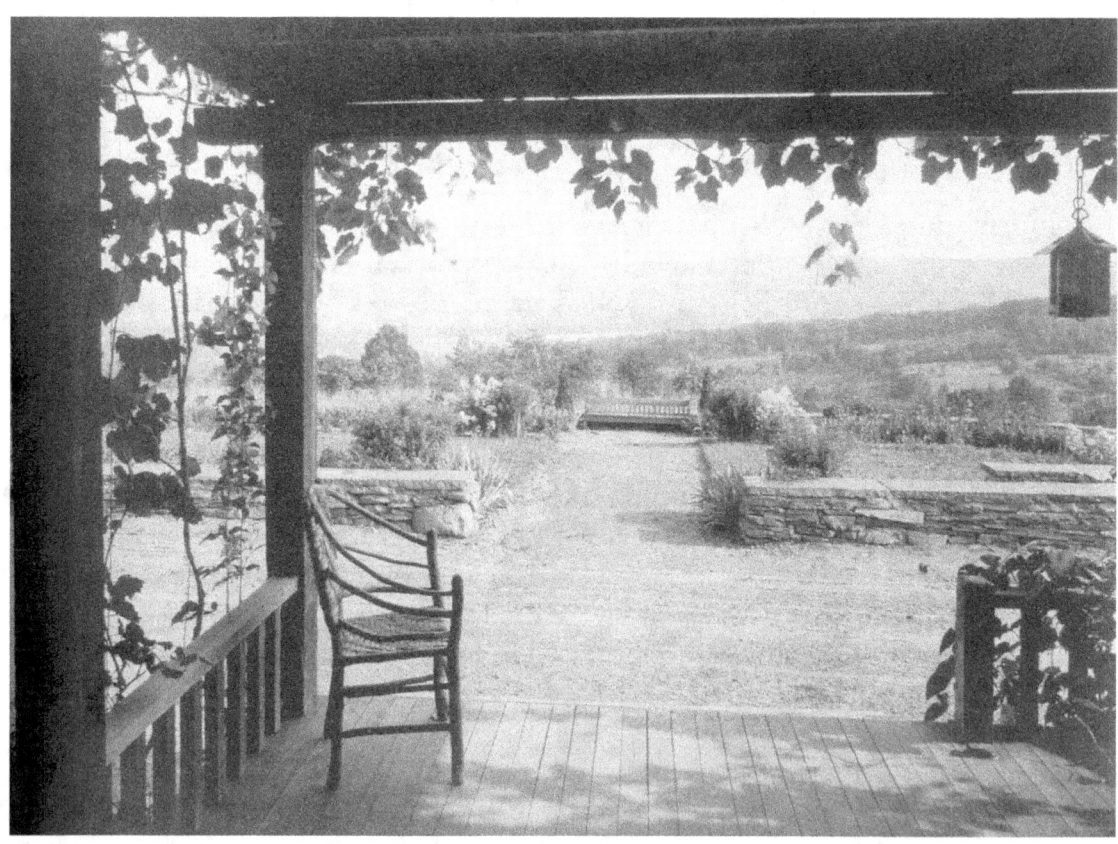

Blick von der Veranda in White Pines, 1908

Im kalifornischen Santa Barbara meldeten sich bei Whitehead zwei seiner Freunde, die ihren Einsatz anboten. Der eine war der schwedische Maler Carl Eric Lindin, den Ralph im Haus von Dr. Fletcher, Browns Schwiegervater, kennengelernt hatte. Der andere war der niederländische Kapitän und Kriegsveteran Frits van der Loo, der im Burenkrieg gekämpft hatte und der mit ihm den Atlantik überquert hatte. Ralph verteilte zwischen ihnen die Überwachung der Materiallieferungen und die Straßenarbeiten, wobei sich Kapitän van der Loo, der auch für das Transportwesen zuständig war, als zuverlässiger Stratege erwies. Zeichenmeister Bolton Brown wurde zunächst für die architektonische Innengestaltung verpflichtet, doch auch hier gab es gelegentlich Unstimmigkeiten.

Ralphs Vorstellung von der Gestaltung der Feuerstellen wich bald ab von dem groben Steinblockmodell, das Brown bevorzugte. Der Chef des Hauses favorisierte klare Linien für die Umrandung und den Kamin, dazu die Anpassung des Materials und der Farben an jene des restlichen Raums. Für den Kamin im Wohnzimmer in White Pines engagierte er den Architekten Henry Chapter Mercer, einen Freund der Familie seiner Frau, der einen Kachelofen entwarf, der bis heute dort steht. Die Umrandung bildete ein Kranz der Fleurs-de-Lys, jenes Lilienmotiv, das er bereits in Arcady verwendet hatte, in grüne Kacheln gebrannt.

Auch Kunstprofessor Brown war alles andere als glücklich über die Art, wie Whitehead die Regie über den Häuserbau übernahm:

> Von der Theorie her war Whitehead ganz für »Demokratie«. Doch tief in seinem Unterbewusstsein lebte der mächtige, alteingefleischte Geist der Briten mit ihren strengen, mittelalterlichen Regeln der Klassenstrukturen. Stufenleitern führten hinauf und hinunter, und in der Mitte befand sich ein zentraler Hof mit allem, was dazugehört. Die Idee beinhaltete so etwas wie die gütige Alleinherrschaft über dankbare, sich vor ihm verneigende Untertanen.[46]

In dieser Zeit wurde Whitehead zunehmend ungehalten über Brown, weil dieser in seinen Augen die eigenen Interessen ohne Rücksicht auf andere verfolgte. Auch Hervey White beobachtete missbilligend Browns ruppige Art, mit Menschen umzugehen und ging ihm möglichst aus dem Weg, um jegliche Konfrontation zu vermeiden.

Dessen ungeachtet warf der Kunstprofessor all seine Energie in das, was er tat und trug damit zu einem großen Teil dazu bei, dass Ralphs Projekte zügig realisiert wurden. Unter der Mitwirkung von 50 Arbeitern und acht Pferdegespannen, die täglich bis tief in die Nacht im Einsatz waren, kam sowohl der Straßen- wie auch der Gebäudebau gut voran, und als der Winter 1902 zu Ende ging, standen die wichtigsten Einrichtungen.

Während er auf das Trocknen des Kastanienholzes wartete, schrieb Ralph an seine »geliebte Frau«, mit einem Gruß an seinen Sohn Ralph jun.:

> [...] sag Bimbi ich komme und hole ihn, damit er mir einmal helfen kann, die Arbeit hier zu tun, anstatt dieser Fremden, so wie er damals mit mir ging, um die Wege für Arcady zu machen. Das waren schöne Stunden im letzten Frühjahr, als er mit mir jeden Morgen unter den Bäumen »graben« ging! Erinnere ihn daran.[47]

Im März 1903 war die Villa White Pines oben auf dem östlichen Teil Woodstocks, mit 15 Zimmern und Fenstern zu fast allen Seiten und einer überdachten Veranda, schließlich fertiggestellt. Die Whiteheads zogen mit ihren beiden Söhnen dort ein, mit Ralph junior, vier, und Peter, zwei Jahre alt. Es wurde ein bombastischer Umzug. Über mehrere Wochen hinweg beluden sie einen Planwagen nach dem anderen und brachten einen Großteil der Bücher, Kunst- und Handwerksgegenstände sowie der antiken Möbel von Santa Barbara nach Woodstock.

Doch sie lösten ihr Domizil in Kalifornien nicht auf. Immer wenn die Herbststürme kamen und früh am Abend die weißen Nebel von den Catskills fielen und das Licht des Tages einhüllten, packten sie ihre Koffer und kehrten Woodstock den Rücken. Die kalten Wintermonate verbrachten die Whiteheads mit wenigen Ausnahmen alljährlich an der sonnigen Pazifikküste, in ihrem Arcady.

Die Byrdcliffe-Kolonie

Der erste Sommer

Ralph Radcliffe Whitehead übernahm sofort mit Begeisterung die Leitung. Den ganzen Winter hindurch hatte er in Santa Barbara über Plänen gesessen und Informationen eingeholt. Endlich konnte er an die Umsetzung seiner Ideen gehen, das Zubehör besorgen und die Grundausstattung für die unterschiedlichen Handwerker organisieren, die noch in diesem Sommer 1903 mit ihrer Arbeit beginnen sollten. Nach einer gemeinsamen Lagebesprechung wurden die Aufgaben unter seinen vier Teilhabern verteilt, die sich wiederum in den umliegenden Dörfern unter den Steinmetzgesellen und Handwerkern tatkräftige Mitarbeiter aussuchten, die ihnen zur Hand gingen. Die Bezahlung war gut und so fanden sich viele, die mit Freude mitmachten, auch an den Wochenenden, neben ihren festen Jobs.

Zu Anfang war es nicht erstaunlich, dass der Aufbau der Kolonie langsam voranging. Manche Arbeiten an den Gebäuden blieben unvollständig, Teile waren zu installieren, die erst bestellt und angefertigt werden mussten, nötiges Handwerksmaterial und Maschinen fehlten. Doch nach und nach entstand aus einer losen Ansammlung von Häusern eine funktionierende Kolonie und aus dem liebenswerten Miteinander wurde eine ganze Bewegung, die immer mehr in ihren Bann zog.

Als Erstes ließ Ralph wieder Straßen bauen und Wasserleitungen verlegen wie zuvor für Arcady, und alle neu erbauten Häuser, selbst die kleinen Hütten wurden mit fließendem Wasser und Badewannen, Kerosinlampen und Öfen ausgestattet, was damals keineswegs üblich war. Die Architektur der Gebäude war eine Mischung aus Stilrichtungen Kaliforniens, der Schweiz und der Steiermark, die meisten errichtet aus dem Holz der einheimischen Hemlock-Tanne, dunkelbraun gebeizt gegen die Witterungseinflüsse. Wegen der Umrandung der Fenster und Türen in unterschiedlichen Blautönen beschrieben Einheimische den Stil als »Edwardian Redwood«. Auch für die Inneneinrichtung verwendete Whitehead nur edelste Hölzer und die Fenster der Atelierräume wurden, damit der Lichteinfall für die Künstler immer gleich blieb, alle nach Norden ausgerichtet.

Alle größeren Gebäude bekamen Namen, die die romantische Seite der Whiteheads widerspiegelten. Das Wohnheim für Studenten mit angrenzenden Nebengebäuden hieß The Villetta (ital.: kleine Stadt). Es wurde auch als Gästehaus genutzt.

Whitehead selbst wohnte mit seiner Familie in White Pines (weiße Kiefern), benannt nach dem dortigen Baumbestand, aber auch nach White-head. Das Casa Carniola von Bolton Brown hatte seinen Namen nach einer österreichisch-slawischen Provinz in den Jurischen Alpen, wo sich Whitehead eine Weile aufgehalten hatte.

Janes Wunsch nach natürlicher Einfachheit folgend kaufte Whitehead eine Farm, genannt Mullersruh, später umbenannt in The Barns, umgeben von viel Land, wo sie Gemüsegärten anlegten, Getreidefelder bestellten und Vieh hielten. Daran schloss sich eine Pferdekoppel an.

Die Farm selbst verwandelten sie in ein Herrenhaus mit breiter Veranda, das anfangs von Hervey White bewohnt wurde, der sich um die Landwirtschaft kümmerte. Nicht weit davon entfernt errichteten sie eines der schönsten Häuser und nannten es Yggdrasil, nach dem Lebensbaum der nordischen Sage, die Ralphs Freund William Morris sehr schätzte.

In der Mitte der Anlage entstand nach dem Entwurf von Bolton Brown das weiträumige Studio Eastover, das als größtes Gebäude (Länge: 1200 Fuß) den Studenten als Schule dienen sollte. Es wurde auch für Versammlungen, Ausstellungen und den Verkauf der selbst gefertigten Handarbeiten genutzt. Später fanden dort Theateraufführungen und alle Arten gesellschaftlicher Zusammenkünfte statt.

Weitere Häuser waren Angelus, Morning Star, Evening Star, Sunrise, The Looms, The Hermitage, Fleurs de Lis, Serenata und Winterthur. Die Künstlerkolonie selbst benannten die Whiteheads schließlich nach ihrer beider Namen: Byrdcliffe, von Jane Byrd und Ralph Rad-cliffe.

In diesen Anfangsjahren legte Ralph den Grundstein für eine zunehmende Mechanisierung der Kolonie, die dazu beitrug, dass Byrdcliffe mit der allgemeinen Modernisierung des Landes, zumindest halbwegs, Schritt halten konnte. Für die Errichtung der Metall- und Töpferwerkstätten mit dynamobetriebenen Brennöfen ließ er eine Gasleitung legen ebenso für die Holzwerkstätten. Sein ehemaliger Mentor Ruskin hätte diese künstlichen Energiequellen sicher niemals geduldet.

Anfangs verbot er auch jede Art motorisierter Transportmittel und ließ am Eingang von Byrdcliffe ein Warnschild aufstellen, das den Durchgang selbiger untersagte. Doch das sollte sich schon bald ändern. Schließlich kaufte er sich selbst als einer der Ersten einen Winton Touringwagen, den er mit großem Vergnügen die Tinker Street auf und ab fuhr. Er entwarf Pläne für ein Wasserreservoir nahe Byrdcliffe und unternahm den für die damalige Zeit ungewöhnlichen Schritt, White Pines mit einer direkten Standleitung zur einheimischen Feuerwehr auszurüsten wegen der Brandgefahr. Wie sich später zeigte, war dies eine segensreiche Einrichtung, die in der Folgezeit auch alle umliegenden Holzhäuser vor größeren Katastrophen bewahrte.

Unter Whiteheads Anweisung, Browns grafischer Gestaltung, Whites Umsetzung und van der Loos strategischer Führung entstanden die unterschiedlichsten Bauten, die die verschiedenen Handwerkszweige beherbergten.

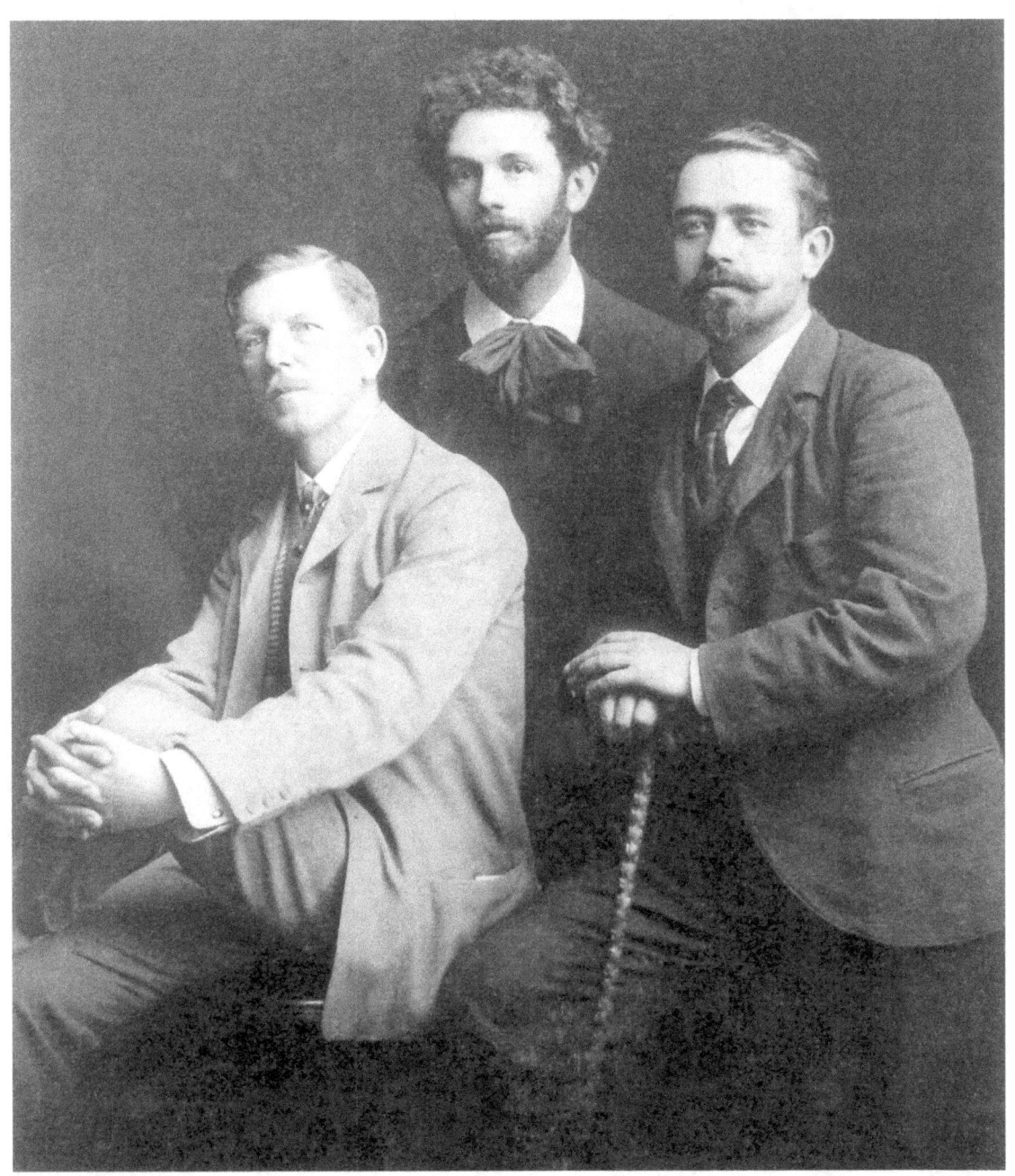
Ralph Whitehead, Hervey White, Fritz van der Loo, ca. 1903

Plan und Umsetzung

In der Eisenwerkstatt The Forge wurden unter der Leitung von Edward Thatcher Metallgegenstände hergestellt, Türbeschläge und Griffe, Eisenteile, Schmuck und später auch Messing- und Kupferteile.

In der Weberei The Looms wurde unter Anleitung von Mary Little gewebt.

In der Holzwerkstatt stellte man Möbel her, unter der Anleitung des Norwegers Erlenson, der Mitarbeit des schwedischen Holzschnitzers Olaf Westerling und des Schreinermeisters Herrick. Das Design und die Malerei der Holzplatten übernahmen Whiteheads Studenten.

In der Töpferei, die einen Brennofen, aber noch keine mechanische Drehscheibe hatte, entstanden handgefertigte Krüge, Becher und Vasen. Hier arbeitete unter anderem auch Jane Whitehead.

In der Summer Art School wurde während der Sommermonate Zeichnen und Malen unter Anleitung von Bolton Brown unterrichtet.

Im Längsbau Skylights richtete sich die Fotografin Eva Watson-Schütze ein Fotolabor ein. Sie hatte sich auf Porträtfotografie spezialisiert und machte unzählige Aufnahmen der Byrdcliffer Künstler, die bis heute eine bedeutende Grundlage für die Rekonstruktion der damaligen Zeit darstellen.

Eines der Hauptgebäude war das Lark's Nest, das als Tagungsort genutzt wurde. Hier versammelten sich die Verantwortlichen zu Besprechungen und Hervey White verschickte unter anderem Einladungen nach Chicago und lud seine alten Freunde vom Hull House ein, die neu entstandene Kolonie zu besichtigen.

Die Schriftstellerin Charlotte Perkins kam mit ihrer 17-jährigen Tochter Kathrine (aus der Verbindung mit dem Maler Charles Walter Stetson) und mit ihrer Freundin Ellen Gates Starr, einer Buchbinderin ersten Ranges. Es dauerte nicht lange und die drei entwickelten Pläne zur Umgestaltung der Anlage. Das Lark's Nest sollte einen Gemeinschaftsraum für gesellige Zusammenkünfte bekommen, in dem auch gekocht und gespeist werden konnte, um für die Koloniebewohner die Hausarbeit zu minimieren. Die Studenten sollten in den umliegenden kleinen Holzhäusern nur schlafen und arbeiten, was auch die Brandgefahr begrenzen würde. Man diskutierte ganze Nächte hindurch, dass das Haus zeitweise den Spitznamen »Wasp's Nest« bekam, aber schließlich wurden die Vorstellungen der drei Damen akzeptiert und in die Tat umgesetzt.

Sobald Ralph Whitehead seine Ziele klarer ins Auge fasste, ließ er alle Handwerker und Maler in der Welt wissen, welches Programm er in Byrdcliffe verfolgte und lud sie zur Kooperation ein. Zu diesem Zweck schrieb er das Manifest *A Plea For a Manual Work* (Ein Plädoyer für das Handwerk). Es wurde 1903 in *Handycraft* veröffentlicht, einer ambitionierten Zeitung der amerikanischen Kunst- und Handwerksbewegung.

In diesem Manifest wiederholte er einige der Thesen aus seinem Buch *Grass of the Desert* von 1893, diesmal mit deutlicheren Worten, dank seines mittlerweile tieferen Verständnisses der amerikanischen Mentalität. Whitehead erklärte darin seine tiefe Überzeugung, dass ein Leben auf dem Land in schöner, friedlicher Umgebung gut für die geistige wie für die körperliche Gesundheit sei. Man solle ein Handwerk ausüben, das man gerne praktiziere, und sich daneben von Angeboten aus den Bereichen Geschichte, Kunst und Musik inspirieren lassen. Mit dieser Offerte versuchte er die Amerikaner aus dem hektischen Treiben der Stadt zu locken, denn auf dem Land würden sie die nötige innere Ruhe finden, die ihnen helfe, ihren arbeitsreichen Alltag besser zu bewältigen:

> Unsere Lokalität wurde aus drei Gründen ausgewählt: wegen ihrer Schönheit, der guten Luft und der vielen Möglichkeiten ... Wir werden jeden ehrlichen Handwerker mit einem Bonus willkommen heißen, jeden, der im Einvernehmen mit unseren Ideen ist und uns hilft, sie zu realisieren.[48]

Gleichzeitig veröffentlichte er einen Prospekt über seine Summer Art School, in der Malerei, Dekoration und unterschiedliche Handwerke unterrichtet wurden. In diesem Prospekt betonte Whitehead, dass die Schule ein Teil des Künstlerdorfs Byrdcliffe sei, keine der Kommune Woodstock angegliederte Einrichtung. Sie bilde eine unabhängige Gemeinschaft von Künstlern und Handwerkern, die lediglich ihren selbst auferlegten Regeln unterworfen sei.

Er beschrieb seine Schule als einmalig. Sie bestehe aus mehreren Gebäuden, die über ein Areal von 1200 Acre verteilt und unter Berücksichtigung der vorhandenen Landschaft und Flora entstanden seien. Den Studenten würden Unterkünfte und Zimmer im Gasthaus Villetta angeboten, das neben der Schule lag, sie könnten aber auch Quartier in den neu erbauten, umliegenden Studiohäusern beziehen, und falls sie die Wochenmiete von 6 Dollar nicht aufbringen könnten, verwies er sie auf die wunderschönen Campingplätze in nächster Nähe. Jenen, die an der Byrdcliffe-Idee generell interessiert waren, offerierte er günstig Bauland, wobei er Leute mit künstlerischen Ambitionen bevorzugte.

Whiteheads Idee war es, eine fröhliche Gemeinschaft zu schaffen, in der Künstler und Handwerker zusammen mit ihren Kindern ein gesundes Leben in schöner Natur führen sollten. Bei gutem Wetter würde der Unterricht im Freien abgehalten werden, und daneben sollten alle, auch die Kinder, eine der angebotenen Handwerksarten erlernen, verbunden mit Achtung der Natur und Huldigung der Schönheit, die sie umgab. Im Idealfall könnte seine Kunstschule eine aktive Gruppe Gleichgesinnter hervorbringen, die seine Ideen an zukünftige Generationen weitergeben könnten.

Im Gegensatz zu ähnlichen Kunst- und Handwerkskolonien in Amerika oder Europa hatte Byrdcliffe eine dreifache Mission: 1. schöne, handgemachte Dinge herstellen und mit deren Verkauf die Kolonie finanzieren; 2. Unterricht in fast allen Handwerksberufen und Weitergabe von deren Errungenschaften an die folgenden Generationen der Kolonie; 3. ein gesundes Leben in sauberer Umwelt unter einfachen Lebensbedingungen, bei gleichzeitiger Selbstversorgung durch Arbeit auf den Feldern.

Auf der Suche nach Künstlern, von denen er dachte, sie könnten seine Studenten inspirieren und ihre Anlagen fördern, scheute Ralph keine Wege. Von New York reiste er nach Boston, von dort weiter nach Chicago und Philadelphia, besichtigte Schulen und Ausstellungen, verteilte an allen Orten sein Manifest und hielt aufmunternde Reden, in denen er um Teilnahme an seinem Lernangebot warb.

Für die interne Führung der Schule orientierte er sich an der 90 Meilen entfernten Art Students League in New York. Seit ihrer Gründung im Jahr 1875 praktizierte sie den Unterricht nach neuen Richtlinien, die weitgehend mit Ralphs Ideen übereinstimmten.

So gab es weder Aufnahmebedingungen noch Prüfungen, und jeder wurde aufgenommen, der sich zum Künstler berufen fühlte, ohne Ansehen der Person. Die monatlichen Gebühren waren niedrig und deckten gerade mal die anfallenden Kosten. Diese Schule besaß große Anziehungskraft auf junge Leute aus aller Welt, die sich mit unkonventionellen Ideen trugen.

Als daher im Juli 1903 die Byrdcliffe Summer School in Woodstock mit ähnlichen, wenn nicht gar besseren Bedingungen eröffnet wurde, kamen viele von der Art Students League. Es war der Beginn einer langen Freundschaft zwischen der New Yorker Studentenschaft und Ralphs Sommerschule, die Woodstock zu einem beliebten Zentrum für Landschaftsmalerei machte.

Die jungen Studenten, die meisten von ihnen aus vermögenden Familien, kamen in Scharen. Sie zeichneten und malten, schnitzten, schreinerten, webten und fertigten Metallgegenstände. Sie fühlten sich als Vorreiter einer auserwählten, zukunftsorientierten Generation, die im Begriff war, grandiose künstlerische Wege zu beschreiten, berieselt von Whiteheads verlässlich fließendem Geldregen und erleuchtet durch ihre eigene, unerschöpfliche Kreativität.

Umhegt von modernster Ausstattung hatten sie freien Zutritt zu Whiteheads erlesener persönlicher Bibliothek und waren eingeladen aktiv an kulturellen Veranstaltungen teilzunehmen, an denen Lieder gesungen oder Gedichte rezitiert wurden. Zweimal die Woche wurde zum Tanz aufgerufen und am Sonntagabend konnte man klassische Musik hören oder sich auch aktiv daran beteiligen. Für viele war es, als hätten sie das Paradies auf Erden gefunden.

Der Porträtmaler Carl Eric Lindin beschrieb diese frühen Byrdcliffe-Tage aus seinem Blickwinkel:

> Die Vögel sangen, als würde die Erde gerade neu erschaffen werden. Und die Byrdcliffer sangen auch und tanzten und machten Liebe miteinander, gerade wie die Vögel.[49]

Seit ihrer Ankunft im Frühjahr 1902 zelebrierten die Neuankömmlinge in Woodstock ihren Unterschied zu den Einheimischen, was diese wiederum mit wachsendem Staunen beobachteten.

Trotz seiner Schüchternheit war Ralph Radcliffe Whitehead auf der ganzen Linie der Boss und jeder seiner gravitätischen Schritte sprach von Reichtum und abgehobener Intellektualität. Seine Seite zierte die zarte Jane Byrd mit Grazie und vornehmer Überlegenheit. Auch sie war in Woodstock angekommen und wirkte in ihren Bereichen. Kunstprofessor Bolton Coit Brown übte ruppige Besserwisserei und ein striktes Fitnessprogramm, das er unter den Blicken der vorbeieilenden Morgenschichtler allmorgendlich vor seinem Haus durchexerzierte, und Schriftsteller Hervey White verblüffte mit saloppen Allüren und seltsamer Kleidung. Er trug niemals einen Hut, sein struppiges Haar stand kreuz und quer vom Kopf ab, er liebte kurze, leichte Fahrradhosen und war selten anzutreffen ohne sein rotes, geblümtes Windsor-Halstuch.

Dann waren da noch Captain van der Loo, der als ehemaliger Kämpfer im Burenkrieg die Abzeichen seiner holländischen Kriegsuniform gut sichtbar auf seiner Kleidung trug, und der schwedische Porträtmaler Carl Eric Lindin, der mit betont höflichen Manieren und seinem schwedischen Akzent für Aufmerksamkeit sorgte.

Als dann noch White, van der Loo und Lindin auf der Suche nach einem geeigneten Wohnplatz kurzerhand die unbenutzte, altehrwürdige lutheranische Kirche okkupierten, die Kirchenbänke als Betten benutzten und Lindin die Kanzel zur Staffelei degradierte, auf der er seine Bilder malte, fühlten sich die alten Woodstocker unwohler denn je. Kurz darauf heiratete Lindin die Buchbinderin Louise Hastings und trotz lokaler Proteste verwandelten sie die Kirche in eine imposante Residenz, in der sie anfangs zu dritt (!) wohnten und die nach Aussage neugieriger Einheimischer im vornehmen Swedish Tudor Style eingerichtet war.

Es dauerte nicht lange, da meldeten Abgesandte der Woodstocker Kirchen ihren Besuch in White Pines an, und obwohl man sie mit großer Freundlichkeit empfing, wurde bald deutlich, dass die Byrdcliffe-Leute nicht daran dachten, sich den hiesigen Gepflogenheiten anzupassen und eine eigene Kirche zu bauen. Sie begnügten sich mit der bereits vorhandenen, das einzige religiöse Gesetz, das sie akzeptierten – und darin waren sich alle Byrdcliffer einig – war das Gebot der Toleranz gegenüber allen anderen Religionen. Auch die einheimische Grundschule wurde als gut genug befunden für die eigenen Kinder. Großzügig boten sie den Kirchenleuten an, gegebenenfalls lokalen baulichen Veränderungen zuzustimmen, jedoch ohne ihnen persönliche oder materielle Unterstützung in Aussicht zu stellen.

Von jeher waren Fremde von den Bewohnern mit großem Misstrauen beobachtet worden und nur widerstrebend hatten sich die Woodstocker den Wendungen des Schicksals gefügt. In den Sommermonaten waren immer öfter Besucher aus anderen Regionen angereist, hatten sich einquartiert und hatten langsam die Gesinnung der Bevölkerung für Neues geöffnet. Gelegentlich waren sogar Vermählungen zustande gekommen und damit auch Veränderungen in ihrem täglichen Leben, die meist toleriert worden waren. Auch an die irischen Steinbruch- und Glasarbeiter, die sporadisch im Bluestone-Steinbruch arbeiteten und nachts mit Gesang und fröhlichen Trinksprüchen die Gegend unsicher machten, hatte man sich inzwischen gewöhnt.

Diese neuen Byrdcliffe-Leute jedoch waren nicht zu vergleichen mit jenen, die bislang nach Woodstock gekommen waren. Die mannigfaltigen Aktivitäten, die sich nun mitten unter ihnen und vor ihren Augen abspielten, lösten teils Bewunderung aus, teils verwirrten sie die lokale Bevölkerung und stellten althergebrachte Vorstellungen in Frage.

Man kann sich das Erstaunen des verschwitzten Feldarbeiters vorstellen, der an einem heißen Sommertag mit seinen Ochsen die Felder pflügte, als sich ihm plötzlich zwei weiße Gestalten näherten, die ihm wie eine himmlische Erscheinung vorgekommen sein mussten. Es war Jane Whitehead mit ihrer Freundin Marie Little, die in bodenlangen wehenden Gewändern leichtfüßig sein Feld durchquerten, mit Honigtöpfen unter den Armen.

Doch als im Sommer 1903 im Künstlerviertel Byrdcliffe die Arbeit begann, die Straßen und Geschäfte bevölkert wurden mit anreisenden Handwerkern und Künstlern, kamen die Woodstocker nicht umhin zu realisieren, dass damit ein sehr willkommener wirtschaftlicher Aufschwung begann. Dafür verziehen sie eine Menge.

Die Byrdcliffe Summer School der Malerei bekam regen Zulauf aus allen größeren Städten des Umlands, von nah und fern kamen Studenten angereist in der Erwartung, ihre Fähigkeiten in Landschaftsmalerei zu erproben und weiter zu entwickeln. Ihr Lehrer war zunächst Woodstock-Entdecker und Kunstprofessor Bolton Brown, der den Unterricht leitete, doch wie sich bald zeigte, nach seinen eigenen Vorstellungen und Regeln.

Ohne sich an Absprachen mit seinem Boss zu halten, gestaltete er die Stunden so, wie er es für richtig hielt, und entfernte sich dabei zusehends von Whiteheads ursprünglichen Plänen. Wenngleich sich alle Studenten in ihrer Liebe zur Kunst vereint fühlten, hatten die wenigsten etwas übrig für Browns Vorstellungen von Disziplin und Ordnung, die als Grundvoraussetzung für genaues Zeichnen vorsah, dass man sich vorrangig an der Natur zu orientieren habe.

Brown verordnete ihnen als erstes ein intensives Studium der Pflanzen und Bäume und deren möglichst exakte Wiedergabe auf dem Papier, bevor sie sich eigenen Ideen widmen durften. Whiteheads Schule jedoch erlaubte den Studenten zu zeichnen und zu malen, was immer ihnen gefiel und was ihnen ihr Meister empfahl. Nach kurzer Zeit wählten sie daher allgemein den großen Hermann Dudley Murphy aus Boston zum Leiter und Brown sank auf den Posten eines Zeichenlehrers. Murphy führte Farbdruck und Bildbearbeitung ein und war damit einer der wenigen, die auf Dauer mit Profit arbeiteten.

Aus Chicago kam der Schotte John Duncan und drängte Whitehead, eine Lithografiepresse zu ordern, doch Whitehead war dagegen, trotz seiner Offenheit gegenüber allem Neuen. Er wusste, dass die Presse zur Herstellung kommerzieller Kunstprodukte und für Illustrationen verwendet wurde, und bangte um die Erhaltung der sogenannten wahren Kunst, die mit Schweiß und harter Arbeit errungen sein musste. Whitehead schloss sich damit dem allgemeinen Vorurteil gegen Lithografie an, sehr zum Bedauern von White und Lindin, die für eine Presse plädierten. Bereits zu diesem Zeitpunkt deutete sich eine Dissonanz zwischen Hervey und Ralph an.

Im Herbst 1903 bat Ralph seinen Zeichenlehrer Bolton Brown, den Unterricht zu quittieren. Als Grund gab er an, Brown wäre als Lehrer ungeeignet und hätte seine Position missbraucht: »You have mistaken your place.«[50]

Ralph gab ihm eine großzügige Abfindung und freute sich ehrlich, als dieser die Absicht äußerte, sich in der Nähe niederzulassen. Wenngleich er Brown nicht als Lehrer akzeptierte, schätzte er doch dessen Gesellschaft und auch die Nähe seiner Familie und seine Arbeitskraft in bestimmten Bereichen. Im November 1903 schrieb er an Jane, die in Arcady weilte:

> Brown war sehr hilfreich die letzten Tage und ich bat ihn, mir einige Zeichnungen für Türen zu machen und meine Vorschläge zu den Feuerstellen zu begutachten. Ich denke, in einigen Wochen können wir anfangen, Tische zu entwerfen, aber ich bin nicht sicher, ob wir noch vor der Jahreswende mit der Arbeit daran beginnen werden.
>
> Nicolo und ich, wir arbeiten beide sehr hart; ich beginne um sieben mit Briefeschreiben und Pläne machen. Dann gehe ich zur Post und weiter zur Sabine Farm. Und dort arbeiten wir, bis um halb vier die Arbeiter ihre Arbeit niederlegen und kommen gerade noch zurück, bevor das Tageslicht verschwindet. Mir gefällt es, und die Arbeit geht gut voran.[51]

Bolton Brown verließ zwar Byrdcliffe und sein Casa Carnolia, kaufte aber 30 Hektar Land an der Mead's Mountain Road, an jener Straße, an der er ein Jahr zuvor als Erster angekommen war. »The first man in, I now become the first man out«, lautete dazu sein Kommentar.[52]

Für seine Frau und Tochter errichtete er dort noch einmal ein Haus, daran angeschlossen ein kleines Studiogebäude, in dem er später die erste Lithografiepresse Woodstocks aufstellte.

Diese Aktion bildete einen Meilenstein in der Geschichte der Künstlerkolonie. Brown war somit der Erste, der aus der neuen Gesellschaft ausbrach und sich in Woodstock unter die einheimische Bevölkerung mischte. Es dauerte nicht lange und andere folgten ihm. Der Einfluss der Kolonie erstreckte sich auf immer größere Gebiete.

Im Frühjahr 1904 saß Whitehead auf der Terrasse in White Pines und blickte zum Horizont, als suche er dort hinten eine Antwort. Er hatte die Abrechnungen des laufenden Jahres vor sich liegen und wieder einmal wurde ihm bewusst, dass er seine drei Onkel in England, die mit stetig steigendem Gewinn die Royal George Mills in Yorkshire leiteten, erneut um ein Darlehen würde bitten müssen. Ein Darlehen auf unbestimmte Zeit, wobei beiden Seiten wussten, dass der Rückzahlungstag in weiter Ferne lag. Jane hatte von ihren Eltern eine stattliche Mitgift bekommen, die aber schon zum Großteil in den Tiefen des Arcady Projekts verschwunden war. Es blieb ihm nichts anderes übrig, er musste erneut seine vermögenden Verwandten fragen. Bis seine Kolonie Gewinn abwerfen würde, würden voraussichtlich etliche Jahre vergehen und selbst dann blieb es fraglich, ob er jemals mit Gewinn würde produzieren können. Seine kleine Familie wuchs, Ralph jun. war inzwischen fünf und Sohn Peter drei Jahre alt, es galt, die Familie zu erhalten.

Sein Blick fiel auf die umliegenden Obstplantagen, die in voller Blüte standen, und wie schon so oft erfüllte ihn die Schönheit der Landschaft mit Glücksgefühlen und bestätigte ihn darin, dass er das Richtige getan hatte, wie auch immer alles ausgehen mochte.

Nachdem er einen Brief an seinen Vater verfasst hatte, der sich weitgehend aus dem Geschäft zurückgezogen hatte, seine Bitte jedoch an die Onkel weiterleiten würde, schrieb er an Jane, die in Philadelphia bei ihren Eltern zu Besuch war:

> Ich möchte dir etwas über unser System hier mitteilen. Sicher investiere ich Kapital, aber nicht mehr, als wir in unserem Alter riskieren können, ohne uns oder unsere Kinder zu ruinieren, selbst wenn wir keinen geschäftlichen Erfolg haben werden.[53]

Trotz der zehn Jahre, die Ralph Radcliffe mittlerweile in Amerika lebte, war er in seinem Herzen unverdrossen der kultivierte Engländer geblieben, der zielgerichtet, wenn auch diskret, »seine Nase putzte«, doch ebenso diskret und zielgerichtet Soll neben Haben stellte. Auf der einen Seite stand das stattliche Vermögen seiner Familie, das er in den Aufbau der Byrdcliffe-Kolonie gesteckt hatte, auf der anderen Seite wuchsen Hand in Hand mit seinen Investitionen die Ansprüche an seine Untergebenen.

Ralph hatte seine Anlage nicht nur für jedermann zugänglich gemacht, er verteilte auch großzügige Gehälter an alle Mitarbeiter und Lehrer und, obgleich er niemals Almosen gab, gewährte er Studenten gelegentlich finanzielle Unterstützung, sofern er von deren Begabung überzeugt war. Daher war es nur natürlich, dass er nach all den Jahren der Planung und der sorgfältigen Gestaltung wünschte, den Kurs der Kolonie nach seinen eigenen Ideen und Vorstellungen lenken zu können.

Seine Studenten waren keine »Wilden«, denn bereits ihre künstlerische Arbeit erforderte ein gewisses Maß an Selbstdisziplin und Ordnung; doch wie alle Künstler waren sie Individualisten, die sich eingeengt fühlten, sobald von Regeln die Rede war. Sie waren Nonkonformisten, die am liebsten ihren eigenen Gesetzen folgten.

Nach getaner Arbeit im Freien ließen sie mit Vorliebe ihre farbgetränkten Mallappen neben sich ins Gras fallen, die dann am darauffolgenden Morgen neugierig von Kühen begutachtet wurden. Sie schleckten daran herum oder fraßen die Lappen sogar auf, sehr zum Missfallen des Bauern, dem die Kühe gehörten. Oft wurden die Kühe daraufhin krank oder gaben keine Milch mehr, und Ralph musste für den Schaden aufkommen, schließlich standen die Studenten unter seiner Obhut.

Als Gegenleistung forderte der »Maestro« eine Extraportion Einsatz von dem Missetäter, setzte ihn etwa im Küchendienst ein oder beorderte ihn zur Säuberung und Befestigung der Wege, je nachdem, was gerade gebraucht wurde. Schon bald stellte er erst einen, schließlich mehrere Aufseher ein, die Streitereien unter den Studenten schlichten und darauf achten sollten, dass die aufgestellten Regeln befolgt wurden.

In der Hierarchie der Sommerkolonie hatte jeder einzelne Student einen festen Platz und noch immer galten die Regeln der St. George Guild von John Ruskin, denen zufolge er täglich ein nach Stunden festgelegtes Arbeitspensum mit den Händen zu verrichten hatte. Diese Vorschrift wurde von den Studenten nur schwer akzeptiert und es gab viele unter ihnen, die nur einen Sommer lang blieben.

Parallel zu seiner Intention, die Leute zu kreativer und handwerklicher Tätigkeit anzuregen, versuchte Ralph, ihr Vertrauen zu gewinnen, um sie vorsichtig an seine Vorstellung einer geordneten, sozial verantwortlichen Gemeinschaft heranzuführen, die gleichzeitig künstlerisch produktiv sein sollte.

Doch mit diesem Wunsch, als leitendes Organ anerkannt zu werden, ohne dabei als Herrscher dazustehen, stellte sich Ralph eine Aufgabe, die schwer zu bewältigen war. Er fand geistige Unterstützung in dem Schriftsteller Poultney Bigelow, der zu seinen Bewunderern zählte:

> Whitehead ist praktisch der Präsident einer hochrangigen Universität für Kunst, ausgestattet mit bewundernswerten Einrichtungen wie Labor, Bücherei, Gymnasium, Spielplätzen und einem Arbeitsplan, der alles Vergleichbare in der westlichen Welt in den Schatten stellt.[54]

Gleichzeitig versicherte Bigelow, dass diese totale Monarchie die Kolonie letztlich vor einem gewaltigen Berg an Streit und verlorener Zeit bewahre, was andere vergleichbare Kolonien bisher ausgelaugt habe. Das Leben in Byrdcliffe kommentierte Bigelow mit folgenden Worten:

> Byrdcliffe ist offen gestanden wohltätiger Despotismus. Whitehead ist der absolute Monarch und keiner wird geduldet, der nicht mit seinen Regeln einverstanden ist. Weder Nichtstuer noch Vergnügungssüchtige dürfen diese edlen Gefilde betreten.[55]

Auch Jane Whitehead, die »Schlossherrin«, wie sie genannt wurde, schaltete sich in den Alltag der Studenten ein und stellte ihrerseits Regeln auf. Sie hatte ihre eigene Vision eines malerischen Lebens und liebte unter anderem die alten englischen Tänze. Nach ihrem Willen wurde anfangs täglich um vier Uhr nachmittags die Arbeit niedergelegt und alle Studenten hatten sich auf ihrer Terrasse in White Pines zu versammeln, wo die sogenannten Morris-Menuetttänze geübt wurden, an denen sie besonders interessiert war.

Sie hatte einen Tanzlehrer engagiert und später die deutsche Tänzerin Marie Thérèse Kruger, die ihnen die Tänze beibringen sollten, und kam nicht im entferntesten auf die Idee, dass die Studenten lieber das Tageslicht für ihre Arbeit genutzt hätten, als auf der Terrasse im Kreis herumzuhüpfen.

Bei ausgiebigen Spaziergängen durch ihre Gartenanlage präsentierte Jane ihnen die liebevoll gezüchtete Flora und Fauna, doch diesen Studenten, die während der industriellen Revolution aufgewachsen waren und gelernt hatten, für ihre Rechte zu kämpfen, fehlte die Geduld, wertvolle Stunden damit zu verbringen, zwischen Fliederbüschen zu spazieren oder dem Gurren der Tauben zuzuhören. Schon bald blieb sie bei diesen Gängen allein und auch zu den Tänzen erschienen immer weniger Freiwillige.

Doch wie romantisch und unrealistisch die fragile Schlossherrin auch gewesen sein mag, sie regierte mit strenger Hand und konnte sich gut selbst beschützen, indem sie den Besuchern, die zu unpassender Zeit erschienen, aus dem Fenster zurief: »Misses Whitehead ist nicht zu Hause!«

Der zweite Sommer

Das Jahr 1904 in Byrdcliffe war geprägt von einer Reihe von Veränderungen. Eine große Anzahl der Studenten und Handwerker vom Sommer zuvor kam nicht wieder. Doch während viele gingen, kamen neue Interessierte aus Kunst und Handwerk und begannen voll Begeisterung zu arbeiten. Unter den neuen Leuten befand sich auch Jane Whiteheads Zeichenlehrer aus Kalifornien, der Schwede Lovell Birge Harrison.

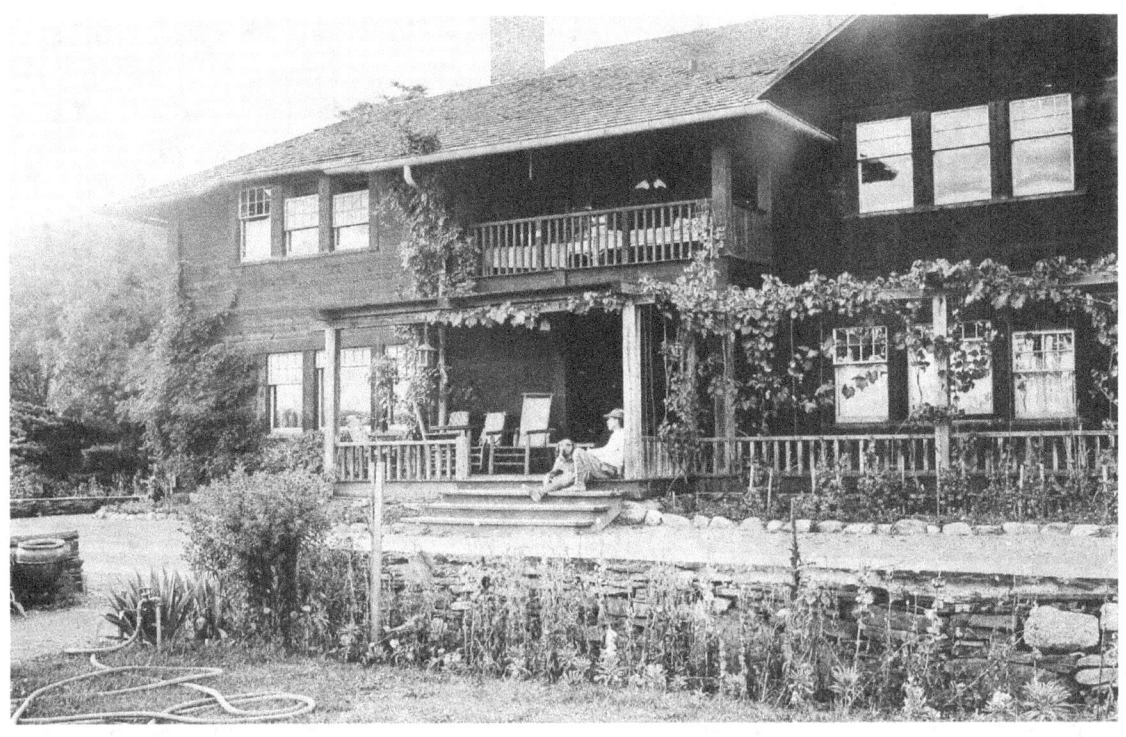

White Pines, 1908

Der 50-Jährige wurde zum Leiter der Kunstabteilung ernannt und mit ihm kam neues Leben in die Byrdcliffe Summer Art School. Viele sagten später, dass er es war, der die Kolonie gerettet hätte, und das entsprach sicher auch der Wahrheit. Harrison war nicht nur ein guter Landschaftsmaler, er strahlte auch persönlichen Charme und jene vertrauenserweckende Wärme aus, die in die Herzen aller drang. Harrison gelang es mehr als jedem anderen, die Ruskin/Morris-Theorien in den praktischen Alltag einer produktiven, frei denkenden Künstlerkolonie einzubringen.

Anstatt die Studenten von seiner Meinung überzeugen zu wollen, führte er sie geschickt zu eigenen Einsichten, was bei seinen Schülern auf großes Verständnis stieß. Er legte weniger Wert auf Präzision als auf den Ausdruck des Werkes in seiner Gesamtheit. In seine eigene Malerei legte er viel Gefühl. Weich und fließend bewegen sich in gebrochenen Farben seine Wolken am Himmel oder sein Bach durch die Wiese. Er variierte gerne dasselbe Motiv bei unterschiedlicher Lichteinwirkung, wobei er diffuse, düstere Himmel bevorzugte. Er war ein Meister der Darstellung atmosphärischer Effekte und pflegte zu sagen, eine Landschaft beeinhalte beides:

sowohl einen Körper wie eine Seele. Der Körper sei die Landschaft selbst und die Seele entspreche dem Gefühl, das beim Betrachter ausgelöst werde.

Zusammen mit seiner Frau und den Kindern bezog er das Casa Carnolia, nachdem das Haus von Bolton Brown geräumt worden war. Sein neues Heim wurde gleichzeitig zum Refugium für hilfebedürftige Studenten, die dort oftmals die Lösung ihrer privaten Probleme fanden und die gemütliche Atmosphäre zweier warmherziger Menschen genossen. Mit den Harrisons entstand eine Art familiäre Struktur in der Kolonie und legte damit einen der Grundsteine für eine echte Gemeinschaft.

Auf der anderen Seite agierte der Schriftsteller Hervey White, der sich zu seinem eigenen Erstaunen während des Sommers 1903 in die hübsche Druckerin Vivian Bevans verliebt hatte. Im darauffolgenden Winter heirateten die beiden in New York. Hervey beschrieb seine Frau als »wilde Schönheit, die überall, wo sie auftauchte, Aufsehen erregte. Mir stockte der Atem, als ich sie das erste Mal sah und mein Herzschlag setzte einen Moment aus.«[56]

Zurück in Woodstock arbeitete Hervey zusammen mit Lindin im Lark's Nest als Lehrer für Schriftstellerei. Dabei sah Hervey seine Arbeit weniger romantisch als vielmehr pragmatisch. Er arbeitete gerne mit den Studenten, gleichzeitig brachten sie ihm neue Einsichten in die menschliche Seele. In Byrdcliffe konnte er in aller Ruhe die unterschiedlichen Charaktere studieren, sie gegebenenfalls gegeneinander ausspielen und ihre Reaktionen analysieren. Während er sie in das Projekt und in ihre Arbeit einwies, beobachtete er mit großem Interesse die neuen Leute, die nach Byrdcliffe kamen. Für ihn als Schriftsteller öffnete sich hier ein weites Feld der Inspiration: So wie der Duft einer bunten Frühlingswiese die Bienen magisch anzieht, so ließ er die Aura der angehenden Künstler auf sich wirken. Dementsprechend findet sich in seinen Novellen so mancher Byrdcliffe-Student wieder.

Unter den Neuankömmlingen gab es einen Anglo-Italiener namens Alfredo Rogers, ein Mann, in mittleren Jahren, der von seiner vermögenden Familie dafür bezahlt wurde, dass er mit seinen Angehörigen auf sicherem Abstand blieb. Alfredo huschte von einem Handwerk zum nächsten, blieb nirgendwo länger und keiner wusste so recht, was er suchte, am allerwenigsten er selbst.

Wie eine Fledermaus geisterte er nachts mit wehendem schwarzen Umhang zwischen den Häusern umher und erschreckte die jungen amerikanischen Mädchen, wenn er umherirrend plötzlich auftauchte und wilde Schreie ausstieß. Kreischend rannten die Mädchen davon und berichteten am nächsten Morgen vom Satan, den sie gesehen hätten. In der Nacht verbarrikadierten sie ihre Türen, weil sie fürchteten, dass er über sie herfallen würde. In Wirklichkeit war es wohl eher so, dass Mr. Rogers Angst vor Menschen hatte und deshalb Schutz hinter dieser Maske suchte.

Ein weiterer Mitbewohner war noch interessanter für Hervey. C. H. Hinton war Lehrer und hatte in Princeton Mathematik unterrichtet. Er war besessen von der damals populären Then-Novel-Theorie, einer Theorie über Raum-Zeit-Verwandschaften, in der unsichtbare, sogenannte dunkle Materie sichtbar gemacht wird. In Hintons Gepäck befand sich eine kleine Maschine, die er selbst gebaut hatte, um diese Theorie unter Beweis zu stellen. Er arbeitete auf der Byrdcliffe-Farm und nahm sich extra frei, um die Arbeitsweise seiner Maschine zu demonstrieren, falls einer gewillt sein sollte, ihm Aufmerksamkeit zu schenken. Die Versuche mit seinen Testpersonen spielten sich etwa wie folgt ab. Der Proband musste die roten, blauen und gelben Würfel im Innern der Maschine bewegen. Wenn er das tat, schrie Hinton begeistert auf: »Du hast es geschafft, du hast Weltraum vernichtet! Das war deine Lehrstunde für heute.« Selten kamen die Studenten für eine zweite Unterrichtsstunde, sie hatten doch Zweifel an Hintons wissenschaftlicher Seriosität.[57]

Immerhin brachte er Hervey dazu, ein Gedicht über ihn zu schreiben: *A Ship of Souls*. Gleichzeitig begann er das Leben in der Kolonie mit kritischeren Augen zu betrachten.

Byrdcliffe war eine binnen eines einzigen Jahres nach festen Grundsätzen zusammengewürfelte Gemeinde, folglich hatte ihre Bevölkerung zwar bestimmte Dinge gemeinsam, aber es fehlte der normale Durchschnittsamerikaner mit seinen üblichen Interessen.

Ein Großteil der Studenten stammte aus der gehobenen Oberschicht und bildete somit nicht die Art Gemeinschaft, die Hervey White als Sozialist erstrebenswert erschien. Er wünschte sich die Beteiligung aller gesellschaftlichen Klassen, auch die der Einwohner Woodstocks, die außer einem staunenden Blick im Vorübergehen nach wie vor nicht am Leben der Künstlerkolonie teilnahmen. Zunehmend neigte Hervey zu der Ansicht, dass sein Arbeitgeber mit »Kolonie gründen« »Geschäfte machen« meinte, ohne den Gewinn mit anderen teilen zu wollen.

Als Hervey die Tantiemen seines Buches *Quick Sand* einem armen Poet in Byrdcliffe schenken wollte, geriet Ralph in Rage und verbot es ihm rundheraus. Almosen waren Ralph trotz seiner sozialistischen Gesinnung zeitlebens zutiefst zuwider. Wenn Hervey sein Geld unbedingt loswerden wollte, dann sollten die Tantiemen in die allgemeine Byrdcliffe-Kasse kommen. Ansonsten sollte er sie behalten.

Wenngleich Hervey in den Anfangsjahren ihrer Freundschaft zu Ralphs Bewunderern gezählt hatte, distanzierte er sich allmählich von dem Programm der Byrdcliffe-Kolonie und seinem Boss. Er hatte neue Einsichten in den Charakter dieses

Mannes gewonnen, mit dem in seinen Augen kein »gemeinsames Fiedelspiel« mehr möglich war:

> Mr. Whiteheads dominierende Charaktereigenschaft ist seine anspruchlose, nahezu abstoßende Reserviertheit. Ähnlichem begegnet man bei Engländern oft. Wir Amerikaner sind eher Buben und sprechen die Sprache von Buben. Nur bei seltenen Gelegenheiten, meist dann, wenn wir mit unseren Pferden über die Wege dieser herrlichen Berge ritten, nur dann gewährte er mir den Hauch einer vorsichtigen Nähe, aus der ich mir ein verschwommenes Bild seiner Vergangenheit machen konnte.[58]

Ralph Radcliffe spürte Herveys Misstrauen in die Zukunft der Kolonie unter seiner Führung. Er mochte Hervey und vor noch gar nicht langer Zeit hatte es zwischen ihnen Momente gegeben, da hatte er »Nicolo« Dinge aus seinem Leben anvertraut, die er sonst mit niemand geteilt hatte. Doch es häuften sich kleine Begebenheiten, die zwischen ihnen eine Barriere aufbauten, die immer höher wurde und von keinem der beiden überwunden werden konnte.

Als im Sommer 1904 die Kühe der Mullersruh-Farm unter der Führung von Hervey zu wenig Milch produzierten, explodierte Ralph. Er forderte Hervey auf, bis zum Ende des Sommers zu verschwinden. Und während er mit anderen, die Byrdcliffe verlassen hatten, weiterhin freundliche Gespräche führen konnte, weigerte er sich über ein Jahrzehnt lang, mit Hervey White auch nur ein einziges Wort zu wechseln. Die Enttäuschung saß tief.

Zusammen mit Hervey verließ auch dessen Freund Fritz van der Loo die Byrdcliffe-Kolonie. Van der Loos Ehefrau hatte ein riesiges Vermögen aus einer Kaffeeplantage geerbt und segelte mit ihrem Mann nach China, wo er eine erfolgreiche Laufbahn als Arzneimittelagent einschlug. Carl Eric Lindin siedelte sich mit seiner Frau in Woodstock an.

Im späten Herbst 1904 reiste Ralph Whitehead mit seiner Familie nach Kalifornien, um dort zu überwintern und wie bereits das Jahr zuvor, litt die Kolonie unter seiner Abwesenheit. Diesmal drohte sie auseinanderzufallen. Es fehlten seine beiden einstigen Reisegefährten, die den Winter über in Byrdcliffe sonst die Stellung gehalten hatten.

Doch mit unerschütterlichem Optimismus und eiserner Tatkraft verfolgten Ralph und Jane ihre gemeinsame Idee vom »Dream of Somewhere«. Zu Beginn des neuen Jahres entwarfen sie einen umfassenden Plan, der auch die Woodstocker Bürger mit einbeziehen sollte und den sie sofort in Angriff nahmen. Es gelang ihnen, neue Mitglieder anzuwerben und Ralph, dem neben dem Künstlerischen schon immer die körperliche Ertüchtigung wichtig war, resümierte:

> Byrdcliffe ist stetig am Wachsen, es vergeht kein Sommer, in dem nicht neue Hütten, Geschäfte oder Studios errichtet werden. Im kommenden Frühjahr wird ein Tennisplatz eröffnet und wahrscheinlich ein Swimmingpool gebaut.[59]

Künstler und Handwerker

Handwerk

Nach einem verunglückten Start im Vorjahr erlebte die Druckerei Skylights 1904 einen Neuanfang. Neben Lovell Birge Harrison, der erlesene Handdrucke mit Pastell- und Reisfarben herstellte, arbeitete dort auch der Schotte John Duncan. Die Buchbinderin Ellen Gates Starr aus dem Chicagoer Hull House unterrichtete Louise Hastings Lindin und gemeinsam fertigten sie Holzschnittdrucke und betrieben Buchdruckerei.

Aus Boston erschien Laurin F. Martin mit großen Auszeichnungen als Lehrer für Metallverarbeitung. Ihm zur Seite stand der Neuseeländer Ernest Chapman, genannt der »Blechtrommler«, ein erfahrener Metallkünstler, der bereits mehrere Ausstellungen in Chicago gehabt hatte. Er modellierte in der Schmiede The Forge mit Messing und Eisen. Später folgte der Brite Ralph Ashbee, den Whitehead 1901 auf seiner Reise durch Europa kennengelernt hatte.

Auf der Ostseite von The Forge begann die Britin Bertha Thompson (1882–1955) ihre lange und sehr produktive Karriere als Goldschmiedin. Sie stellte Schmuck, Silberbesteck und Metalldekorationen jeglicher Art her. Daneben arbeitete sie als Designerin und Fotografin. Sie war seit einer Polioerkrankung in ihrer Jugend behindert und ging am Stock. In nächster Nähe zu ihrer Freundin Edna Walker ließ Ralph für sie ein ebenerdiges Haus errichten, mit einem Ziehbrunnen neben der Eingangstür. Auch die zuführende Straße landete direkt vor ihrem Haus. Bertha war sehr dankbar für diese Einrichtung.

Edward »Ned« Thatcher (1883–1933) arbeitete auf der Westseite von The Forge. Er war als dünner Teenager im Jahr 1903 von seinem Lehrer als Lehrling nach Byrdcliffe geschickt worden. In diesem Sommer bildete er sich in Metallverarbeitung aus, stellte Scharniere für Möbel und alle Arten metallener Kunstgegenstände her sowie Goldschmuck. Daneben malte und dichtete er und beteiligte sich mit humorvollen Beiträgen an der lokalen Zeitung.

Später unterrichtete er während der Wintermonate an der Columbia Universität und eröffnete im Jahr 1911 die Thatcher Summer School of Metalwork in Woodstock, die großen Zulauf fand.

In der Mitte von The Forge waren Zelma Steele und Edna Walker am Werk, beides talentierte Zeichnerinnen, die Entwürfe für Stoffe, Möbel, Lampenschirme, Scharniere und vieles mehr produzierten. Nach Ralphs Vorstellungen entwarfen sie unter Einbeziehung der sie umgebenden Natur Modelle von Haselnussblüten und

Früchten, Weinreben, Tulpen und Lilien, Trockenfrüchten und Herbstlaub. Diese wurden dann auf Truhen und Schränke übertragen und als Relief in Holzoberflächen geschnitzt oder auf Metallbeschläge gemeißelt.

Die Möbelherstellung reflektierte den Einfluss unterschiedlicher Designer, unter anderem jenen des Kunstlehrers Herman Dudley Murphy und des englischen Künstlers William Morris, bei dem Ralph als Student gewesen war.

Bei der Eröffnung der Schreinerwerkstatt im Sommer 1903 setzte Ralph zunächst große Hoffnung in seine Möbelproduktion. Er hatte sich zum Ziel gesetzt, dass sich die Produktion nach Abzug aller Unkosten selbst tragen sollte, wobei er als gelernter Schreiner selbst Hand mit anlegte. In den folgenden zwei Jahren stellte die Möbelproduktion von Byrdcliffe mehr als 50 Teile her.

Die Möbelstücke waren sehr solide und kunstvoll gearbeitet, aus dem einheimischen Holz der Hemlock-Tanne oder der Zeder. Sie waren verziert mit kunstvollen Scharnieren aus Thatchers Metallwerkstatt. Es gab nur exklusive Unikate, die im New Yorker *Ladies Home Journal* abgebildet wurden und einige seiner Möbelstücke errangen Preise bei Ausstellungen in New York.

Sie verkauften zwar alle Stücke nach New York an McCreery's Departement Store, doch bald zeigte sich, dass sie auf Dauer nicht mit den billigen, maschinell hergestellten Möbelstücken konkurrieren konnten. Dazu kam der neue Look der »Art Nouveau«, die sich in Kunst und Handwerk durchsetzte und spätestens im Sommer 1905 wurde deutlich, dass sich die Möbelproduktion nicht lohnte und nicht den Gewinn einbrachte, den Whitehead sich erhofft hatte. Sie wurde daraufhin eingestellt. Im Jahr 2002 wurde bei einer Versteigerung von Christies in New York eine Kommode aus dieser Produktion für den Rekordpreis von 273 500 US-Dollar verkauft.

Die Weberei

Diese wurde aktiv betrieben, nicht zuletzt von Ralph Whitehead selbst, der den Meistertitel im Weben besaß und feine Seidenvorhänge herstellte, die in Boston verkauft wurden.

Zur Unterstützung holte er sich Marie Little (1866–1949), eine groß gewachsene Dame aus Virginia, die aussah, als wäre sie einem Gemälde Raphaels entsprungen. Whitehead hatte sie 1898 in der Kolonie Summerbrooks kennengelernt und schätzte ihre Talente sehr. Er errichtete für sie ein Studio, genannt The Looms, das aus einem einzigen großen Raum bestand, in dem sie lebte und arbeitete.

Ihre Arbeit entpuppte sich als sehr individuell. Marie färbte dünne, lange Baumwollstreifen in den Herbstfarben gelb, orange, rot und braun und webte daraus Vorhänge, Teppiche, Tischdecken und Bettüberwürfe. Ging man an ihrem Haus vorbei, sah man Unmengen bunter Stoffstreifen auf meterlangen Wäscheleinen im Winde flattern, und alle staunten, wenn eines Tages fertige Produkte zu besichtigen waren.

Manchmal hörte man sie bei der Arbeit singen, sie hatte in ihrer Jugend in Italien Musik studiert und schon damals die Menschen mit ihrer wohlklingenden Stimme verzaubert. Marie Little war eine der dauerhaftesten Bewohnerinnen Byrdcliffes. Erst kurz bevor The Looms 1920 einem Feuer zum Opfer fiel, übersiedelte sie in den Ort Woodstock.

Die Töpferei

Wenn man die Arbeit der Töpferei von Byrdcliffe mit professionellen Kunsttöpfereien des frühen 20. Jahrhunderts vergleicht, wird man Edith Penman, Elisabeth Rutgers Hardenbergh, Jane und Ralph Whitehead sicher als Amateure bezeichnen. Die Art der Herstellung unterschied sich grundlegend von jener kommerzieller Produktionen.

In den mechanisierten Töpferwerkstätten der großen Unternehmen arbeiteten zwar viele geübte Künstler, doch wurde der Einzelne nur minimal an der Gesamtproduktion beteiligt, wie z. B. dem Drehen, Feuern oder Glasieren.

Dem gegenüber gestalteten die vier Töpfer der Byrdcliffe-Kolonie ihre Produkte von Anfang bis Ende selbst. Unter dem Einsatz ihrer Hände, ihres Geistes und ihres Herzens stellten sie aus einfacher Erde und ein paar Mineralien einen Gegenstand her, den sie anfassen und benutzen konnten, und gewannen durch diesen Prozess die Art Befriedigung, die ihrem Ideal entsprach. Für Ralph und Jane bedeutete diese Arbeit zum Großteil die Verwirklichung ihrer Lebensidee. Das meiste ihrer Töpfereien landete später in der Sammlung von Mark und Jill Willcox und erzielte hohe Preise bei Versteigerungen im Jahr 2005.

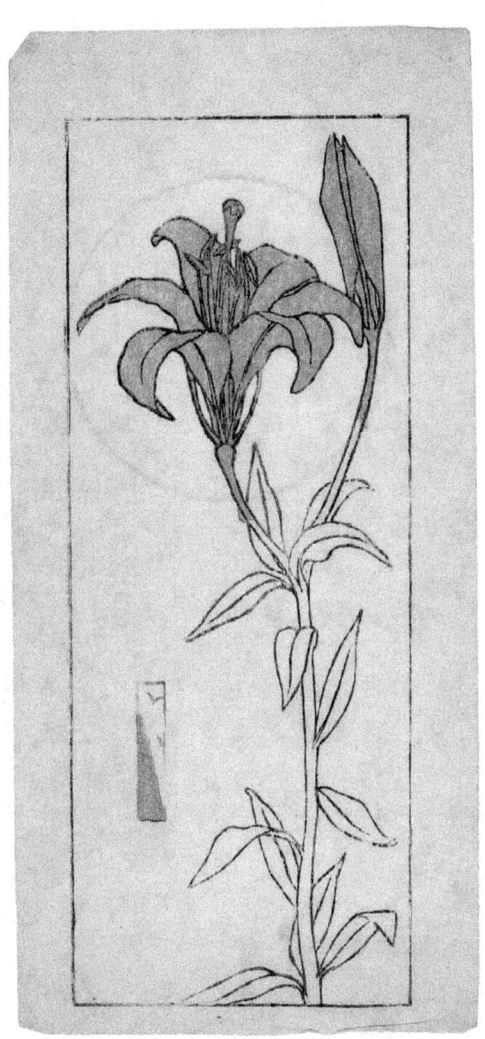

Lily von Zulma Steele, ca. 1904

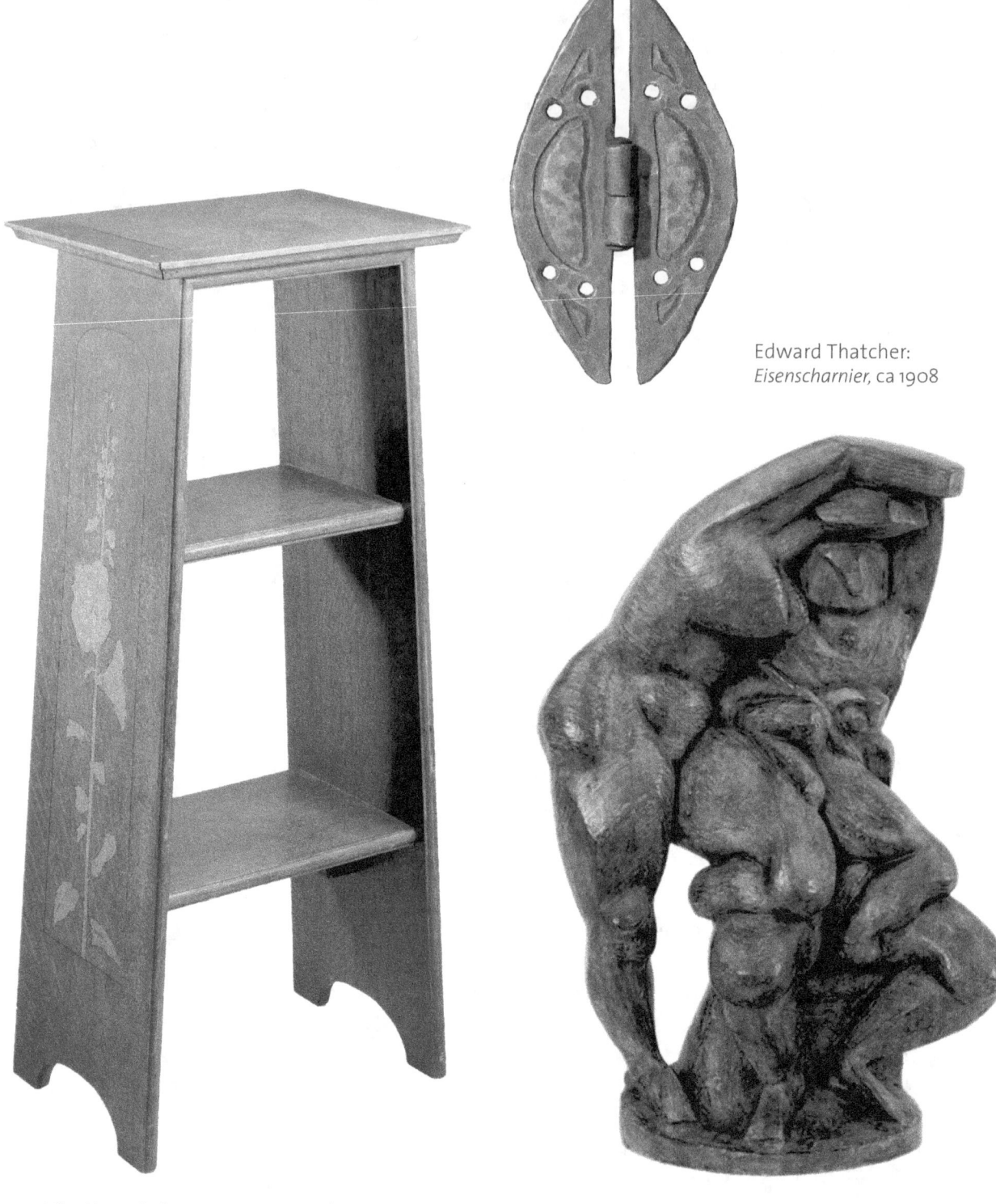

Künstler unbekannt: Lampenständer

Edward Thatcher: *Eisenscharnier,* ca 1908

Alexander Archipenko: *Family Life,* 1912

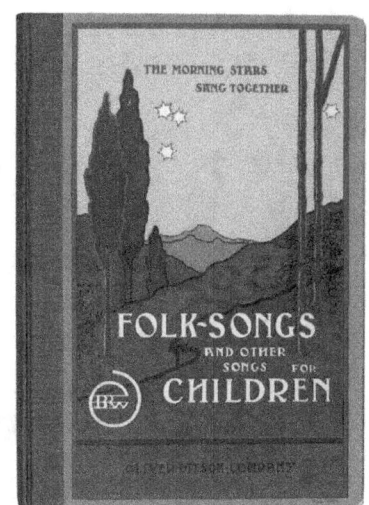

Hergestellt von Jane und Ralph Whitehead:
Folk Songs and Other Songs for Children, 1903

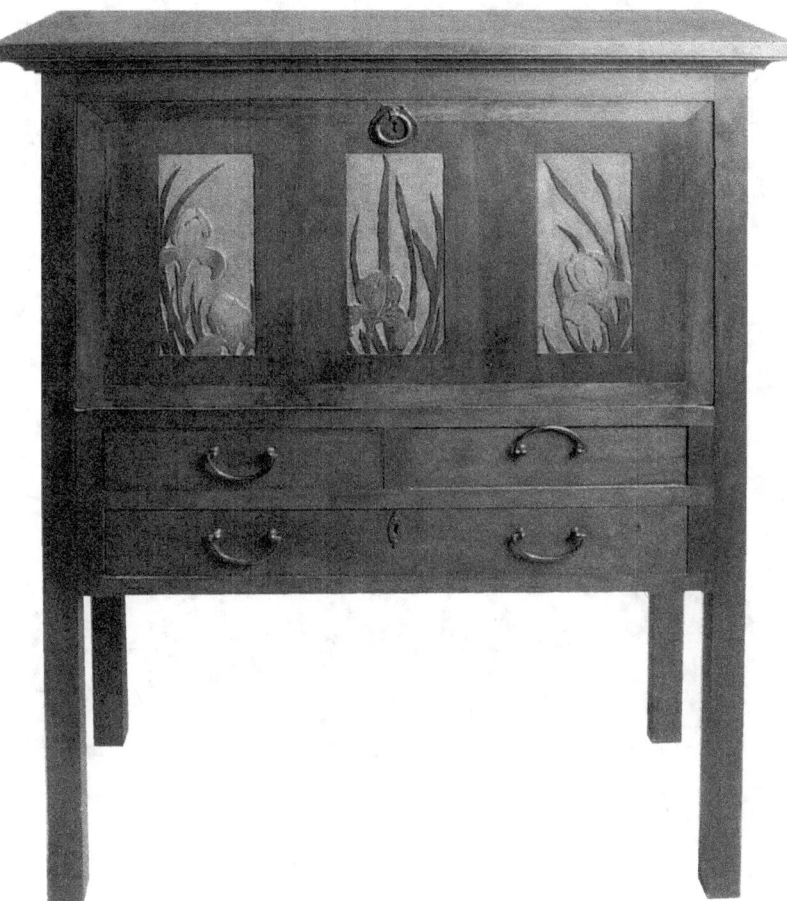

Entwurf von Zulma Steele: *Pult mit
eingelegter Schnitzerei, Irismuster*, ca. 1904

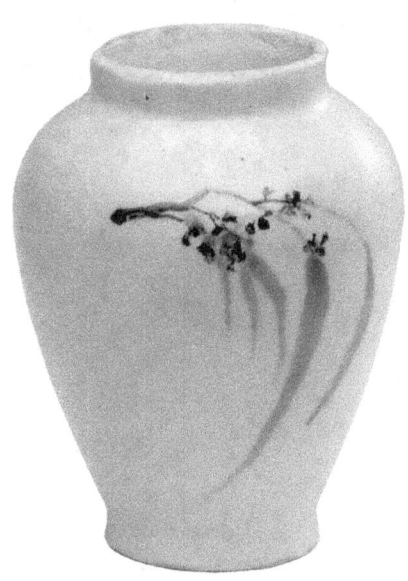

Jane und Ralph Whitehead:
Vase mit Eukalyptus-Zweig, 1915–1926

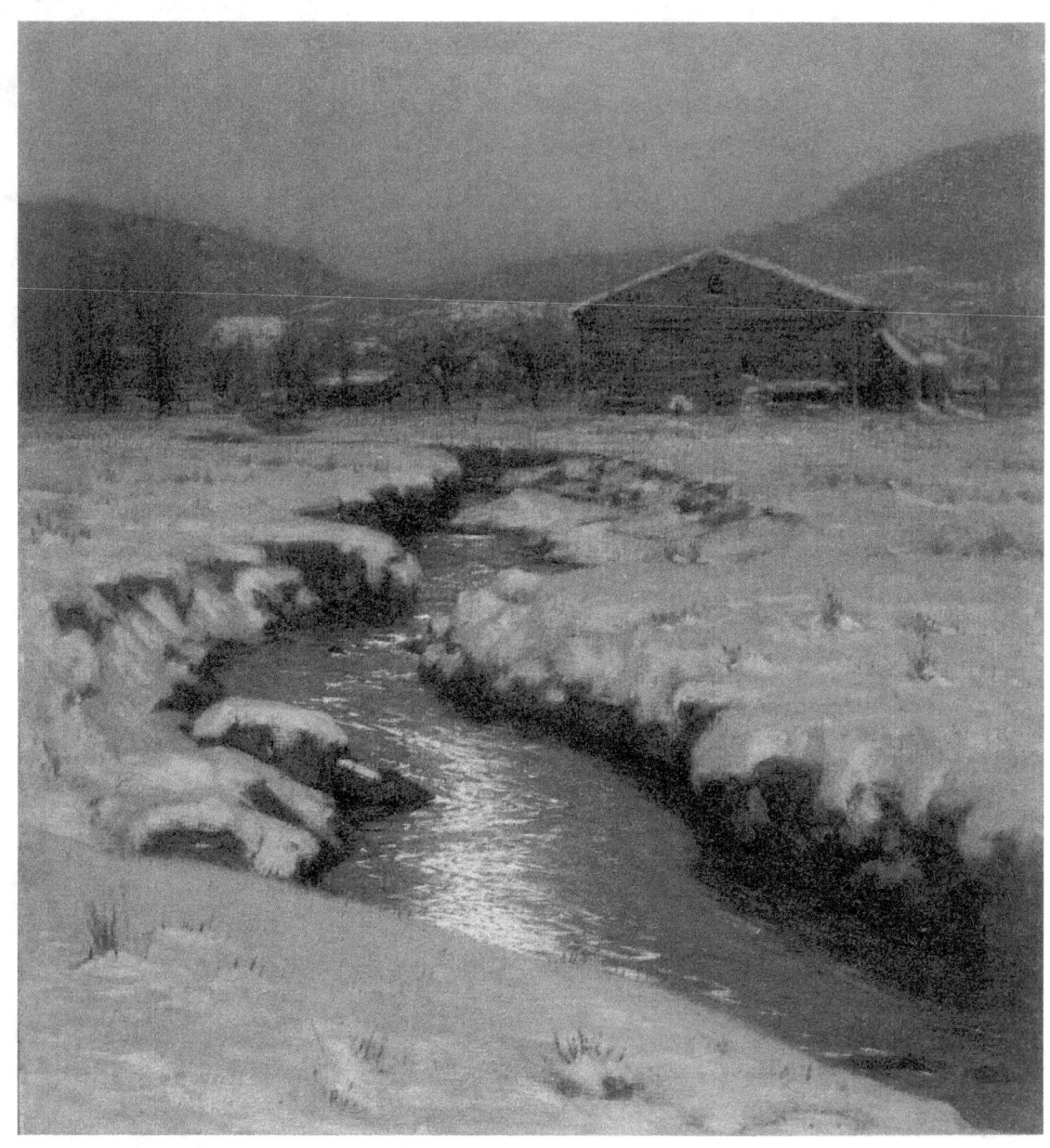

Lovell Birge Harrison: *Woodstock Meadows in Winter*, 1909

Europäische Künstlerkolonien

Mit Beginn des 20. Jahrhunderts bildeten sich an vielen Orten Europas Künstlerkolonien und erfreuten sich stetig wachsenden Zulaufs. Entlang der Küste des hohen Nordens, von den skandinavischen Ländern über Russland, Polen bis hinunter zur belgischen Westküste und von den Niederlanden über Deutschland bis in die Schweiz trieben die Kolonien und deren Künstler untereinander regen Informationsaustausch. Wann immer neue Papiersorten, Pinsel oder Farben, bahnbrechende Stilrichtungen oder Maltechniken entdeckt wurden, verbreitete sich die Neuigkeit wie ein Lauffeuer über die Länder hinweg.

In Frankreich, südöstlich von Paris, war bereits Jahrzehnte zuvor unter avantgardistischen Malern eine der ersten Künstlergruppen entstanden, die sich bevorzugt in der freien Natur bewegte. Regelmäßig trafen sich die Maler Jean-Jacques Rousseau, Jean-Baptiste Camille Corot und Jean-François Millet in den unberührten Wäldern von Fontainebleau, um unter freiem Himmel ihre Bilder zu gestalten. Ihnen folgte die erste berühmte Künstlerkolonie in Concarneau bei Pont-Aven, der viele namhafte Künstler angehörten, unter ihnen die Maler Claude Monet, Paul Gauguin und Robert Henri, der 1890 dazu kam und später in die Vereinigten Staaten übersiedelte, wo er, neben der Herstellung eigener Arbeiten, in New York als Kunstlehrer tätig wurde.

Malerei

Der Franzose ROBERT HENRI (eigentlich Robert Henri Cozad, 1865–1929) studierte 1889–1891 in Paris an der Académie Julian, also zur selben Zeit wie Jane Whitehead. In den Staaten unterrichtete er zunächst als Lehrer an der New York School of Arts. 1907 gründete er eine eigene Kunstschule, genannt die Ashcan School, die eine spezielle Art der Malerei vermittelte. Sie brachte bekannte Künstler hervor, unter anderem den Maler Edward Hopper. 1921 kam Henri nach Woodstock und unterrichtete dort einen Sommer lang. Aufgrund seiner bemerkenswerten Gabe als Lehrer hinterließ er schon in dieser kurzen Zeit sichtbare Spuren in Woodstocks Malerei. Zu seinen Schülern gehörten George Bellows und Eugene Speicher, die zusammen mit Konrad Cramer den höchsten Maßstab unter den örtlichen Malern setzten.

EUGENE SPEICHER (1883–1962), Amerikaner, hinterließ nach seinem Tod circa 400 Malereien und über 3000 Zeichnungen, die 2003 in Auszügen in einer Ausstellung präsentiert wurden. Seine Stärke war das Porträt, speziell das weibliche, doch während seines Aufenthalts in Woodstock entstanden auch Landschaftsbilder, Stillleben und Aktzeichnungen als Vorübung für seine Ölporträts.

1908 kam er durch ein Stipendium nach Woodstock an die Art Students League Summer School unter Birge Harrison. 1910 heiratete er Elsie Wilson und ging mit ihr nach Europa, wo er ausgiebig die Alten Meister studierte. Bei ihrer Rückkehr nach Woodstock wohnten sie eine Saison lang bei Magees an der Rock City Road. In New York unterhielten sie ein Studio, doch jeden Sommer kamen sie nach Woodstock, wo sie in einer umgebauten Scheune lebten.

In Abendkursen in New York wie auch während seiner Aufenthalte in Woodstock arbeitete Eugene anfangs unter der Anleitung von Robert Henri, der großen Einfluss auf ihn hatte. Eugene Speicher erhielt eine Menge amerikanischer Preise, doch trotz seiner Nähe zu Auguste Renoir, den er sehr verehrte, blieb er in Europa unbekannt. 1936 bezeichnete ihn das *Esquire Magazine* als »America's most important living painter«. Zu seinen bekanntesten Bildern zählen das Porträt von Katharine Cornell und *The Mountaineer,* 1929, Metropolitan Museum/New York.

GEORGE WESLEY BELLOWS (1882–1925), Amerikaner, der aufgrund seines sportlichen Talents eigentlich Baseballspieler werden sollte, studierte Kunst unter Robert Henri an der New York School of Arts. Daneben verbrachte er jeden Sommer und frühen Herbst in Woodstock. Er kaufte Land direkt neben dem Anwesen seines Freundes Eugene Speicher und entwarf ein Haus, das er in nur vier Monaten baute. Zusammen mit Bolton Brown erstellte er über 100 Lithografien und trug dazu bei, dieses Medium im Land zu verbreiten. Bellows illustrierte etliche Bücher, unter anderem eines von H. G. Wells, und malte viele einheimische Motive, darunter eine Picknickszene am Cooper See, die seine Freunde mit Familie darstellt. Mit 43 Jahren starb er an den Folgen einer Blinddarmentzündung.

JOHN CARROLL (1892–1959) wurde auf der Fahrt von Kansas nach Kalifornien im Zug geboren. Nach dem Kunststudium in Cincinnati ging er im Ersten Weltkrieg zur Navy und kam 1920 nach Woodstock. Anfangs fertigte er Rahmen für Eugene Speicher und half George Bellows, sein Haus zu bauen. Seinen ersten Kunstpreis gewann er 1924, worauf noch weitere Auszeichnungen folgten. Von 1927 bis 1947 stellte er seine Arbeiten in der New Yorker Kunstgalerie von Frank Rehn aus. Er kaufte eine große Farm, ging hoch zu Ross auf Fuchsjagd und besaß eine starke männliche Ausstrahlung. Er hatte Hände wie ein Boxer, doch mit ihnen fertigte er feinste Feder- und Tuschezeichnungen, am liebsten von Frauen. Er war ein ausgezeichneter Lehrer und allgemein beliebt bei seinen Schülern.

Konrad Cramer (1888–1953), geboren in München, gehörte bald nach seinem Studium der deutschen Künstlergruppe *Der Blaue Reiter* an und entwickelte sich zu einem konsequenten Vertreter der Modern Art. Seine Stillleben und Landschaften stellte er in abstrakten Formen dar, doch meist malte er komplett gegenstandslos. In München lernte er seine spätere Frau Florence Ballin kennen, die an der Sommerschule in Byrdcliffe studiert hatte, bevor sie nach Europa ging. 1911 siedelten sie sich in Woodstock an, mit einem Zweitwohnsitz in Manhattan. Mit seinem Freund Andrew Michael Dasburg regte er heiße Diskussionen über die abstrakte Kunst an und wurde Vorstand und Mitbegründer der Woodstock Art Association.

Als Künstler, Handwerker und Fotograf gründete Cramer 1949 im Woodstocker Haus der Genossenschaft einen »Design Course for Craftsmen«, wo er Zeichenkurse anbot und Künstler und Handwerker ihre Arbeiten ausstellen konnten.

Andrew Michael Dasburg (1887–1979), in Paris geboren, emigrierte 1892 nach New York. Nach dem Kunststudium unter Robert Henri an der New York School of Arts ging er 1902 wieder nach Frankreich und ließ sich von den Künstlern der Modern Art inspirieren. 1911 kam er zurück in die Staaten und gründete in Woodstock den Sunflower Club, wo er mit Enthusiasmus diese neue, abstrakte Stilrichtung unter den Studenten verbreitete. 1913 stellte er in der Armory Show aus. Er gewann etliche Preise und siedelte sich 1933 in New Mexico an.

Lovell Birge Harrison (1854–1929) freundete sich als Student an der Académie Julian in Paris mit dem Schriftsteller Robert Louis Stevenson (*Die Schatzinsel*) an, der ihn inspirierte, sich als schreibender Illustrator zu betätigen. Auf seinen folgenden Reisen durch die Südsee, durch Indianergebiete und in den Südwesten Amerikas produzierte Harrison Sketche, die monatlich im *Scribner's* erschienen. Obwohl modernen Lesern sein Stil vielleicht als zu stark überzeichnet erscheint, vermitteln seine Porträts doch viel von der Wärme und Sympathie, mit der Harrison Menschen anderer Kulturen begegnete. In seiner Eigenschaft als Lehrer an der Académie Julian lernte er Jane Whitehead kennen, die ihn später in ihre Künstlerkolonie holte. 1904 wurde er Leiter der Byrdcliffe Art School, von 1906–1911 war er Leiter der Woodstock Summer Art Students League.

Der Schwede John Carlson (1875–1945) kam 1905 in die Vereinigten Staaten und siedelte sich nach einem kurzen Aufenthalt in Whiteheads Byrdcliffe in Rock City an. Er begann als Assistent von Harrison und übernahm nach dessen Rücktritt 1911 die Leitung der Woodstocker Art Students League. Carlson führte die Landschaftsmalschule bis zu seinem Tod 1945 fort, die Wintermonate verbrachte er meist mit ausgedehnten Bildungsreisen durch die Staaten.

WILLIAM WENDT (1865–1946) kam mit 15 Jahren zu seinem Onkel nach Chicago, wo er nachts am Art Institut studierte und tagsüber in einer Kunsthandlung arbeitete. In erster Linie war er Autodidakt. Zwölf Jahre lang unternahm er Abstecher nach Kalifornien und zählte zu den häufigen Gästen der Whiteheads in Arcady. Er lebte und arbeitete in deren offenem Studio, das jedem Künstler zur Verfügung stand. Nach einer Reise durch Cornwall in England ließ er sich 1906 mit seiner Frau, der Bildhauerin Julia Bracken, in Los Angeles nieder. Wendt war sehr gottesfürchtig. Durchdrungen von tiefem Glauben benannte er seine Bilder häufig nach Stellen aus der Bibel. *Ich erhob mein Angesicht über die Erde* ist sicher eines seiner schönsten Bilder und gewann 1922 den Spalding Prize. Wendt war vor allem Landschaftsmaler und besaß viel Gespür für die Darstellung von Tiefe und atmosphärischer Dichte. Hervey White erinnerte sich in seiner Autobiografie:

> [...] braun gebrannt und drahtig verkörpert er den klassischen Typ des Künstlers. Er erzählte gerne Geschichten und war sich niemals ganz sicher, welche angemessen waren für die Ohren von Damen und welche nicht.[60]

CHARLES ROSEN (1878–1950) kam aus Pennsylvania. Er begann als Impressionist, wurde dann zunehmend abstrakter in seiner Malerei. Er bevorzugte einheimische Motive wie das zerstörte Feuerwehrgebäude in Woodstock, das er, stark beeinflusst von Cézanne in einem vereinfachten kubistischen Stil darstellte. Er war begeisterter Teilhaber der späteren Maverick-Feste.

MILTON AVERY (1885–1965) bezog zusammen mit seiner Ehefrau Sally Avery und Tochter March Avery, die beide malten, in Woodstock ein Haus. Er hielt gleichzeitig Kontakt zur New Yorker Kunstszene und malte viel auf Reisen. Avery schlug sich anfangs mit nächtlichen Fabrikarbeiten durch, bevor er zu einem wahrhaft besessenen Maler wurde, dessen Tagespensum mitunter vier bis fünf Bilder umfasste. Sein kühner und fantasievoller Umgang mit Farbe und Motiv trennte ihn stilistisch von den konservativen Malern seiner Zeit und brachte ihm den Titel »amerikanischer Matisse« ein. Er sprach wenig und pflegte zu sagen: »Warum reden, wenn man malen kann?« Sein Durchbruch begann Anfang der 30er-Jahre, als der Sammler Roy Neuberger 100 seiner Gemälde kaufte und in Ausstellungen durch Museen wandern ließ. Avery liegt in Woodstock begraben. Seine Bilder hängen heute unter anderem im Metropolitan Museum.

Bradley Walker Tomlin (1899–1953) arbeitete nach einem kurzen Studium in Paris erst als Illustrator für Zeitschriften und danach neun Jahre lang als Zeichenlehrer in New York. Parallel dazu hatte er seine ersten Ausstellungen. Unter dem Einfluss der New Yorker Künstlergruppe »The Ten«, mit den Expressionisten Adolph Gottlieb und Mark Rothko, veränderte sich sein Stil hin zur Abstraktion, mit Ausflügen in den Kubismus. Tomlin avancierte zu einem der wichtigsten Vertreter des abstrakten Expressionismus. In den Sommermonaten frischte er in Woodstock seine Landschaftsmalerei auf und befreundete sich mit Philipp Guston.

Philip Guston (1913–1980), geboren als Phillip Goldstein, ein Kanadier russisch-jüdischer Abstammung, emigrierte mit seinen Eltern früh nach Los Angeles, wo er als Jugendlicher der Verfolgung rechtsextremistischer Clans ausgesetzt war. Mit zehn Jahren fand er seinen Vater, der sich im Keller erhängt hatte. Er begann früh zu malen, am liebsten in der Toilette, beim Schein einer Glühbirne.

In der Manual Arts High School in Los Angeles lernte er mit seinem Freund, dem späteren Expressionisten Jackson Pollock, die europäischen Meister kennen, von denen er zeitlebens beeinflusst blieb. Gleichzeitig nutzte er die Malerei als Medium, seine traumatischen Erlebnisse zu verarbeiten. In seinen meist rot-weiß-schwarz gehaltenen Bildern kehrt das Thema Lynchjustiz immer wieder. Er pendelte zwischen New York und Woodstock und engagierte sich in der Woodstock Artist Association, wo er den Schriftsteller Philipp Roth kennenlernte. Gemeinsam mit Bradley Walker Tomlin entdeckten sie Woodstock als Rückzugsmöglichkeit und idealen Platz, ihre Vorstellungen zu realisieren. 1972 schrieb Guston:

> Hier bin ich ganz auf mich selbst gestellt und letztlich alles auf einmal. Ich fühle mich, als ob ich mich eingrabe wie ein Bergmann, der für eine Weile Untertag bleibt. In Woodstock zu malen, auf die hingebungsvollste und aufrichtigste Art, ist die innerste Bestätigung kreativen Lebens, die wir in dieser verzweifelten Zeit besitzen.[61]

Sein Grab ist auf dem Künstlerfriedhof in Woodstock.

Harry Gottlieb (1895–1993), geboren in Bukarest und jüdischer Abstammung, verbrachte einen Großteil seiner Jugend in Irland und emigrierte 1907 mit seiner Familie nach Amerika. In Minneapolis besuchte er das Institute of Arts, jobbte als Illustrator für die amerikanische Navy und kreierte in New York Bühnenbilder und Kostüme für Eugene O'Neills Theatergruppe Province Town. 1918 ließ er sich in New York nieder, war dort einer der Pioniere des Leinwanddrucks und entwickelte sich unter dem Einfluss von Robert Henri zu einem der ersten sozialkritischen Maler.

Nach seiner Hochzeit mit der Russin Eugenie Gershoy zog er nach Woodstock in Hervey Whites Maverick, wo sich das Paar als Schauspieler und Bühnendesigner betätigte. Daneben unterrichtete Gottlieb Kunst und fand in Juliana Force, der Direktorin des Whitney Museums in New York, eine Verehrerin seiner Malerei. Als erster Künstler wurde Gottlieb dort mit einer Einmannshow geehrt. Nach einigen dunklen Jahren, vor und während der McCarthy-Ära in den 50er-Jahren, während der er vom nationalen Federal Art Project ausgeschlossen wurde, produzierte er Bilder auf Seidenleinwand und bekam von der Guggenheim Stiftung ein Stipendium, das ihm ermöglichte, intensive Studienreisen durch Europa, Mexiko und einige lateinamerikanische Länder zu unternehmen. Neben der Lithografie lag der Schwerpunkt seiner Kunst auf dem Seidendruck. Auf der Suche nach neuen Druckmöglichkeiten auf Seide entdeckte er einen Arbeitsprozess, bei dem das Bild in allen Nuancen malerisch übersetzt wurde und die Farben in voller Leuchtkraft erhalten blieben. Er bekam viele Auszeichnungen und hinterließ etliche Werke.

Das Whitney Museum besitzt bis heute eine der besten Sammlungen der Bilder von Harry Gottlieb.

WILLIAM EMILE SCHUHMACHER (1870–1931) kam aus Boston und studierte in Paris. Seine Arbeiten mit ihren kühnen breiten Pinselstrichen und abstrakten Formen reflektierten den Einfluss von Henri Matisse und Paul Gauguin. Er verbrachte viele Sommer in Byrdcliffe, beteiligte sich rege an den Aktivitäten der Maverick-Festivals und unterrichtete die Studenten. Unter anderem die beiden folgenden Künstlerinnen.

BLANCHE LAZZELL (1878–1956) wurde in West Virginia geboren. Nach einem Studium in Grafik und Kunstgeschichte stellte sie 1917 unter der Anweisung von W.E. Schuhmacher den ersten farbigen Holzschnitt her, der sie international bekannt machte. Sie wohnte einige Zeit im Gästehaus Villetta.

DORIS LEE (1905–1983) war eine der eigenwilligsten Malerinnen, die sich in Woodstock niederließen. Sie erzielte nationale Berühmtheit als sie 1935 für ihr Gemälde *Thanksgiving* gegen den Willen der damaligen Sponsorin Mrs. Frank Logan den Logan-Purchase-Preis der Kunstakademie von Chicago erhielt. Viele ihrer Arbeiten sind realistisch, dabei mit viel Humor und Fantasie und spiegeln den unprätentiösen Charme des bäuerlichen Lebens wider.

YASUO KUNIYOSHI (1883–1953) geboren in Okayama/Japan reiste mit 16 Jahren in die Vereinigten Staaten und studierte Malerei an der School of Art in Los Angeles.

Für seinen Lebensunterhalt arbeitete er im Sommer als Orangenpflücker auf kalifornischen Plantagen und jobbte im Winter in Hotels. 1910 ging er nach New York und wann immer es seine finanziellen Mittel zuließen, studierte er dort an der National Academy unter Robert Henri, später unter Kenneth Hayes Miller an der New Yorker Art Student League.

Kuniyoshi kam erstmals 1918 als Student an die Sommerschule nach Byrdcliffe. Auf einer Reise durch Europa im Jahr 1925 verbrachte er die meiste Zeit in Paris und Venedig und fuhr mit dem Motorrad bis nach Assisi. Später wurde er einer der gefürchtetsten Kunstlehrer in Woodstock, der nahezu ohne Unterbrechung mit immenser Energie malte. Angefangen von erdigen, naturalistischen Bildern in Öl wurden seine Landschaftsbilder und Stillleben zusehends abstrakter. Neben seinen Arbeiten als Grafikdesigner entstand unter seinen Händen eine Galerie unterschiedlicher Frauenporträts: sitzend, wartend, stehend, nachdenklich, traurig, erschöpft. Er malte täglich ein bis zwei Bilder, in einem Sommer waren es zwischen 60 und 70 Stück. Später verlegte er sich auf Fotografie und experimentierte mit unterschiedlichen Mischtechniken. Er gewann etliche Preise.

JOSEF LEYENDECKER (1874–1951) übersiedelte mit seinen Geschwistern Frank und Augusta von Deutschland aus in die USA. Sie kannten Jane Whitehead von ihrem Studium an der Académie Julian in Paris und kamen 1904 nach Byrdcliffe. Wie sein Bruder Frank feierte Josef bald große Erfolge als Illustrator und Werbedesigner für Zeitschriften und Bücher. Er gewann mehrere Auszeichnungen und unterhielt neben einem Studio im New Yorker Beau Art Building ein Haus in New Rochelle, wo er mit seinem Bruder und seiner Schwester lebte. Augusta studierte Tanz in Byrdcliffe und war bei der Hochzeit von Hervey White und Vivian Bevans eine der Trauzeugen.

BOLTON COIT BROWN (1864–1936) wurde in Dresden/New York geboren. Nach dem Kunststudium unterrichtete er an der Cornell-, später an der Stanford Universität in Kalifornien, wo er Ralph Whitehead kennenlernte.

1896 heiratete er die Lehrerin Lucy Fletcher, mit der er eine Tochter hatte. Nach seiner Entdeckung Woodstocks im Jahr 1902 engagierte ihn Whitehead als Zeichenlehrer für seine Kolonie. 1904 trennten sie sich und Brown siedelte sich als erster »Newcomer« in Woodstock an. Zusammen mit Lucy ging er nach London, leitete dort eine japanische Druckerei, während er Lithografie studierte und kehrte 1912 mit dem Meistertitel zurück. Trotz der Trennung von Lucy im selben Jahr blieben sie zeitlebens gute Freunde. Er wurde einer der führenden Lithografen im Umkreis von Woodstock. Seine berühmteste Litho-Zeichnung ist das Porträt von Hervey

White. Das Original hängt heute in der Woodstocker Library. Brown schrieb etliche Bücher, unter anderem *The Painter's Palette* und 1925 die Arbeitsanleitung *Lithography for Artists*, die erste ihrer Art in Amerika.

Bolton Brown ist weniger bekannt durch seine Rolle als Entdecker des Ortes der berühmtesten amerikanischen Künstlerkolonie, als vielmehr als einer der Väter der amerikanischen Lithografie. In der Sierra Nevada wurde später ein Berggipfel nach dem begeisterten Bergsteiger benannt.

Fotografie

Eva Watson-Schütze (1867–1935) war eine der wenigen Frauen, die zu künstlerischer Anerkennung über die Grenzen Woodstocks hinaus gelangte. Sie wurde beschrieben als schnell und nervös in ihren Bewegungen, gleichzeitig als nachdenkliche, konzentrierte Rednerin, die schnell auf den Punkt kommt.

Eva wechselte von der Malerei zur Fotografie und wurde neben der Metallarbeiterin Bertha Thompson die erfolgreichste Fotografin in Byrdcliffe. Sie arbeitete im Skylights und nahezu alle bis heute erhaltenen Porträtaufnahmen der Künstler stammen von ihr.

Nach ihrem Kunststudium in Pennsylvania heiratete sie 1901 den Deutschen Martin Schütze und begleitete ihn nach Byrdcliffe, als dort die Sommerschule eröffnet wurde. Sie erwarben Land von Ralph Whitehead und errichteten dort als eine der Ersten ein Haus am Hang, genannt Hohenwiesen. Über Jahre hinweg blieben sie Sommergäste in Byrdcliffe, den Winter verbrachten sie meist in Chicago, wo Martin Schütze deutsche Literatur unterrichtete.

Bildhauerei

Alexander Archipenko (1887–1964) stammte aus der Ukraine. Er experimentierte mit Bildhauerei und Malerei, um neue Richtlinien zu entdecken. Er war der Erfinder der beweglichen Malerei, der sogenannten Archipentura. Nach dem Kunststudium in Moskau lebte er in Paris, wo er Pablo Picasso begegnete und seine erste Kunstschule eröffnete. Mit seiner deutschen Frau Gela Forster, einer Bildhauerin, wanderte er 1923 nach Amerika aus und gründete in Woodstock die private Sommerschule für Malerei, das *Wittenberg Studio*, in dem er arbeitete und unterrichtete. Daneben beteiligte er sich eifrig an Hervey Whites Maverick. 1937 ging er nach Chicago und unterrichtete dort am Neuen Bauhaus. Mit zunehmendem Alter wurden die fließenden Formen seiner Plastiken immer abstrakter. Seine Werke werden heute von der Archipenko Foundation verwaltet.

Die Russin EUGENIE GERSHOY (1901–1986) studierte an der Art Students League in New York, anschließend ging sie 1921 nach Woodstock. Zusammen mit ihrem Mann Harry Gottlieb siedelte sie sich als eine der ersten Bewohner im Maverick an. Die beiden waren in Woodstock willkommen, obwohl sie Juden waren. Sicher halfen sie auch die unbegründeten Vorurteile bei Whitehead abzubauen. Gershoys eigentliche Kunst war das Modellieren von menschlichen Skulpturen, eine davon stellt die Grafikerin Blanche Lazzell dar. Später stellte sie Lithografien unter der Führung des Maverick-Lithografen Grant Arnold her.

HARVEY FITE (1903–1976) wurde an einem Weihnachtsabend in Pittsburgh geboren, wuchs in Texas auf und startete zunächst eine juristische Laufbahn im Saint Stephen College, die er nach drei Jahren Studium beendete. Danach studierte er mit einem Stipendium Geisteswissenschaften in Annandale-on-Hudson/New York, wo er sich mit eiserner Disziplin auf ein Ministeramt vorbereitete. In dieser Zeit entdeckte er sein Interesse für das Theater, kam 1929 nach Woodstock und eignete sich im Maverick das Grundwissen des Kulissenbaus an. Anfangs arbeitete er als Bühnenarbeiter, gelegentlich auch als Schauspieler und begann während der langen Arbeitspausen zwischen den Vorstellungen, kleine Figuren aus Holz zu schnitzen. Nach und nach wurde ihm das immer wichtiger, bis er schließlich das Theater verließ und sich die Technik der Holzbearbeitung und des Modellierens beibrachte. 1932 gründete er in »seinem« Saint Stephen College, das inzwischen an die Columbia Universität angegliedert war, eine Kunstabteilung, die er mit Unterbrechungen bis 1969 als Professor für Bildhauerei leitete. Daneben arbeitete er ab 1938 an seinem Lebenswerk, dem er all seine Freizeit widmete: dem monumentalen Steingarten *Opus 40*, nahe Saugerties in den High Woods (s. a. S. 164 ff).

CLARENCE SCHMIDT (1897–1978) begann in den 50ern mit dem Bau des *Junk Castle*, das er auf dem Ohayo Mountain aus allen Arten von Abfall errichtete. Unterstützt von einem Chicagoer Millionär brachte er es zu relativer Berühmtheit unter den Dada-Künstlern, bis er unter zunehmendem Realitätsverlust im Sanatorium starb (s. a. S. 162 ff).

JOHN FLANNAGAN (1895–1942), Ire, nahm unter den Bildhauern einen besonderen Platz ein. Er erschien von Zeit zu Zeit im Sommer auf dem Maverick und mischte sich unter die wachsende Zahl der Handwerker. Geboren in North Dakota und aufgewachsen im Waisenhaus kämpfte er mit ausgeprägt irischem Humor sein Leben lang gegen Anfälle von Depression, Alkoholsucht und gegen den kompletten Absturz in die Armut.

Er begann als Zeichner und Aquarellmaler und verlegte sich später auf die Bildhauerei in Holz und Stein. Mit dem *Maverick-Pferd*, das er 1924 eigenhändig mit der Axt aus dem Stamm eines Wallnussbaumes schlug, lieferte er Hervey White das Symbol seiner Träume, schuf ihm ein meterhohes, dauerhaftes Denkmal seiner Vorstellung von Unabhängigkeit und Freiheit. Es wurde am Eingang zum Maverick Theater aufgestellt. Das holzgeschnitzte *Maverick-Pferd* ist insgesamt 18 Fuß hoch und steht auf den ausgestreckten Händen eines Mannes, der sich aus dem Lehm des Bodens erhebt. Heute steht es in der Maverick-Konzerthalle.

Hervey White zahlte Flannagan 50 Cent pro Arbeitsstunde, damit honorierte er die Arbeit des Künstlers wie die eines jeden anderen. Flannagans kleine runde Tiere und manchmal auch Menschen werden heute besser verstanden als damals. Als Anhänger der Darstellung von Tieren glaubte er an die tiefe Einheit allen Lebens, verbunden mit der Rotation der Erde, die seiner Meinung nach überall spürbar wäre und die sich vor allem in seinem *Bluestone Elephant* widerspiegelte.

Indem er den Felsblock direkt bearbeitete, versuchte er dessen Urgestalt zu bewahren, gleichsam als hätte dieser sich selbst, unter Einwirkung natürlicher Kräfte, in eine Elefantenform verwandelt. Der Rücken des *Bluestone Elephant* wirkt wie ein Sprungbrett, rund geschliffen von vielen Regenfällen. Er steht im Whitney Museum of American Art.

Sommergäste

Von Zeit zu Zeit ließen sich aus den höchsten gesellschaftlichen Kreisen Philadelphias die Verwandten von Jane Byrd Whitehead herab und kamen angereist, um die Künstlerkolonie Byrdcliffe und ihre Bewohner zu inspizieren. Die englische Lebenshaltung war gerade in Mode gekommen und man blickte mit Bewunderung auf exzentrische Engländer, wie sie in Geschichten oder auf der Bühne dargestellt wurden. In Janes Ehemann fanden die McCalls ein hervorragendes Exemplar dieser Gattung. An der Seite ihrer Mutter befand sich meist Janes ältere Schwester Gerty, die sich freute, einer illustren Gesellschaft zu begegnen. Sie hatte niemals geheiratet. Wie es hieß, war daran ihre unerfüllte Liebe zu dem Schriftsteller Owen Wister schuld, der durch seine Novelle *The Virginian* zu einigem Ansehen kam und ein lebenslanger Freund von Theodore Roosevelt war.

Jeden Samstagabend wurde im Kunststudio Eastover zum Tanz aufgerufen. Alle fanden sich dort ein, auch die Bediensteten durften in feinen Kleidern teilnehmen, soweit sie nicht in den Service eingeteilt waren. Wie bereits in Kalifornien sponserte Ralph eine Truppe von Musikern, die er zu solchen Anlässen zusammenrief und die für gute Stimmung sorgten. Dabei konnte es vorkommen, dass eine junge Künstlerin eine weibliche Bedienstete küsste, was von Ralph toleriert wurde und zeigte, dass er weder Standesdünkel noch moralische Vorurteile hatte. Die Metallarbeiterin Bertha Thompson, die mit ihrer Schwester Annie nach Byrdcliffe gekommen war, schrieb im Sommer 1904:

> Die Tage waren voll der Arbeit gewidmet, es war keine Eile geboten, aber immer, wenn sich der späte Samstagnachmittag und der Abend näherten, entlud sich unsere übersprudelnde Lebensfreude mit voller Kraft![62]

Jede Sommersaison endete zudem mit einem fantastischen Kostümball für alle, auch die Studenten aus der Woodstocker Art Students League waren eingeladen mit ihrem Meister Lovell Birge Harrison. Bei diesen Gelegenheiten konnte man bei den Whiteheads die unterschiedlichsten Gäste antreffen.

Ein häufiger Besucher war der Naturforscher JOHN BURROUGHS (1837–1921), der sich in der Nähe ein Haus gekauft hatte. Mitunter legte er sich Tag und Nacht auf die Lauer, um eine Familie von Albino-Eichhörnchen zu studieren, die in einem der Bäume ihr Nest gebaut hatte. Doch ebenso interessiert beobachtete er die tanzenden Paare auf der White-Pine-Terrasse und deren Umgangsformen. Burroughs schrieb etliche Bücher über Verhaltensforschung im Tierbereich. In einem Brief an einen unbekannten Empfänger beschrieb er das Leben der Byrdcliffer, das ihn offensichtlich faszinierte, wie folgt:

[...] sehr demokratisch, ungezwungen und entspannt im Umgang miteinander, von tiefem Ernst und Eifer ist dort jeder mit einer Arbeit oder einem Studium beschäftigt, was den größten Teil seines Tages einnimmt. Junge Männer und Frauen malen Landschaften oder modellieren Porträts in Ton, machen Leder oder Metallarbeiten, Weben oder Zeichnen oder nehmen Musikunterricht oder zimmern gar ein Kabinett in der Kunsttischlerei – Schullehrer verbringen ihre Ferien damit, ein Kunsthandwerk zu erlernen, einige bekannte Künstler leben dort mit ihren Familien, zwei oder drei Schriftstellerinnen recherchieren ein Thema in der großen, modern ausgestatteten Bibliothek – alle sind glücklich und zufrieden und viel zu sehr beschäftigt, als dass sie Zeit hätten, durch Faulenzerei auf dumme Gedanken zu kommen.

Mir gefiel der aufrichtige Geist und die ganze Atmosphäre dieses Ortes ungeheuerlich. In der großen Halle, die gleichzeitig als Tanzsaal und als Galerie dient, werden samstagmorgens die Bilder, die in der Woche davor gemalt wurden, aufgehängt, wo sie dann von einem renommierten Kunstmaler kritisch beurteilt werden ... die Tanzveranstaltungen, die Dienstag- und Samstagabend stattfinden, lassen einen die reiche Fülle des dortigen Gesellschaftslebens erfühlen ... Die große, gut bestückte Bibliothek hat mich überrascht. Kaum eine höhere Bildungsstätte hat so eine gediegene Sammlung. Am liebsten würde ich eine ganze Saison hier verbringen und oben auf der abgeschiedenen Veranda sitzen ... Mr. und Mrs. Whitehead sind vollendete Gastgeber und haben sich mit ganzem Herzen diesem Werk verschrieben ...[63]

1904 kamen erstmals die Websters nach Byrdcliffe. Sie beteiligten sich nicht nur rege am Gesellschaftsleben, ALBERT LOWRY WEBSTER (1859–1930) war auch sehr willkommen als erfahrener Ingenieur. Er hatte in Frankfurt studiert, seinen Abschluss in Yale gemacht und als Bauingenieur in New York City gearbeitet, wo er unter anderem an der Planung der Kanalisation Manhattans und dem Wassersystem des Chrysler-Gebäudes beteiligt war. Während des Ersten Weltkriegs wurde er von Präsident Woodrow Wilson zum Mitglied des nationalen Verteidigungsausschusses und des Gebäudekomitees ernannt.

Für seine Kinder illustrierte und verfasste er das Buch *Caleb and the Friendly Animals*, das bis heute bei Kindern beliebt ist. Seine Frau Mary war die Tochter eines New Yorker Bankiers, der Bilder französischer Impressionisten sammelte. Mary war Musikerin und besaß wie ihr Mann einen ausgeprägten Sinn für Humor, der von den Mitgliedern der Kolonie sehr geschätzt wurde und sie beide zu beliebten Gastgebern machte.

MARTIN SCHÜTZE (1867–1950), geboren in Mecklenburg, war einer der ersten und ausdauerndsten Gäste in Byrdcliffe. Er hatte in Rostock und Freiburg Jura studiert und war durch ein Stipendium an die Universität von Pennsylvania gekommen, wo er sowohl Walter Weyl wie auch seine spätere Frau, die Fotografin Eva Watson, kennenlernte. Die folgenden Jahre pendelte er mit ihr zwischen Woodstock und seinem Arbeitsplatz Chicago hin und her, wo ihn die Universität zum Vorsitzenden für deutsche Literatur ernannt hatte. Mit steter Regelmäßigkeit verbrachte er ab 1903 die Sommermonate in Byrdcliffe. Als großer Bewunderer der Whiteheads gründete er die Woodstock Historical Society, zur Wahrung der geschichtlichen Entwicklung von Byrdcliffe.

Dr. John Dewey (1859–1952), der Reformer und Philosoph von der Columbia Universität in Chicago, der sich mit Begeisterung den Ideen Whiteheads anschloss, kam ab 1904 nach Byrdcliffe. Er und Ralph kannten sich aus den Tagen im Chicagoer Hull House und teilten unter anderem ihre Vorstellungen über Kindererziehung. Wie Whitehead war auch Dewey der Meinung, dass Kinder nicht ausschließlich aus Büchern lernen sollten, sondern vielmehr »by doing«. In diesem Sinne erzogen, errichteten seine fünf Kinder auf dem Areal des Casa Carnolia ein »playhouse«, das, wenngleich heruntergekommen, in seiner Grundstruktur bis heute dort steht.

Walter Weyl (1874–1919), ein Freund von John Dewey, erschien zusammen mit seiner Frau, der engagierten Sozialistin Bertha Poole. Sie hatten sich im Chicagoer Hull House kennengelernt und bezogen in Byrdcliffe das Weyl-Haus, das später von Bob Dylan bewohnt wurde.

Weyl war sowohl engagierter Journalist und Schriftsteller wie auch Volkswirt. 1912 schrieb er das Buch *The New Democracy* und gründete zwei Jahre später mit Walter Lippmann und Herbert Croly in New York die Zeitschrift *The New Republic*. Er vertrat die Überzeugung, dass die Mittelschicht am ehesten dazu imstande sei, die neue Demokratie zu leben und Richard Le Gallienne sagte über Weyl, dass dieser »politische Zusammenhänge ebenso aufregend wie eine Liebesaffäre schildern könne«. Er starb nach langem Leiden 1919 an Kehlkopfkrebs.

Richard le Gallienne (1866–1947), geboren in Liverpool/Großbritannien, war sicher einer der schillerndsten und unterhaltsamsten Gestalten, die sich in Woodstock niederließen. 1897 heiratete er Julie Norregard und übersiedelte mit ihr in die Vereinigten Staaten. Er betrachtete sich selbst als Ästhet und nach der Lektüre der Geschichten von Oskar Wilde trug er sein Haar lang und kultivierte seine vornehme Erscheinung, indem er zu seinem Namen den aristokratisch klingenden, französischen Artikel »le« addierte.

Er war Kritiker und Poet, machte schöne Fotos und achtete sorgsam darauf, dass sein Name wohlbekannt und in aller Munde blieb. Sein Buch *Quest of the Golden Girl* von 1896 kam zu einigen Ehren, doch meist schrieb er Artikel für Zeitungen.

Wallace Stevens (1879–1955), amerikanischer Anwalt und Schriftsteller, kam in den Jahren 1915/16 an den Sommerwochenenden, um seine Frau Elsie zu besuchen, die in Byrdcliffe Kunst studierte. Er genoss die gute Küche im Gästehaus Villetta oder bestellte ein Gedeck Keramikteller in der Töpferwerkstatt. Er arbeitete als Anwalt in Connecticut und schrieb die meisten seiner Gedichte auf dem Weg zur Arbeit. 1923 erschien sein Gedichtband *Harmonium*, der den ersten Brief seiner *Lettres d'un soldat* enthält, dem weitere folgten und die seinen Durchbruch brachten. Heute zählt Stevens zu den bekanntesten Poeten Amerikas. Noch 30 Jahre später korrespondierte er mit Mitgliedern der Byrdcliffe-Kolonie. Einer seiner Freunde war der Schriftsteller Hart Crane.

HART CRANE (1899–1932) pendelte rastlos zwischen Cleveland und New York hin und her, später zwischen Mexiko und Europa, stets auf der Flucht vor seinen schweren psychischen Problemen. Er reiste im Oktober 1923 nach Woodstock, zusammen mit Malcolm Cowley und dessen Frau, mit der er nach deren Scheidung in Mexiko zusammenlebte. Seine berühmte Gedichtesammlung *The Bridge* erschien 1930 und spiegelt die Stürme seines Seelenlebens wieder. Mit 33 Jahren beging er Selbstmord, indem er sich nahe der Küste Floridas vom Deck eines Schiffs stürzte. Crane verbrachte zwei Monate in einem alten Farmhaus in Woodstock und vielleicht war das die glücklichste Zeit seines schwierigen Lebens. Er betätigte sich als Hausmeister im Overlook Mountain House und meinte, es gäbe auf dem ganzen Kontinent keinen schöneren Ort als diesen.

Der belgische Cellist PAUL KEFER siedelte sich mit seiner Frau, der Opernsängerin Marguerite Hobart und seiner Tochter Rose zuerst in Byrdcliffe an, und spielte dort bei den klassischen Sonntagskonzerten. Später befreundete er sich mit Hervey White, bezog im Maverick ein Haus und spielte bei den Maverick-Konzerten. 1913 gründete Kefer das Trio de Lutèc, seine Partner waren die Franzosen Georges Barrère, Flöte, und Carlos Salzedo, Harfe. In seiner Autobiografie aus dem Jahr 1903 erinnerte sich Hervey White:

> Eines Abends, kurz bevor die offizielle Saison begann, gingen Whitehead und ich zu einem Konzert, um frühe italienische Musik zu hören. Ein Cellosolo begeisterte uns beide gleichermaßen und nach der Vorstellung suchten wir den Interpreten und fragten ihn, ob er Lust hätte, nach Byrdcliffe zu kommen, um dort zu spielen. Es war ein junger Belgier namens Paul Kefer und er erklärte sich mit einem Honorar von fünf Dollar einverstanden.[64]

Aus Deutschland erschien die Tänzerin THÉRÈSE KRUGER BOURGEOIS (1895–1987), auch bekannt als Marie Thérèse Duncan. Kruger war eine der so genannten »Isadorables«, eine der Studentinnen der Tänzerin Isadora Duncan, die insgesamt sechs Waisenkinder adoptiert hatte. Sie alle wurden später Tanzlehrerinnen, die in den Metropolen Europas und Russlands Tanzschulen eröffneten und den Duncan-

Stil verbreiteten. Marie Thérèse war eine der Vortänzerinnen in Byrdcliffe und heiratete später den Kunsthändler Stephen Bourgeois. Sie ließen sich in Woodstock nieder.

Aus England reiste 1916 die Schriftstellerin ELISABETH VON ARNIM (1866–1941) an. Sie kam in Sidney als Marie-Anette Beauchamp zur Welt und bevorzugte zeitlebens den Vornamen Elisabeth. Sie suchte Abstand von ihrer gerade geschlossenen zweiten Ehe mit dem englischen Earl Francis Russell, einem Bruder des Mathematikers Bertrand, und besuchte Jane in Byrdcliffe. Ihre Familien kannten sich aus England. Sie schrieb etliche Bücher und war sicher eine der emanzipiertesten Frauen ihrer Zeit. Aus ihrer ersten Ehe mit dem deutschen Grafen Henning August von Arnim-Schlagenthin hatte sie vier Mädchen und einen Jungen.

Mit 35 Jahren verließ sie ihre deutsche Familie, schiffte sich nach England ein und erkundete über Monate mit Pferd und Planwagen den südlichen Teil des Landes. Während dieser Fahrt traf sie auf den Sciencefiction-Schriftsteller H. G. Wells, der verheiratet war und unterhielt über sieben Jahre ein Verhältnis mit ihm. Nach einer kurzen Ehe mit Earl Francis Russell verliebte sie sich in den 30 Jahre jüngeren Alexander Stuart Frere und pflegte mit ihm über Jahre eine Liaison, bis sich dieser verheiratete. Ab 1930 lebte Elisabeth an der Côte d'Azur und emigrierte 1939 aufgrund der politischen Lage in die USA.

Dort besuchte sie Jane Whitehead ein zweites Mal, wobei sie in Byrdcliffe vielen Gleichgesinnten begegnete. Bei der anschließenden Reise über den Kontinent besuchte sie ihre Töchter, die dort lebten und zog von einem Hotel ins nächste. Sie starb zwei Jahre später in Charleston / South Carolina. Nach ihrem ersten Buch *Elisabeth und ihr Garten*, Pommern 1898, schrieb sie die Autobiografie *All the Dogs of My Life*. Es folgten noch weitere Werke.

Im August 1908 kam aus England der Pianist und Geigenbauer ARNOLD DOLMETSCH (1858–1940) mit seiner Frau Mabel und residierte mit ihr im Villetta. Sie stellten Repliken fast vergessener Musikinstrumente her und gaben Barockkonzerte mit Blockflöte, Cembalo und Klavichord, sehr zur Freude von Ralph und Jane, die reges Interesse an alter Musik hatten. Whitehead hatte ihn nach einem Konzert 1903 in New York angesprochen und beschrieb ihn als höchst pittoreske Gestalt, gekleidet in einen schwarzen Samtmantel aus dem 17. Jahrhundert und eine Kniebundhose mit gerüschten Spitzen.

Ralph erwarb ein Klavichord, das unter Dolmetschs Anweisung gebaut wurde. Noch heute erinnern eine Viola da Gamba und ein Cembalo an Dolmetsch, beide wurden von ihm hergestellt. Die zugehörigen Liedertexte lieferte Poulteney Bigelow, der sie aus dem Original übersetzte. Jane veröffentlichte sie unter dem Titel *Folk Songs of Eastern Europe* in einem Buch.

POULTENEY BIGELOW (1855–1954), Schriftsteller und Journalist, war ein gern gesehener Gast in Byrdcliffe und sicher einer der vermögendsten. Er stammte aus Malden-on-Hudson / New York von einer Familie, der um 1880 die größte Bluestone-Gesellschaft der USA gehörte und die über ein Jahreseinkommen von über einer halben Million Dollar verfügte. Sein Vater war Diplomat in Frankreich gewesen und Poulteney hatte als Kind seine Schulzeit in Paris verbracht, zusammen mit dem späteren Kaiser Wilhelm II., mit dem er zeitlebens befreundet blieb.

Poulteney sollte ursprünglich Rechtsanwalt werden, aber er zog es vor, in einem Segelschiff um die Welt zu reisen. Nach einem Schiffbruch vor der Küste Japans, dem er nur knapp mit heiler Haut entkam, besuchte er China, Java, Australien und Afrika und wurde Mitglied unterschiedlicher Clubs rund um den Globus.

Seine Geburtstagspartys hoch oben am Ufer des Hudson, bei denen man einen weiten Blick bis zu den Catskill Mountains genießen konnte, waren legendär. Über viele Jahre hinweg lud Bigelow in seine prunkvolle Kolonialstilvilla nicht nur Aristrokraten und Verwandte des Kaisers ein, wie etwa Erzherzog Rudolph, den Sohn des späteren Kaisers Ferdinand von Österreich, auch Farmerfamilien und einfache Leute aus Woodstock waren gern gesehen. Zu seinen Freunden zählte jeder, der damals Rang und Namen hatte, unter ihnen Mark Twain und Präsident Theodore Roosevelt, der später sein Nachbar wurde.

Poulteney war ein blendender Gastgeber und feierte jedes Jahr zu seinem Geburtstag ein Fest mit Fantasiekostümen und humorvollen Einlagen. Er verfasste mehrere Geschichtsbücher und schrieb eine zweibändige Autobiografie.

Kurz hinter Woodstock entstand im Jahr 1907 eine Kunstschule, die frischen Wind in die Gemeinde bringen sollte:

The Blue Dome

Unterhalb des Glasco Turnpike, wo im Gebäude Hohenwiesen die fünfköpfige Familie des Kunstlehrers Lovell Birge Harrison wohnte, trafen in Shady zwei Damen ein, die auf der Suche nach einem Ort mit künstlerischer Aura waren.

Dewing Woodward (1856–1950), geboren in Pennsylvania, hatte viele Jahre in Europa verbracht und unter anderem zehn Jahre an der Pariser Académie Julian Malerei studiert, wie ehemals auch Jane Whitehead. Sie war sehr vermögend und angeblich verwandt mit Cornelius Vanderbilt, dem damals reichsten Mann Amerikas.

Angezogen vom Ruf der Byrdcliffe-Künstlerkolonie, der mittlerweile über den großen Teich bis nach Europa hallte, kam sie 1907 in die USA und siedelte sich nahe ihrer ehemaligen Studienfreundin Jane an, um eine Kunstschule zu eröffnen. Sie orderte den Bau einer imposanten Villa, im damals modernen Red-Roof-Stil, zum einen so benannt wegen der roten Dachziegel zum anderen wegen der Bauweise. Red-Roof-Häuser hatten im ersten Stock nur einen einzigen durchgehenden Wohnraum, der ausgekleidet war mit dem lokalen Blaustein und einem offenen Kamin an beiden Seiten.

Zusammen mit ihrer Assistentin und langjährigen Freundin Louise Johnson richtete sie die Villa mit edlen Antiquitäten ein, die sie während ihres Frankreichaufenthalts gesammelt hatte. Ihr sorgloser, gleichzeitig eleganter kontinentaler Lebensstil war für die meisten Woodstocker ungewohnt, doch entsprach er sicher in vielerlei Hinsicht dem Stil der Familie Whitehead.

Schon bald nach ihrem Einzug brachten die beiden Künstlerinnen gute Geschäfte, aber vor allem viel Publicity nach Woodstock. Neben dem klassischen Studium der Natur unterrichteten sie Aktmalerei, bei der sich ihre Modelle, wann immer das Wetter es zuließ, im Freien bewegten. Selbst ein Studiobrand im Jahr 1911, dessen Ursache nie geklärt wurde und der viele ihrer Werke vernichtete, konnte sie nicht bremsen.

Hoch zwischen den Bäumen ihrer Gartenanlage war nach französischem Vorbild dunkelblaue Gaze ausgespannt, die die Farbe des darunter liegenden Lichts veränderte. Auf diese Weise erschien der Himmel selbst an grauen Wolkentagen als ewig blaue Kuppel und begründete den Namen der Künstlergruppe Blue Dome.

Darunter saßen in der Wiese ausschließlich weibliche Studenten an Staffeleien und malten liebliche Bilder oder zeichneten sich nach Anleitung von Miss Woodward gegenseitig. Hier konnten sie ungestört den weiblichen Körper studieren und anatomische Übungen zu Papier bringen, die in dieser Form bis dahin allein Männern vorbehalten waren. In den Sommermonaten kamen die angehenden Künstlerinnen in Scharen und schon bald präsentierten sie ihre erste Ausstellung in einer Galerie in New York. Mit einiger Enttäuschung registrierten die Journalisten, dass auf ihren Bildern weniger nackte Haut als primär Landschaften zu sehen waren.

Die Vorliebe der beiden Damen für ihr eigenes Geschlecht hinderte sie nicht daran, freundschaftliche Beziehungen zu Männern zu unterhalten. Sie veranstalteten opulente gesellschaftliche Treffen, zu denen sich neben Bigelow auch Hervey White einfand, denn der Ort »smelt of wealth« (er duftete nach Wohlstand), wie er sagte. Er entdeckte noch einen anderen Wohlgeruch, der stärker und langanhaltender war. Wie auch Bigelow schätzte Hervey White die intensive und gleichzeitig unbeschwerte Art von Unterhaltung über Politik, Literatur und Kunst, die in absoluter Freiheit und Toleranz unter dem Dach des Red Roof betrieben wurde.

Doch es gab auch andere, die über diese neue Gesellschaft weniger erfreut waren, wobei sie freiwillig manchen Umweg in Kauf nahmen, um ihre sensationelle Schulpraxis besichtigen zu können.

Woodstocker Bürger, deren täglicher Arbeitsweg gewollt oder ungewollt am Turn Pike entlangführte, warfen rasche, neugierige Blicke über die Wiesen des Blue Dome, um sich anschließend mit Abscheu von dem abzuwenden, was sie dort sahen. Hier wurde Nacktheit bewusst ins Freie gebracht, anstatt sie in den eigenen vier Wänden und unter geschlossener Kleidung zu verstecken! Die Leute waren geschockt über die Manieren dieser »Freikörper-Kunstschule« und es folgte ein Sturm der Empörung über das unverhohlene Interesse dieser Studenten an nackten Körpern. Bald bekam auch die öffentliche Presse Wind von Woodwards eigenwilliger Art des Unterrichts und nahm sich dieses Themas mit Inbrunst an.

Aus allen Teilen des Landes kamen Reporter und positionierten sich mit gezückten Kameras versteckt hinter Bäumen, und es dauerte nicht lange, da sah man in verschiedenen Zeitungen Fotos von nackten Damen in allen möglichen Stellungen, in Gottes freier Natur im Gras liegend oder gegen einen Baum gelehnt, den Blick auf wohlgeformte Hinterteile freigebend.

1916 widmete die *New York Tribune* der Malerin Dewing Woodward und ihrem Werk eine ganze Seite mit einer nur ungefähren Angabe des »Tatorts«, um die Schülerinnen nicht den Blicken neugieriger Spanner auszusetzen:

> [...] die Nackten, die sich an einem entlegenen Ort in den Catskills befinden, sind einzig erreichbar zu Fuß oder mittels einer Rakete.[65]

Selbst wenn das Blue-Dome-Projekt der Nachwelt keine bemerkenswerten Spuren hinterließ, hatte es doch sichtbaren Einfluss auf die umliegenden Kunstschulen.

Woodstock & Rock City

In den folgenden Jahren verabschiedeten sich weitere Mitglieder der Byrdcliffe Art Colony, nicht zuletzt deshalb, weil ihnen die nach wie vor strikten Regeln von Mr. Whitehead und seiner Frau zu wenig Spielraum ließen.

Das Malen in freier Natur wurde zwar weiterhin praktiziert, jedoch ohne die speziellen Neuerungen des Blue-Dome-Modells zu beachten. Man studierte nichts als Landschaften. Noch immer beorderte Jane Whitehead jeden Samstagnachmittag um vier die Studenten auf ihre Terrasse, um Menuetttänze zu üben, und sie nahm es sehr übel, wenn man ihrem Aufruf nicht folgte. Die Künstlerkolonie begann sichtbar zu schrumpfen. Doch viele, die gingen, ließen sich rund um Woodstock nieder und trugen dazu bei, dass in und um Woodstock weitere eigenständige Kunstschulen entstanden.

In gutem Einvernehmen mit Ralph verließ sein langjähriger Kunstlehrer Lovell Birge Harrison die Byrdcliffe Summer Art School. Er war zu einer neuen Aufgabe abberufen worden. Seit den Anfängen der gemeinsamen Koloniesuche in Santa Barbara war er der Familie Whitehead ein treuer Begleiter gewesen und blieb auch weiterhin in Freundschaft mit ihr verbunden. An seine Stelle in Byrdcliffe trat der holländische Landschaftsmaler Leonard Ochtmann, den Harrison in New York kennengelernt hatte und der ähnlich wie er malte.

Im Sommer 1906 fand in der Tinker Street die Eröffnung der Woodstock Art Students League statt und Lovell Birge Harrison wurde als allseits respektierter und beliebter Lehrer einstimmig zum Kopf der Schule gewählt. Sie existierte bereits seit Jahren auf Sparflamme unter James H. Wardwell, dem ältesten aller Woodstocker Maler, der es liebte zu betonen, dass er in Woodstock schon gelebt und gemalt habe, bevor es dort je eine Künstlerkolonie gab. Das brachte ihm den respektvollen Namen »Pionier, Vater der Malerei« ein. Er war nicht nur freundlich und hilfsbereit zu seinen jüngeren Kollegen, er hatte auch den Vorteil, über ein festes Einkommen zu verfügen, was unter den hiesigen Künstlern eher selten der Fall war.

Unter Birge Harrison erblühte die Woodstocker Malschule mit Riesenschritten zu neuem Leben. In den folgenden Jahren versammelten sich dort Vertreter nahezu aller Kunstrichtungen – von den konservativsten bis hin zu den experimentierfreudigsten –, die Seite an Seite malten, in gegenseitiger Achtung und respektvoller Toleranz. Harrison modernisierte die Anlage mit Umbauten und besserer Einrichtung und unterrichtete nicht nur im Sommer, im Gegenteil, den Winter liebte er besonders.

Klirrende Kälte hielt alljährlich im Winter über Monate hinweg die Menschen in Bann, und nur wenn es dringend nötig war, wagten sie sich mit rutschfesten Schneeschuhen und daunengefütterten Polarpelzmänteln ins Freie. Doch Harrison studierte mit den verklärten Augen des Malers die weiße Landschaft um sich herum:

> [...] da ist noch etwas anderes, was nur jene kennen, die in Woodstock das ganze Jahr über leben [...] wenn man die Landschaft unter einer Hülle von Schnee sieht, wenn sich die Hügel durch den goldenen Schleier des Winters in die Berge eines Märchenlandes verwandeln, wenn die Morgen wie Perlmutt leuchten, die Mittage wie glitzernde Diamanten und die Abende in den Farben der Bernsteine und Türkise. Das einzigartige Farbspektrum von Woodstock im Winter kann man nur mit Worten aus der Juwelenwelt ausdrücken.[66]

Auf der anderen Seite in Rock City, einem kleinen malerischen Ort am Rande hochaufragender Felsen bei Woodstock, bildete sich unterdessen eine weitere Künstlervereinigung und eroberte sich rasch eine in der Gegend führende Position. Im neugegründeten Sunflower Club suchte der experimentierfreudige amerikanische Maler Andrew Dasburg nach Gleichgesinnten und wurde bald fündig.

In Scheunen und leeren Hütten hatten sich die Barnacles, wie sie sich selbst nannten, eingenistet, abtrünnige Byrdcliffer Studenten, die begonnen hatten, abseits der Whitehead'schen Regeln ihre eigenen künstlerischen Wege zu suchen.

Dem Vorbild von Miss Woodwards Unterricht folgend proklamierten sie das Studium nackter Körper und wenn sie auch nicht daran dachten, ihre Übungen wie im Blue Dome in freier Natur zu praktizieren, hielten sie doch das Zeichnen der menschlichen Anatomie für unverzichtbar, wollten sie ihren persönlichen Werdegang beschleunigen. Doch weder in der Byrdcliffer Kunstschule noch in der Woodstocker Schule zeigte sich in Ansätzen eine Bereitschaft, diesen Unterrichtsweg einzuschlagen. Das sollte sich ändern.

Als einer der Ersten mietete der ehemalige Byrdcliffer John Carlson, ein Schwede, eine Scheune, die er sowohl als Studio wie als Wohnung nutzte. In seinem Gefolge siedelten sich weitere Studenten im nahen Wald in Heuschobern und Kornkammern an und beschlossen, fern aller Regeln ihr Talent zu entdecken. Beim Schein der Kerosinlampe besuchten sich die Barnacles gegenseitig in ihren Behausungen und standen sich abwechselnd Modell, je nachdem, welche Posen gerade gefragt waren. Sie begannen ihre Zeichentechnik zu verfeinern und waren für Carlson neben den Bäumen, die er am liebsten malte, die besten Modelle. Dabei teilten sie sich das absolute Existenzminimum.

Gelegentlich bekamen sie kleine Aufträge für Illustrationen in Zeitschriften oder auch einmal eine Ausstellung in New York, bei der das eine oder andere Bild verkauft wurde. Doch über Monate hinweg ernährten sie sich wie Carlson ausschließlich von Brot, Beeren und Käse, wie er sagte, und hofften auf bessere Zeiten.

Aufgrund zunehmender Schwächeanfälle trat Lovell Birge Harrison 1911 von seinem Posten als Leiter der Woodstocker Art Students League zurück und übergab die Schule seinem ehemaligen Assistenten John Carlson, der voll Freude seiner neuen Aufgabe entgegensah. Gemeinsam mit seinen Studienkollegen Frank Swift Chase und Walter Goltz führte Carlson die Landschaftsmalerei fort, wobei er sich von Harrisons diffuser Farbgebung entfernte und sich dem europäischen Impressionismus näherte, der in Amerika gerade in Mode gekommen war. Kennzeichnend für seinen Stil waren: locker angedeutete Konturen, kräftige Farben und freie, energische Pinselführung.

Und endlich konnte er offiziell Unterrichtszeiten für anatomisches Zeichnen festlegen mit ausgewählten Modellen, die nach Absprache stundenweise erschienen und aus der gemeinsamen Kasse bezahlt wurden. Die Gelder dafür kamen von den Studenten, die in von Jahr zu Jahr zunehmender Anzahl eintrafen, sehr zum Unwillen einiger Woodstocker Bürger.

Die Gesellschaft für Verbrechensbekämpfung wetterte mit Vehemenz gegen diese neue Gepflogenheit der Aktmalerei, die in ihren Augen ein Akt reiner Pornografie war, der verfolgt und verboten werden müsse. Wie vorauszusehen verhallten ihre Mahnungen ungehört in den Ohren der Studenten, im Gegenteil, sie lieferten der Schule damit die allerbeste Werbung: Ihr Name erschien in allen Zeitungen und gleichzeitig wurde vermittelt, dass es sich dabei um einen höchst unkonventionellen Ort handle, wo neue Unterrichtsmethoden praktiziert wurden.

Aus New York und Umgebung meldeten sich Kunstinteressierte und selbst in den Krisenzeiten des Ersten und Zweiten Weltkriegs führte John Carlson die Woodstocker Art Students League fort, in erster Linie als Landschaftsmalschule, insgesamt über 30 Jahre lang bis zu seinem Tod im Jahr 1945. Daneben trieb er regen Interessenaustausch mit allen Künstlergruppen in der Umgebung.

Nach einem langen Parisaufenthalt kehrte Andrew Dasburg, der Initiator des Sunflower Clubs, in die Felsenstadt Rock City zurück. In Frankreich hatte er Robert Delaunay, Paul Cézanne, Pablo Picasso und andere französische Maler getroffen. In Europa entwickelte sich gerade die abstrakte Malerei, angeführt von Wassily Kandisky und seiner Künstlergruppe *Die Blauen Reiter,* und voll missionarischer Begeisterung verbreitete Dasburg das Evangelium dieser neuen Kunstrichtung unter Woodstocks Künstlern.

So wie die Sonnenblume ihr Gesicht zur Sonne dreht, so suchten die Sunflower-Leute leuchtende Farben und das Licht. Der Club avancierte zum regionalen Zentrum künstlerischen Austauschs. Es trafen sich Maler von nah und fern, es wurde debattiert und diskutiert, mit kühnem Pinselstrich eroberte man sich die Leinwand, alle fein ausgearbeitete Nuancen und jede Art weicher Mischfarbentechnik verschwanden aus dem Farbspektrum. Zu klaren, einfachen Linien setzte man klare, leuchtende Farben. Die Kunde dieser neuen Art zu malen verbreitete sich, und es dauerte nicht lange, da zeigten sich auch in der Künstlerkolonie Byrdcliffe Anzeichen veränderter Sichtweisen.

Auf der Suche nach einer abstrakten Form der Darstellung verbrannte Henry McFee, einer der Byrdcliffe-Maler, all seine lieblichen, realistischen Gemälde, plötzlich sah er Häuser nur noch als Fässer und Zylinder, Hügel verwandelten sich in Kegel, Täler glichen umgestülpten Trichtern, Seen verwandelten sich in amorphe Flächen. McFee war mit Bolton Browns Schwester Aileen verheiratet, die auf die Frage, wie sie die neue Malerei ihres Mannes findet, antwortete: »Bevor ihr mich tötet, denke ich, ich mag sie.«[67]

Als 1914 die Kunstrichtung Dada populär wurde, bewaffneten sich die Künstler von Rock City in einer dadaistischen Sitzung mit Hacke und Schaufel und hoben eine Grube vor den Studios aus.

Mit dem Schlachtruf »Kunst ist tot! Begraben wir sie!«, umkreisten sie in einem wilden Freudentanz die Grube und warfen nacheinander ihre altmodischen Gemälde hinein. Zuletzt setzten sie einen Grabstein darauf mit der Inschrift: »Here lies Art.«[68]

Auch wenn sie sich gelegentlich auf der Straße oder an Mr. Snyders Telegrafentheke trafen, um eine Nachricht nach Hause zu schicken und die eine oder andere Freundschaft geschlossen wurde, war das Gefälle zwischen den Kunststudenten von Woodstock, Rock City und Byrdcliffe spürbar.

Im Unterschied zu den wohlbehüteten, meist wohlhabenden Byrdcliffern auf der Bergseite, mussten die Kunststudenten im Tal für ihren Lebensunterhalt selbst sorgen. Gleichzeitig garantierte ihnen das mehr Freiraum, sowohl im privaten wie im künstlerischen Leben und verschaffte ihnen damit mehr Selbstbewusstsein.

Mit leichter Verachtung blickten die Talbewohner auf die verwöhnten Byrdcliffe Kolonialisten auf dem Berg, die ihrer Meinung nach in Regeln erstickten und nannten die Kolonie unter sich »Boredstiff« (Langweiler) oder wie die einheimischen Woodstocker den »Park«.

Edward L. Chase, der später ein renommierter Maler von Menschen und Pferden wurde, erinnerte sich, dass er zusammen mit anderen Studenten nach Byrdcliffe zu der Performance eines männlichen Spitzentänzers eingeladen war. Danach waren sich alle einig: »Wir sahen in den Byrdcliffern ausschließlich Schwule und alte Jungfern in verstaubten Röcken.«[69]

Die Wende

Während um sie herum Gefechte in der einen oder anderen Richtung ausgetragen wurden, waren die Whiteheads damit beschäftigt, ihre eigenen Kriege auszutragen und ihre selbst aufgestellten Regeln neu zu überdenken.

»It is grace that always gives birth to grace«, unter diesem Motto des Dichters Sophokles, das zu Beginn ihrer Koloniegründung im Vordergrund gestanden hatte, versuchten Ralph und Jane den Weg von Gnade und Barmherzigkeit zu praktizieren, so gut es ging. Auch wenn sie sich in vielem einig waren, was sich vor allem in ihrer gemeinsamen Arbeit widerspiegelte, spürte Jane doch immer wieder Unterschiede in ihrer Auffassung des Moralbegriffs und stieß dabei an die Grenzen dieses Mottos.

Seit den Tagen der Tänzerin Louise Hart oder bereits seit ihrer Vorgängerin Marie, deren Ehe mit Ralph Jane zeitlebens leugnete, wurde sie von nagenden Zweifeln an der Treue ihres Mannes geplagt, denen heftige Anfälle von Eifersucht folgten.

Diesmal traf es die Damen Zulma Steele und Edna Walker, zwei talentierte Designer- und Töpferinnen, die zusammen im Angelus wohnten, das sie selbst entworfen hatten. Jane bewunderte die beiden aufgrund ihrer künstlerischen Talente. Gleichzeitig hegte sie eine starke Abneigung gegen sie und unterstellte ihrem Ehemann heimliche Liebesbeziehungen zu den Zeichnerinnen, mit denen er täglich eng zusammenarbeitete.

Nach einem Gepräch in ihrer New Yorker Wohnung mit ihrer Freundin Mary Little, fand Jane ihr lang gehegtes Misstrauen bestätigt – zu Recht oder zu Unrecht – und sie verließ Ralph. Im September 1912 schrieb sie ihrem Mann, eine der Grundvoraussetzungen zu ihm zurückzukehren, sei, dass er seine Beziehung zu Miss Steele und Miss Walker auf einen neutralen Bekanntschaftsgrad reduziere. Und drei Monate später: »[…] ich fand die Situation zu Hause den ganzen Sommer hindurch unerträglich, mir blieb am Ende nichts anderes übrig, als zu gehen […]«[70]

In seiner Antwort am selben Tag erinnerte Ralph sie daran, nicht das ehemalige Sophokles-Motto zu vergessen und appellierte damit an ihr Gefühl für Gnade und Barmherzigkeit. Doch die Zweifel blieben. Jane erlebte die Grenzen dieses Mottos.

Den Winter über verschanzte sie sich an der kalifornischen Küste in ihrem Arcady, im Frühjahr wechselte sie nach New York in ihre Wohnung und genoss das Leben in der Großstadt. Es dauerte Monate, bis sie zu einer Versöhnung bereit war. Sicherlich war es auch die Verantwortung für ihre Kinder, die sie zurück zu ihrer Familie trieb.

Nachdem Ralph ihr wiederholt seine Unschuld beteuert hatte, erklärte sie sich im Spätsommer bereit, in ihr altes Leben zurückzukehren.

Aus einem Tal tiefer innerer Verwirrungen emporgestiegen sah Jane mit einem Mal das Ziel ihrer Wünsche in aller Deutlichkeit vor Augen. Nach fast einem Jahr Abwesenheit kam sie zurück nach White Pines und wurde bei ihrer Rückkehr empfangen wie eine von langer Krankheit Genesene.

Die folgenden Wintermonate 1913 hindurch stürzte sie sich in Arbeit und verbrachte die langen Abende damit, ihr Keramikhandwerk zu verfeinern. Ralph widmete sich unterdessen primär der Weberei per Hand, womit sein Vater in Fabriken ein Vermögen verdient hatte.

Gleichzeitig unterstützte er Janes Wunsch nach einer besser ausgestatteten Töpferwerkstatt. In einem Anbau an das Wohnhaus White Pines richtete er ihr ein Keramikstudio ein, ließ generatorenbetriebene Elektrizität installieren und als im Oktober 1914 die Töpferscheibe eintraf, konnte die Produktion beginnen. Zuerst war es Jane allein, die nach Inspiration für neue Formen und Muster ihrer Töpfe suchte; aber es dauerte nicht lange, da beteiligte sich auch Ralph an der Herstellung von Keramikgegenständen und übernahm die Brennarbeiten.

Seite an Seite mit den Künstlern und Handwerkern, die weiterhin, wenn auch in geringerer Anzahl, den Sommer über kamen, trugen die Whiteheads ihren Anteil zu der Welt von Byrdcliffe bei.

> Byrdcliffians stellen Keramikschmuck und Metallarbeiten her, Körbe, handgewebte Bettvorleger, Vorhänge und Wanddekorationen. Im August zelebrieren sie ihre jährliche Ausstellung, zu der die anwohnenden Künstler ihren Beitrag in Form kleiner Ölgemälde und wassergemalter Entwürfe leisten.[71]

Das Design ihrer Keramik war inspiriert von chinesischen und persischen Vorbildern, die sie in Kunstzeitschriften gesehen hatten, vermischt mit Eigenentwürfen. Besondere Exemplare dieser White-Pines-Keramik wurden zu verschiedenen Anlässen ausgestellt, auch in Kalifornien in Santa Barbara, wo ein Keramikzentrum entstanden war. Die feine Malerei von Blüten und Blättern in leuchtenden Erdfarben auf den Tongefäßen stammte meist von Jane. Sie war glücklich mit ihrer Arbeit. Ihrem Sohn Peter schrieb sie in dieser Zeit:

> Ich verbrachte den ganzen Morgen damit, Töpfe im Atelier herzustellen […] es ist gut, ein gemütliches Heim zu haben und auch etwas Arbeit für die Hände, ich kann mir im Leben nichts Besseres wünschen.[72]

Auch wenn Ralph und Jane die chemischen Vorgänge und der Brennprozess ihr Leben lang ein undurchdringliches Geheimnis blieb, stellten sie in ihrem Brennofen Hunderte von Keramikteilen her. Das meiste davon Schalen und kleine Vasen, für größere Objekte waren ihre Apparaturen zu klein. Jane berichtete Ralph jun, dass es natürlich weit klüger und rentabler wäre, einen großen Kachelbrennofen zu haben, aber für so große Anschaffungen wären sie zu alt, und er kenne ja seinen Vater:

> »[...] Vater mit all seinem Scharfsinn und seiner Intelligenz ist nicht praktisch veranlagt.«[73]

Im Winter unternahmen sie auf ihrer Reise nach Kalifornien einen Abstecher nach New Orleans und besuchten dort die berühmte Newcomb Pottery der Tulane Universität, an der bereits seit 1890 Keramikgegenstände produziert wurden. Angeregt durch diesen neuen Impuls brachte Ralph die White-Pines-Keramik von New York nach Boston, Baltimore, Cleveland und Philadelphia und sogar bis an die Westküste nach Santa Barbara, um sie in Läden zum Verkauf anzubieten. Zu ihrem beidseitigen Erstaunen wurde das ein großer Erfolg, auch wenn sie in den folgenden Jahren die meisten Teile an ihre Freunde verschenkten. Jane schrieb an Peter:

> Hättest du jemals damit gerechnet, dass der Keramikverkauf so erfolgreich sein würde? 250 Töpfe haben wir verkauft – sie brachten 4500 Dollar, nach Abzug aller Unkosten 300 Dollar. Einige Töpfe gingen für 25, 20 und 15 Dollar das Stück – bis hinunter auf einen Dollar. Einige der besten Kunstspezialisten in Santa Barbara meinten, es wäre die schönste Keramik, die in Amerika gemacht werde.[74]

An einem Nachmittag im Herbst 1913 saß Ralph Radcliffe in seiner Bibliothek am Schreibtisch. Vor ihm lagen Pläne zur praktischen Umgestaltung der Keramikwerkstatt, die ihm Rätsel aufgaben. Er putzte sein Lorgnon, das er seit einiger Zeit in Gebrauch hatte und lehnte sich zurück. In der Werkstatt sollte ein größerer Brennofen aufgestellt werden, aber wie er ihn auch drehte und wendete, er fand keinen Platz dafür. Sein Blick wanderte zum Fenster.

Aus der Ferne drangen in kaum hörbaren Wellen dumpfe Geräusche aus der Stadt zu ihm herüber, die nach einer Ansammlung vieler Menschen klangen. Er lauschte. Jetzt ertönte Musik, Marschmusik. Plötzlich wusste er, was das bedeutete. Er musste nicht einmal das Fenster öffnen. Die Stadt feierte, der neue Ashokan Stausee wurde eingeweiht! Er erinnerte sich an die Plakate, die überall aufgehängt waren und die er im Vorübergehen gesehen hatte. Nach etlichen Jahren Bauzeit war aus der Zusammenführung einzelner Gewässer südlich von Woodstock ein großer Stausee entstanden, der die Trinkwasserversorgung der Stadt New York in Notfällen garantieren sollte. Der Stadtrat hatte sich angekündigt, wie auch der Bahnhofsvorstand der Ulster & Delaware Eisenbahngesellschaft, die die neu errichtete Ashokan Bahnstation einweihten, allerdings noch ohne Gleise.

Ralph spürte, es war Zeit teilzunehmen an den Veränderungen um ihn herum, die zunehmend auch sein Leben bestimmten. Wenn sich die Bahnstation mit direkter

Verbindung zu New York City tatsächlich als feste Einrichtung erweisen würde, wäre das auch für ihn und seine Kolonie von Vorteil. Um vermehrt die Großstädter anzulocken, sollten die Angebote innerhalb Woodstocks attraktiver werden. Es fehlte zum Beispiel ein Club, wie er in England allerorts zu finden war, wo sich die Bürger treffen konnten, um Fragen des praktischen Lebens zu diskutieren. Eines Tages fuhr er mit dem Wagen nach Kingston Town und begab sich zur National Bank. Er eröffnete ein Konto auf den Namen »Woodstock Club« und zahlte einen bestimmten Betrag ein.

In den folgenden Wochen warb er sowohl Teilhaber wie Mitglieder an, die ihm in seinen neugegründeten Woodstock Club in der Tinker Street folgten. Es waren Leute aus der ortsansässigen Gemeinde, deren Arbeit für das allgemeine Wohl wichtig war, zum Beispiel Lehrer, Krankenpfleger oder Vertreter kultureller Interessen. Er bekam regen Zuspruch aus allen Bereichen. Ihr gemeinsames Ziel war die Verbesserung der städtischen Lebensbedingungen durch Angebote aus Kunst und Kultur, später erweiterten sie das Programm um Sport und körperliche Fitness. Es wurde unter anderem eine Bücherei eingerichtet, die von Jahr zu Jahr größer wurde und die bis heute existiert.

Auch die allerersten Filme, die gezeigt wurden, wurden vom Woodstock Club gesponsert. Whiteheads ehemaliger Kompagnon Bolton Brown trat nicht bei, weil er grundsätzlich gegen jegliche Mitgliedschaft in organisierten Vereinen war. Und Hervey White befand sich nicht unter denen, die gebeten wurden, dem Club beizutreten. Vielleicht lag es daran, dass seine Farm in Hurley hinter der Stadtgrenze lag oder mehr noch, an dem großen Schweigen, das seit einem Jahrzehnt zwischen den beiden herrschte.

Im Juli 1914 brach in Europa der Erste Weltkrieg aus und vielleicht war es dieses bedrohliche Ereignis, das Ralph Whitehead, den gebürtigen Engländer, betroffen machte und gleichzeitig nachdenklich über das, was seine Vergangenheit betraf. Im Alter von 60 Jahren beschloss er, das Kriegsbeil zwischen sich und Hervey White zu begraben. Er hatte einmal erklärt, dass es nicht möglich sei, jemanden länger als zehn Jahre zu hassen, und so schrieb er im Herbst 1914 einen Brief an Hervey, in dem er ihn zu sich nach Hause einlud. Dort waren bisher alle seine näheren und auch ehemaligen Freunde zu Besuch gewesen, einzig sein einst bester Freund Hervey White nicht. Dieser antwortete:

> Ich bin kein konventioneller Gentleman und wünsche auch keiner zu sein [...] bei all diesen gesellschaftlichen Funktionen spiele ich nur eine Rolle [...] je älter ich werde, umso widerwärtiger wird mir diese Rolle [...] ich finde, ich nehme immer mehr die Gewohnheiten meiner Kindheit an [...] dass ich schroffer, ungeduldiger und bäurischer bin als je zuvor [...] und eine neue Verbindung zwischen uns würde auf dieser Ebene gewiss nur Kummer verursachen.[75]

Hervey lehnte einen Besuch bei Ralph ab mit der Begründung, dass ein gesellschaftlicher Austausch aufgrund ihrer unterschiedlichen Temperamente verheerend wäre; aber er machte gleichzeitig den Vorschlag, künftig in Freundschaft mit ihm zusammenzuarbeiten, zum Wohle der Woodstocker und seiner Künstler. Immerhin war damit der Bann gebrochen, der die beiden Männer entzweit hatte, die sich ehemals gemeinsam auf den Weg gemacht hatten, eine neue Gesellschaft zu gründen. Sie sprachen zumindest wieder miteinander.

Die Einladung von Whitehead zeigte nicht nur, dass die Verbitterung zwischen den beiden Männern schließlich ein Ende gefunden hatte, sondern auch, dass Hervey White nicht länger der einsame Wolf auf der Flucht war.

Spätestens im Jahr 1914 war unübersehbar geworden, dass sich White hinter der Stadtgrenze in einem Teil der alten Hurley-Patentee-Wälder als Gründer einer eigenen Kolonie etabliert hatte, die einen wichtigen Part in der weiteren Entwicklung der Stadt Woodstock spielen würde: The Maverick.

Teil II
The Maverick

Der Wille so stark wie ein Stier,
doch klein und gedrungen
stürmt er westwärts in tollem Galopp
entflieht den Häschern, den jungen,
auf ewig ins Land der Träume.

Zuletzt war es wie damals,
als er zu Fuß durch die italienischen Alpen gewandert war –
er wusste, eines Tages würde er ankommen,
und wenn es noch so lange dauern würde.

Während Dewing Woodward im Red Roof versuchte, ihre kleine Kolonie zu einem künstlerischen Zentrum mit europäischem Flair zu machen – leider ohne nennenswerten Erfolg –, begann Hervey White nach langem Zögern, seine Farm in Hurley bei Woodstock als neue American Colony zu etablieren.

Die Farm mit circa 40 Hektar Land hatte er bereits Anfang 1905 zusammen mit seinem Freund Fritz van der Loo gekauft, doch die meiste Zeit danach hatte er in New York verbracht. In Hurley sollten Alteingesessene wie Neuankömmlinge in individueller Freiheit miteinander leben, einzig allein nach der Regel von Rabelais: »Tu, was dir gefällt« oder, wie Hervey es interpretierte: »Tu, was dir gefällt, solange du nicht andere behelligst.«[76]

Nachdem er sich im Spätsommer 1904 von Byrdcliffe und Ralph Whitehead verabschiedet hatte, war Hervey mit seiner Frau Vivian nach New York gezogen, wo er wieder als Lehrer am College unterrichtete. Die folgenden Jahre waren voller Entbehrungen. Nach der Geburt der beiden Buben hatte der Kampf gegen Kinderkrankheiten und stetig wachsende Armut begonnen, begleitet von Ängsten und dem tagtäglichen Ringen um das nackte Überleben in einer Großstadt.

Um sein karges Lehrereinkommen aufzubessern, hatte Hervey nebenher als freier Schriftsteller gearbeitet und Artikel für *The Independent* geschrieben sowie das Drehbuch für eine Komödie, die eine kritische Sicht auf die amerikanische Gesellschaft warf. In dieser Zeit hatte er seine Hurley-Farm nur sporadisch besucht, gerade so oft, dass sie nicht komplett verfallen war. Bei diesen Ausflügen, die er stets

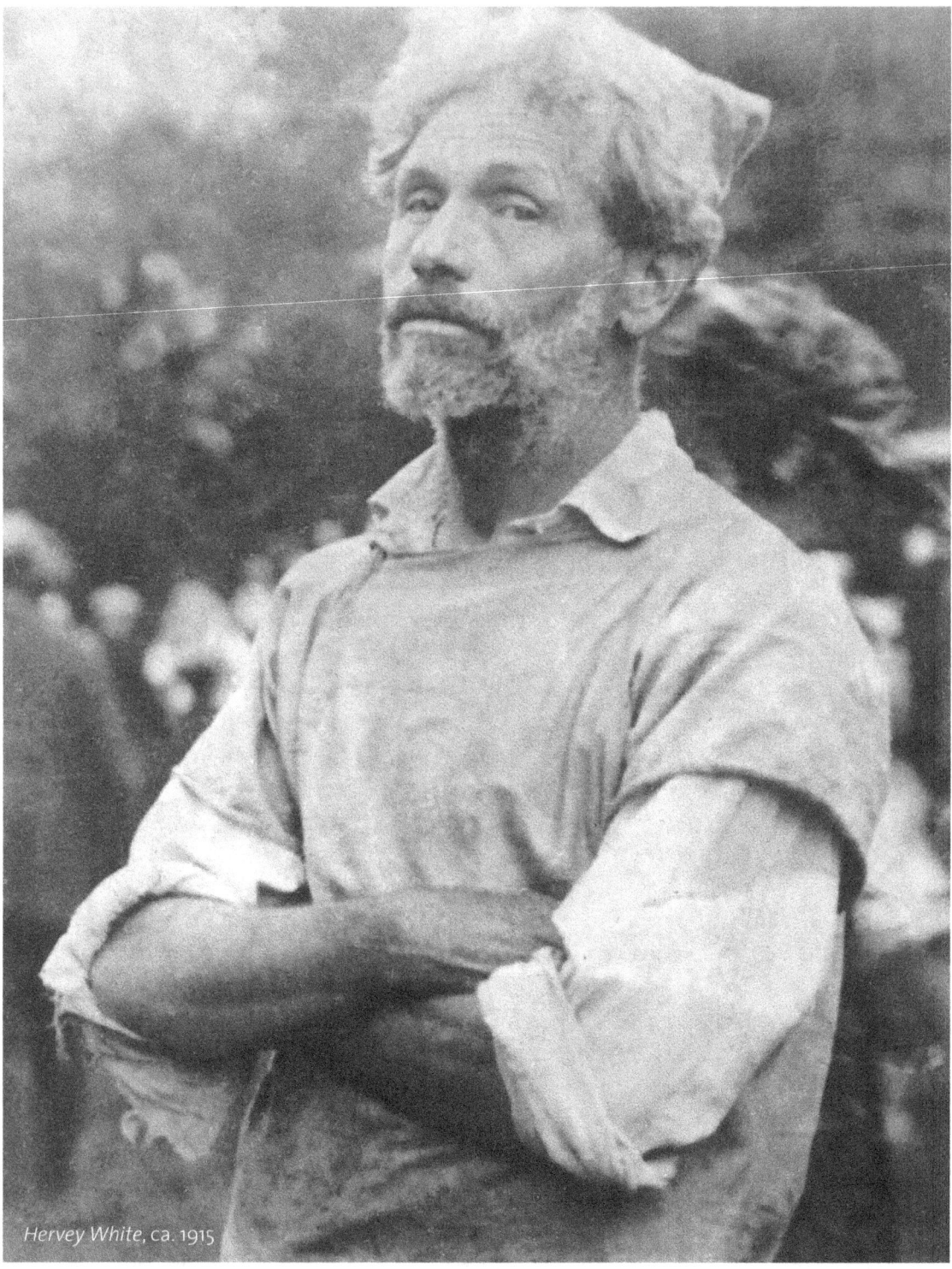
Hervey White, ca. 1915

alleine unternommen hatte, war ihm bewusst geworden, dass er, im Gegensatz zu seiner Frau Vivian, für ein dauerhaftes Leben in New York nicht geschaffen war.

Im Frühjahr 1908 beschloss Hervey endgültig, die Großstadt zu verlassen und auf seine Farm nach West Hurley bei Woodstock zurückzukehren. Vivian, die zunächst eine eigene Karriere als Töpferin in New York anstrebte, folgte ihm später mit den Kindern nach. Um sie glücklich zu machen, richtete er ihr, angeschlossen an den Wohntrakt, eine einfache Keramikwerkstatt ein. Doch die Kluft zwischen ihm und Vivian, die sich bereits kurz nach der Geburt der beiden Söhne angebahnt hatte, wurde zusehends größer. Zwischen ihnen gab es Probleme, die sich unlösbar manifestierten und die Richtung ihrer beider Leben entscheidend veränderte.

Dank seines Charmes schloss Hervey mit großer Leichtigkeit Freundschaften, die jedoch, je älter er wurde, immer stärker werdende homosexuelle Züge bekamen. Nach kurzer Trennung und Wiedervereinigung verabschiedete sich Vivian endgültig und zog in beiderseitigem Einvernehmen mit den Söhnen zu ihrer Mutter in den Mittleren Westen, die ihr nach der Scheidung bei der Erziehung der Kinder half. Später fand sie Arbeit in New York und heiratete wieder.

Befreit vom Druck familiärer Last, an der er nicht nur in finanzieller Hinsicht schwer getragen hatte, widmete sich Hervey verstärkt seinen Ideen und dem, was ihm ehemals wichtig gewesen war. Er begann wieder Novellen und Gedichte zu schreiben und unterrichtete zwei Semester lang in einem kleinen Schulhaus in West Hurley. Die Wintermonate verbrachte er in New York und verfasste aus den Erfahrungen seines Schulunterrichts mehrere Artikel für *The Independent* mit dem Titel *Our Rural Slums*. Darin analysierte er die lokale Schulsituation und beschrieb den gravierenden Unterschied, der zwischen den Kindern der untersten Schicht der Minenarbeiter und den reichen Kindern mit gesichertem familiären Hintergrund herrschte und der letzteren eine weit bessere Voraussetzung für zielstrebiges Lernen bot. Es blieb nicht bei Worten allein; er scheute sich nicht, selbst Hand anzulegen, um anderen zu helfen.

In Woodstock lernte er die Familie des Arztes Doktor Downer kennen und wann immer dieser eine männliche Krankenschwester für seine Patienten suchte, holte er Hervey White, der sich dieser Aufgabe mit großem Geschick widmete. Hervey schätzte diese Krankenschwestertätigkeit sehr, bot sie ihm doch die Möglichkeit, der örtlichen Bevölkerung näherzukommen und den Menschen das Gefühl zu geben, mit ihnen eine Gemeinsamkeit zu teilen, nämlich den menschlichen Körper, der unabhängig von Rang und Namen von Zeit zu Zeit der Pflege bedarf. Gleichzeitig verfolgte er weiter seinen Plan, eine eigene Kolonie zu gründen, dem schon bald Taten folgen sollten.

Seit seinen Tagen als Student in Harvard war Hervey entschlossen, sein Dasein in Einklang mit seinen sozialistischen Grundsätzen zu gestalten. Der Sinn des Lebens lag für ihn in dem ständigen Austausch mit seinen Mitmenschen, verbunden mit dem geistigen Wandel inmitten einer kommunalen Gemeinschaft, nicht im konkurrierenden Wettkampf.

Die vier Jahre in der lebendigen Gemeinschaft des Chicagoer Hull House hatten seine Ansichten entschieden geprägt. Dort hatte er erfahren, dass weder Mann noch Frau das Recht hatten, als einzige von ihrer sozialen Stellung oder ihrer spezifischen Begabung zu profitieren. Die Talentierten sollten den Minderbegabten helfen und die Reichen sollten das, was sie hatten, mit den weniger Reichen teilen. Im Hull House hatte er erlebt, dass das in kleinem Rahmen tatsächlich möglich war.

Anders als Ralph Whitehead – der, nach Herveys Ansicht, inmitten einer trägen, hinterwäldlerischen Bevölkerung sein Byrdcliffe als erleuchtete Enklave für einige wenige Auserwählte ansah – wünschte er sich, dass die Tür seiner Farm sowohl Einheimischen als auch Neuankömmlingen aller Gesinnungen allzeit offen stehen sollte. Als er mit diesem Angebot an die Öffentlichkeit trat, waren seine ersten Gäste daher weniger Künstler als vielmehr Sozialkritiker und Reformer, Atheisten und Ökonomen.

In Windeseile verbreitete sich sein Aufruf übers Land, und von New York bis Chicago meldeten sich aktive Mitglieder aus unterschiedlichen Bereichen, die sich für die Sommermonate ankündigten und ihre Unterstützung anboten. Unter ihnen auch seine alte Freundin vom Hull House, Charlotte Perkins Gilman ehemals Stetson.

Um alle diese Leute zu beherbergen, baute Hervey mit Hilfe von zwei Arbeitern und sechs Kartons Apfelschnaps Hütten mit einfachen Grundrissen und richtete sie mit dem allernötigsten Inventar ein. Sie entstanden in der Rekordzeit von jeweils fünf Tagen. Zuerst waren es nur sieben, später standen bis zu 30 Hütten verteilt in den Wäldern rund um Hurley. Die Häuser benannte er nach Orten und Figuren von Geschichten, die er gelesen hatte: Birdseye, Bearcamp oder Goldrush.

Auf der Suche nach einem gemeinsamen Namen für alle fiel ihm eine Geschichte ein, die ihm zu Ohren gekommen war, als er 1890 bei seiner Schwester zu Besuch in Colorado gewesen war, auf der Ranch, die sie gemeinsam geerbt hatten.

Eines Abends hatte jemand die Sage von dem wilden weißen Hengst erzählt, bekannt als das Maverick-Pferd, das allein und frei in einem Canyon lebte. Man sagte: »He belonged to no one and at the same time to whoever could catch him.«[77]

Der Hengst gehörte zu niemandem, gleichzeitig sollte ihn derjenige besitzen, dem es gelänge, ihn einzufangen. Doch bisher war es keinem gelungen. Das Maverick-Pferd stürmte weiter als ruheloser weißer Geist in wildem Galopp durch die Schluchten des alten Canyon.

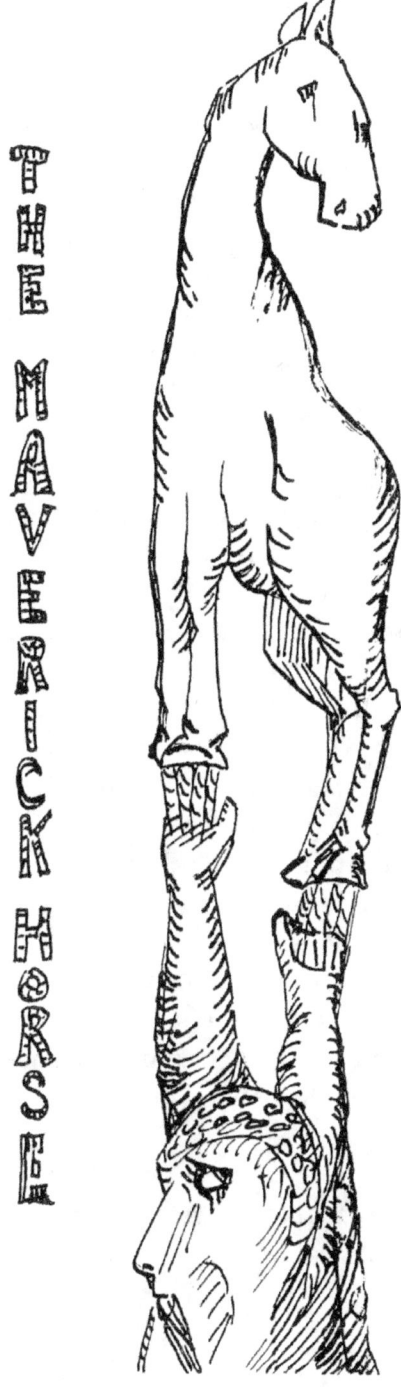

Maverick-Pferd, 1924

Von diesem Coloradobesuch war Hervey mit dem Gedanken zurückgekehrt, dass, wann immer er einen Platz finden sollte, den er sein eigen nennen könne, dieser »Maverick« heißen sollte, als Symbol seiner Leidenschaft für das freie, ungebundene Leben.

Jetzt hatte er den Platz gefunden. Seine Farm mit den Nebenhäusern nannte er The Maverick und die zugehörige Straße Maverick Road. Auf dieser Straße, die er etliche Male zwischen seiner Farm in West Hurley und dem Ort Woodstock zurücklegte, schrieb er ein Gedicht über das Maverick-Pferd, das er 1911 auf seiner eigenen Druckerpresse veröffentlichte. Seine Anfangswerke waren zum Großteil einem Feuer im Haus seines Bostoner Verlegers zum Opfer gefallen, was ihn schließlich dazu gebracht hatte, einen lang gehegten Wunsch in die Tat umzusetzen.

Mithilfe seines alten Malerfreundes Carl Eric Lindin, der ihn durch alle Untiefen des Lebens begleitet und in Notlagen unterstützt hatte, erstand er endlich eine handbetriebene Drucker- und Lithografiepresse. In der ehemaligen Keramikwerkstatt von Vivian wurde sie aufgestellt und mit vereinten Kräften installiert. Der Maler George Daulton brachte ihm in anschließenden Lehrgängen die Kunst des Druckens bei, und endlich konnte Hervey sowohl seine eigenen Werke wie die anderer drucken.

1910 erschienen in der Maverick-Druckerpresse erstmals drei kleine Bände mit Gedichten von Hervey White: *In an Old Man's Garden*, gedruckt auf erlesenem Papier mit grüner Tinte und geschmückt mit orangefarbenen Ornamenten. In den folgenden 20 Jahren druckte und vervielfältigte er eine große Anzahl literarischer Werke sowohl von ihm wie auch von anderen

113

Autoren, und Herveys Image als Drucker, Autor und Geschäftsmann wuchs an Größe und Ansehen.

Ab November 1911 brachte seine Presse eine monatliche Zeitung heraus, genannt »The White Hawk«, in der Hervey seinen Fortsetzungsroman *A Hornless Dilemma* startete, der von der unerfüllten Liebe eines armen Musikers zu einer rebellischen Bankierstochter handelte. Die beiden wohnten nebeneinander in einem Boarding House und der Musiker konnte sich einzig durch ein Loch in der Wand mit seiner Angebeteten verständigen. Die Story erwies sich leider als unpopulär und wurde bald abgesetzt. Dagegen erfuhr Herveys Anzeige im *White Hawk*, die ein neu gegründetes Zentrum kulturellen Lebens namens »The Maverick« nahe Woodstock ankündigte, heftige Resonanz.

In Europa zeichneten sich unterdessen überall Veränderungen ab: in der Malerei wie in der Musik und in den Geisteswissenschaften. Der Psychoanalytiker Sigmund Freud veröffentlichte seine umwälzenden Theorien, Autoren wie Thomas Mann, Ezra Pound und James Joyce folgten und eröffneten eine neue Gedankenwelt – eine steil aufwärtssteigende Welle des Intellekts, die von der nordamerikanischen Avantgarde mit Begeisterung aufgenommen und diskutiert wurde.

Von Greenwich Village in New York aus machten sich Kulturinteressierte auf den 90 Meilen langen Weg in die Wälder von Hurley, um zu sehen, was sich hinter Herveys Maverick verbarg. Die Künstlerkolonie Byrdcliffe in Woodstock war vielen ein Begriff geworden, sie stand für Kunst und gehobene Kultur, und man war neugierig, was Whiteheads ehemaliger Kompagnon zu bieten hatte.

An oberster Stelle stand für Hervey die Einführung musikalischer Events, so kamen neben Schriftstellern und Künstlern der bildenden Künste allen voran die Musiker und eroberten die neue Stätte. Schon bald entdeckte man eine Art Maverick-Snobismus, von dessen Höhen man herabblickte auf vermögende und profitorientierte Unternehmer, man bevorzugte intellektuelle und künstlerisch veranlagte Individualisten.

Eines Morgens stellte sich der als überaus tüchtig bekannte New Yorker Geschäftsmann George Plochman bei Hervey vor und entschuldigte sich gleich eingangs dafür. »Ich fürchte, ich passe nicht hierher, ich bin Bankier – aber ich spiele auch Geige.«[78]

Auf diese Weise bekam der Bankier Plochman einen Posten in der neu gegründeten Musikkapelle, siedelte sich in Woodstock an und heiratete später die Pianistin Elisabeth Kimball. Die Bankiersseite seiner Persönlichkeit wurde in der Kolonie fortan ignoriert und brachte ihm allenfalls privat Vorteile.

So wie in Byrdcliffe Kammermusik im Sommer eine wichtige Rolle spielte, so wurde klassische Musik auch im Maverick zum zentralen Mittelpunkt erklärt. Obwohl in vielem unkonventionell, in diesem Punkt blieb Hervey traditionell. Um die lokale Bevölkerung zu gewinnen, organisierte er anfangs kleine Combos mit Klavier, Geige und Fiedel, die aktuelle Tanzmusik spielten. Doch später, als sich immer mehr gute Musiker meldeten und der gesponserte Flügel und die Harfe aufgestellt waren, fand sich in seinem Repertoire vorwiegend klassische Musik, nach seiner Versöhnung mit Whitehead auch »under the pines« in Byrdcliffe, mit Freunden aus beiden Kolonien. Die Resonanz in der Bevölkerung war groß, und schon bald zeigte die stetig wachsende Zuhörerschaft, dass der für diese Anlässe nötige Rahmen zu klein wurde.

Im Frühjahr 1914, nach einem klassischen Konzertabend in der Fireman's Hall mit wenigen, auserlesenen Gästen, reifte in Hervey der Plan, diese Konzerte auch dem breiten Publikum zugänglich zu machen. Doch dazu benötigte er ein größeres Auditorium. Eine entsprechend große Konzerthalle für alle zu bauen, kostete jedoch viel Geld und Hervey hatte keines.

Dieses Problem löste Hervey durch eine sensationelle Folge von Ereignissen, die in den kommenden Jahrzehnten das Bild der Stadt entscheidend prägen sollten: die Maverick Festivals. Der Auslöser dazu war ein Bestandteil seiner Farm, der anfangs eine eher untergeordnete Rolle gespielt hatte, einfach weil dieser selbstverständlich vorhanden war und funktionierte.

Der Brunnen

> Jedes Hindernis lässt sich durch Beharrlichkeit beseitigen.[79]

Der alte Ziehbrunnen auf seiner Farm war niemals sehr ergiebig gewesen. Bereits in den Anfangsjahren hatte Hervey seine Unzulänglichkeit bemerkt, sich aber nicht weiter darum gekümmert. Mittlerweile war es jedoch unübersehbar geworden: Eimer um Eimer verschwand in den unergründlichen Tiefen, ohne auch nur ansatzweise die erforderlichen Mengen Wasser ans Tageslicht zu bringen, die für all die neu ankommenden Sommergäste benötigt wurden. Der Grundwasserspiegel der Maverick Farm lag weit unter der Erdoberfläche und sank stetig.

Einige aufeinanderfolgende ungewöhnlich trockene Jahre hatten den Wasserstand zusätzlich absinken lassen und es wurde immer dringlicher, einen neuen Brunnen zu bauen. Schließlich heuerte Hervey einen Mann mit dem denkwürdigen Namen Alvin Rockafeller an, der die Bohrung erledigen sollte. Seine Bezahlung sollte pro gegrabenem Fuß erfolgen.

Im Frühjahr 1915 rückte Mr. Rockafeller mit seiner Bohrmaschine und zwei Helfern an und begann die Suche nach Wasser. Hervey, der die meiste Zeit danebenstand und die Arbeit beobachtete, sah mit jeder Minute, die verging, Dollar um Dollar im Abgrund verschwinden. Schließlich stoppte die Bohrung in einer Tiefe von 550 Fuß, erst hier traf man auf den Grundwasserspiegel. Der Brunnen wurde befestigt und ausgebaut und am Ende betrug die Rechnung die stolze Summe von 1500 Dollar. Das lag um vieles höher, als Hervey anfangs erwartet hatte. Es gelang ihm, mit Rockafeller Ratenzahlungen zu vereinbaren, zahlbar in jährlichen Abständen, aber selbst diese dauerhaft aufzubringen, lag für Hervey in weiter Ferne. Nach der Übergabe der ersten Rate, die unter Mithilfe einiger Freunde zustande gekommen war, überlegte Hervey fieberhaft, wie er in Zukunft zu Geld kommen könne.

Wie wäre es, so hat er vermutlich gedacht, wenn ich die allseits beliebten Maverick Partys, die unter Künstlern und Studenten bereits als feste Rituale gefeiert werden, in zahlende Events verwandeln könnte! Je länger er darüber nachdachte, desto besser muss ihm der Gedanke gefallen haben.

So ein Festival bedeutete nicht nur, dass er Rockafeller bezahlen könnte, sondern dabei könnten sich auch die unterschiedlichen Dorfgemeinschaften begegnen, die bisher so gut wie nichts miteinander zu tun hatten. Ihn trieb die fast zwanghafte Vorstellung, die gesamte Gemeinde zu vereinen – die Alten, die Jungen, die Reichen, die Armen, die Künstler und Nichtkünstler, Menschen aus allen Schichten – in Friede und Freude.

Nach langen, heißen Diskussionen mit allen Verantwortlichen machte er sich daran, das erste Festival zu organisieren.

Das erste Festival 1915

Hervey brachte nicht nur die Bevölkerung vom Maverick, von Byrdcliffe, Blue Dome und Woodstock zusammen, auch Leute aus Kingston, Rock City und Saugerties, aus den umliegenden Sommerferienlagern und den Parks der Catskills kamen angereist.

Vor seinem geistigen Auge sah Hervey ein Fest vor sich, das Musik, Tanz und Theater mit fantastischen Kostümen bieten sollte, Picknicks am Lagerfeuer, die Darbietung von Handwerksartikeln, kulinarische Jahrmarktsbuden, die Ausstellung künstlerischer Fertigkeiten und für all das sollte Werbung auf bunten Transparenten angebracht werden, die von Bäumen und Gebäuden hängen sollten.

Das Thema des ersten Festes sollte aus der Zeit des alten Griechenlands stammen und nach Art der damaligen Feste aufgebaut sein, mit musikalischen Spielen und sportlichen Wettkämpfen sowie der passenden Kostümierung aller Mitwirkenden und Besucher. Da The Maverick mittlerweile eine führende Position innerhalb der Woodstocker Art Colony einnahm und aufgrund von Herveys Charme und Freundlichkeit zu allen, eilten Scharen von Menschen herbei, um ihm bei seinem Vorhaben und dem damit verbundenen Schuldenabbau bei Mr. Rockafeller zu helfen.

Doch zunächst stellte sich die Frage nach einem passenden Platz für das Festival. Bergauf und bergab wandernd und die Talseiten absuchend fand Hervey schließlich oberhalb des Maverick einen verlassenen Bluestone-Steinbruch, der ihm dafür wie geschaffen schien. Unterstützt von einem Heer freiwilliger Helfer, die abwechselnd auf den Plan traten, stürzte er sich drei Monate lang in harte Arbeit. Er und seine Mitstreiter schufteten unermüdlich in Tag- und Nachtschichten, bis aus dem alten Steinbruch ein offenes Amphitheater nach römischem Vorbild geworden war.

Hervey erzählte später, dass viele der Leute im Vorbeigehen gespottet und die Idee für verrückt erklärt hatten. Sie meinten, der Weg über den Hügel, der hinauf zum Eingang des Theaters führe, sei für die Mehrheit der Leute zu steil, kein Mensch würde diese Strapaze auf sich nehmen. Aber Hervey vertraute auf die menschliche Neugier und darauf, dass ein Bergsteiger trotz aller Mühe am Ende stolz darauf war, den Gipfel erstürmt zu haben.

Als sich der Bau des Steinbruchtheaters seiner Vollendung näherte – Sitzplätze, Bühne und Orchestergraben, alles war genial improvisiert –, wuchs das Vertrauen in das Festivalprojekt innerhalb der Bevölkerung spürbar. Ansässige Farmer erschienen im Team mit Äxten, um den Boden für den geplanten Picknickrasen zu bearbeiten,

Schreiner brachten Bretter für die Bänke, die dort aufgestellt werden sollten und Künstler malten Plakate, die sie zusammen mit farbenprächtigen Transparenten in allen Ortschaften rund um Woodstock aufhängten, um die geplante Show anzukündigen.

Ned Thatcher, der Byrdcliffer Metallarbeiter, der ebenso gut darin war, an der Columbia Universität zu unterrichten, wie in einem Workshop Hand anzulegen, installierte ein perfektes Beleuchtungssystem, das vom einen Ende des Theaters zum anderen reichte und von einem Generator betrieben wurde. Die Frauen der Künstler nähten Kostüme und Flaggen und ratterten Tag und Nacht viele Meilen Stoff auf ihren Nähmaschinen herunter. Das Material für die Flaggen, die Buden und das Theater verkauften die Woodstocker Ladenbesitzer auf Kredit auf den Namen Hervey White, ein Name, der inzwischen Vertrauen einflößte. Im selben Maße wie die Arbeit voranschritt, wuchs die Zuversicht der beteiligten Geschäftsleute, dass der Veranstalter das Festival zum Erfolg führen werde.

Anfang August war die Arena schließlich fertig, die Musiker und Darsteller bereit. Hervey war glücklich über die vielen Marktbuden und Stände, an denen ein großes Angebot an Essen, Kleidung und Gegenständen ausgebreitet lag. Die Buden wurden im Halbkreis aufgestellt, sie waren dekoriert mit fließenden Baumwolltüchern in den Farben gelb und blau wie auch die Dachplanen, die seitlich an Stangen befestigt waren. Die Stände wurden an Künstler für Zaubershows und Wahrsagerei oder als Spieltische ausgeliehen. Der gesamte Gewinn ging an Hervey, mit Ausnahme der Gewinne, die die Farmernachbarn mit Essensverkäufen erzielten, von diesen bekam er nur 10 Prozent.

In seiner Maverick-Druckerei stellte Hervey einen Prospekt und ein hübsches kleines Buch her, das beides zusammen das Hudson Valley hinauf und hinunter geschickt wurde. Der Prospekt versprach: »Wild sports going on and great musicians are coming from N.Y. and great singers and famous dancers.« Er forderte die Leser auf, Früchte, Blumen, Selbstgebasteltes oder andere attraktive Sachen mitzubringen, um sie an den Buden zu verkaufen und sich damit ihren Eintrittspreis von 50 Cent zu verdienen.

Der Prospekt erwies sich erfolgreicher als das Buch und bald verteilte Hervey nur noch den Prospekt, der sich speziell an die Landbesitzer richtete. Darin forderte er sie auf, die Darbietungen dieses Festivals in Form von größeren Investitionen zu unterstützen, denn es sei sein Plan, dieses Forum zu einer dauerhaften Einrichtung zu machen. Das kommende Festival würde demnächst seinen ersten Geburtstag feiern und damit den Auftakt für alle weiteren bilden: »... die Auswahl exzellenter Künstler wird unsere Gemeinde berühmt machen – machen Sie mit, am Ende werden Ihre Taschen gefüllt sein ...«[80]

Andauerndes schlechtes Wetter verzögerte den geplanten Start. Er musste zweimal verschoben werden. Doch nach den Prognosen der stadtbekannten Astrologin Evangeline Adams war eine Schönwetterfront in Sicht und man wartete.

Eines Morgens blickte Hervey zum Himmel, der ihn mit ungewohnter Helligkeit anstrahlte. Die dichte Wolkendecke begann sich zu lichten – das erste Maverick Festival konnte beginnen. Nicht nur sein Veranstalter freute sich, durch alle Straßen in und um Woodstock hallte die frohe Botschaft bis hinauf zu den letzten grauen Wolken, die eilig den Rückzug antraten.

Das erste Festival mit dem Motto »Griechische Spiele« startete schließlich am 26. August 1915. Die Besucher waren gebeten worden, im Kostüm zu erscheinen und nahezu alle, die kamen, hatten sich verkleidet. Und das hatten sie mit so viel Fantasie, Wagemut und mühevoller Kleinarbeit getan, dass das Publikum in laute Entzückensrufe ausbrach.

Sie kamen als Piraten, Puritaner, Höflinge des französischen 18. Jahrhunderts, als mittelalterliche Hofdamen und Ritter, Pariser Künstler, Inder, Afrikaner, Polynesier, Landstreicher und vieles mehr. Unter den bunten Fahnen aller großen Nationen, die am Eingangstor positioniert worden waren, marschierten sie hintereinander ein und lachten sich dabei gegenseitig zu. Zwischen ihnen tänzelten die Akteure der Byrdcliffe Art Colony und vollführten einzeln oder in Gruppen ihre Kunststücke. White nannte sie *stunts*: sie jonglierten, sangen, tanzten oder spielten auf ihren Instrumenten.

Als Captain John Jenkins, Metallarbeiter aus Rock City und professioneller Superpatriot, der auf den Philippinen gedient hatte, unter den 30 Fahnen die Abwesenheit der amerikanischen Flagge bemerkte, ernannte Hervey ihn zum Großmarschall der Spiele und autorisierte ihn, eine Fahnenstange aufzustellen und eine amerikanische Flagge zu hissen, just in dem Moment, als die Spiele begannen. Das tat der Captain mit großem Vergnügen, und als die Fahne oben auf dem Mast wehte, salutierte er militärisch.

Gleichzeitig ertönte die kristallklare Stimme der jungen Sängerin Miss Tiffany Talbot mit der amerikanischen Nationalhymne *Star Spangled Banner* und jeder, der etwas Hutähnliches auf dem Kopf trug, nahm dies feierlich ab.

Nach einer kurzen Begrüßungs- und Dankesrede von Hervey, der als Pan der Catskills mit einem Kranz aus Weinblättern um den Kopf gekommen war, ertönte auf einem kupfernen Gong der Startschuss. Es folgten die griechischen Spiele, die alle Beteiligten zu Höchstleistungen anspornten und selbst jene, die in der Verkleidung von Türken und Arabern gekommen waren, mit wehenden Schleiern und bodenlangen Gewändern, beteiligten sich an Hochsprung und Wettlauf. Sie kletterten rutschige Masten hinauf, um die an der Spitze befestigte 5-Dollar-Note zu gewinnen, sie jagten ein quiekendes Schwein, das in einen Sack gestopft wurde oder stelzten auf drei Beinen herum. Es war ein großer Spaß für alle.

Die Spiele selbst waren eintrittsfrei genauso wie die Picknickplätze. Hervey vertraute auf den Verkauf an den Ständen und auf jene, die mit vollgepackten Körben gekommen waren und Waren anboten. Doch letztlich blieb der Umsatz mäßig. Ein Geiger und seine Frau boten zum Beispiel bemalte Kastanienholzbretter an, verkauften jedoch nur ein einziges davon. Dagegen fanden die Bücher aus der Maverick-Druckerei viele Interessenten, auch Whites Zeitschrift *The Wild Hawk* verkaufte sich besser als das ganze Jahr über.

Die Nachmittags- und Abendveranstaltungen kosteten jeweils fünf Cent und wenn die freien Aufführungen bereits großartig waren, die mit Eintritt waren ohne Zweifel von überzeugender Qualität. Jene, die bezahlten, hatten anschließend das Gefühl, mehr für ihr Geld bekommen zu haben als von einem 15-Mann-Orchester der New Yorker Metropolitan Opera bei einem Konzert unter dem Dirigenten Leon Barzin.

Gegen Ende der Vorstellung erstrahlte die Bühne unter Thatchers kunstvoll angebrachter Lichterkette in hellem Glanz und tauchte sie in magisch weißes Mondlicht. Die Wagnerianerin Zara Navodny sang die Schlussarie, begleitet von Tänzern, die über die Bühne zu schweben schienen. Dem letzten Akkord der Viererkombo folgte tosender Applaus.

Es gab wohl niemanden im Publikum, der daran zweifelte, dass das Festival nicht nur ein großes Vergnügen für alle war, sondern auch ein Weg, der sich bestens eignete, Herveys Schuldenberg abzutragen. Anfangs kritisierten einzelne Woodstocker die Spiele als zu vulgär, doch später gaben sie zu, dass das Festival viele Leute mobilisiert hätte, die normalerweise zu Hause geblieben wären.

Nach Ende der Vorstellung saß Hervey hinter der Bühne und zählte die Einnahmen, wobei er zuerst die Rate für Mr. Rockafellers Brunnen zur Seite legte. Er bildete mehrere Haufen, jeder sollte etwas bekommen. Die Künstler, die sich ohne Bezahlung an der Herstellung kreativer Dinge beteiligt hatten, bekamen zumindest ihre Unkosten zurück. Ein Teil ging an die Arbeiter, ein anderer an die Musiker, ein weiterer an die einheimischen Ladenbesitzer, die vieles unentgeltlich ausgestattet hatten. Letztlich waren alle zufrieden, und es zeichnete sich ab, dass die gesamte Gemeinde eine Fortsetzung dieses Ereignisses wünschte.

Doch zunächst folgte ein anderes Ereignis, auch wenn sich sein Austragungsort auf der anderen Seite des Ozeans befand.

Viele der Künstler hatten Angehörige in Europa und bangten um deren Schicksal, und vielleicht war es eben dieser traurige Hintergrund, der die Leute verstärkt zusammentrieb im gegenseitigen Bemühen, das Geschehen auf dem fernen Kontinent wenigstens für Augenblicke zu vergessen.

Im Juli 1914 war in Europa der Erste Weltkrieg ausgebrochen, der sich zunächst auf das Deutsche Reich und Österreich-Ungarn auf der einen Seite und die Entente-Mächte mit Frankreich, Großbritannien, Russland, Serbien auf der anderen Seite beschränkte. Im Laufe der vier Jahre, die er dauerte, wurden jedoch weltweit insgesamt 25 Staaten miteinbezogen und er gilt mit seinen weitreichenden Folgen noch heute unter Historikern als die Urkatastrophe des 20. Jahrhunderts.

Ebenso wie in Europa bildeten sich alsbald auch in Nordamerika und seiner Kleinstadt Woodstock zwei gegensätzliche Parteien. Die einen waren für die Verbündeten, das war die britisch-französisch-belgische Seite, die anderen standen auf deutsch-ungarischer Seite. Doch die Mehrheit der ansässigen Bevölkerung ergriff Partei für die Länder der Entente.

Als der belgische Musiker Pierre Henrotte eintraf und in der Fireman's Hall ein Violinkonzert gab, applaudierte die Woodstocker Gesellschaft begeistert. Zu Ehren der belgischen Kriegsbeteiligung bildete sich alsbald ein belgisches Musikquartett unter Mitwirkung des Cellisten Paul Kefer, das großen Anklang fand. Auf der anderen Seite sammelten sich in der deutsch-lutherischen Kirche in Kingston die Deutschstämmigen, die wiederum um Sympathie für die Deutschen warben.

Zwischen diesen Parteien stand Hervey White zunächst als überzeugter Kriegsgegner. Er verfasste ein Antikriegsstück mit dem Titel *Fire and Water*, das nach seiner Aufführung in der *New York Times* gute Kritiken bekam. Doch kurz danach änderte er seine Haltung.

Unter dem Einfluss jubelnder Nationalisten wechselte er vom ehemaligen Kämpfer für Frieden zum Kriegsbefürworter und bewarb sich mehrmals bei der Army. Zuerst versuchte er YMCA-Mitarbeiter bei den amerikanischen Truppen zu werden, später wollte er sich als Pflichtbomber einschreiben lassen, wurde aber beide Male abgelehnt.

Seinen plötzlichen Sinneswandel erklärte Hervey mit den Worten, dass Menschen, die sich niemals inmitten einer begeisterten Menge befunden hätten, den Impuls jener Männer nicht verstehen könnten, die in den Krieg ziehen wollten: »Ich spürte den Enthusiasmus der Massen mehrere Male, und ich bin stolz, den Versuch gemacht zu haben, ihm zu folgen.«[81]

Herveys Entwicklung vom Pazifisten hin zu militärischer Begeisterung war charakteristisch für viele während der Kriegsjahre. Sogar die friedliebende Zeitschrift *Kingston Freeman* versuchte nicht mehr Präsident Woodrow Wilson in seinem Kriegsbestreben zu bremsen, sondern bezog vehement Position für etwas, was sie kurz zuvor noch als »Privatkrieg« kritisiert hatte.

Am 6. April 1917, dem Jahr als in der Stadt New York auch Frauen das Recht bekamen zu wählen (in Woodstock erst drei Jahre später), erklärte Amerika Deutschland den Krieg und von da an wurde in Woodstock jeder, der auch nur einen annähernd deutsch klingenden Namen hatte, als deutscher Spion verdächtigt.

Als kurz darauf der deutsch-jüdische Hotelier Morris Newgold sein neu erworbenes Overlook Mountain House der Öffentlichkeit präsentierte, begann zwei Tage später die Observation seiner Person. Seine Belegschaft und er wurden rund um die Uhr beobachtet. Im Frühsommer 1917 ließ er bei der Eröffnung seines Hotels in einer begleitenden Zeremonie demonstrativ die amerikanische Fahne hissen, er war fest entschlossen, sein Hotel zur Hauptanlaufstelle kommender Touristen zu machen.

Doch Newgolds deutscher Name schrillte wie eine Alarmglocke in den Ohren vieler Amerikaner. Die Gäste blieben aus. Schweren Herzens vermietete er sein Hotel für zwei Jahre an den Unity Club, ein amerikanisches Unternehmen, das unter anderem die Freizeit der Internationalen Damenbekleidungsgesellschaft organisierte.

Im Sommer 1918 trafen daher Heerscharen junger Schneiderinnen ein, die in Newgolds neues Hotel einzogen, um ihre Ferien im guten Klima der Catskill Mountains zu verbringen. Wie die Blüten eines Blumenstraußes ergossen sie sich über Woodstocks Tinker Street, gekleidet in Uniformen mit dunkelblauen Blazern und weißen Blusen. Man nannte sie die »Bloomer Girls«, die Blütenmädchen. Die meisten von ihnen waren jüdische Fabrikarbeiterinnen, die wegen zunehmend schlechter Lebensbedingungen vom Balkan und aus Osteuropa geflohen waren und in Amerika ein neues Zuhause gefunden hatten. Viele kränkelten wegen der ermüdenden Arbeit an den Maschinen in der Fabrik, wo sie selten das Sonnenlicht zu sehen bekamen. Doch in Woodstock lebten sie auf, sangen Lieder aus ihrer Heimat und spazierten durch die umliegenden Wälder.

Aber das erfrischende Bild, das sie boten, konnte nicht über die dunklen Ahnungen hinwegtäuschen, die manchen der Bewohner ergriff. Morris Newgold gelang es in der Folgezeit nicht, aus seinem Hotel ein wirtschaftlich profitables Unternehmen zu machen.

In den Wirren des Krieges versuchte Ralph Radcliffe Whitehead, der zur Durchsetzung seiner Scheidung einstmals die deutsche Staatsangehörigkeit angenommen hatte und erst seit 1899 amerikanischer Staatsbürger war, unparteiisch zu bleiben. Er hielt sich wie auch Jane möglichst aus allen Diskussionen heraus.

Trotzdem wurde er von der allgemeinen Unsicherheit angesteckt. Er gestand mit einem Lächeln, er habe von Byrdcliffe aus mit seinem Teleskop mysteriöse Lichter über dem Maverick hin- und herwandern sehen und fürchte nun, diese könnten von deutschen Geheimagenten stammen, die vorhatten Gift in das nahegelegene Ashokan-Wasserreservoir zu schütten, um die gesamte New Yorker Bevölkerung auszulöschen.

Darauf erklärte ihm Hervey White, die Lichter, die er gesehen habe, seien jene seiner eigenen Pächter gewesen, die nachts mit der Taschenlampe durch die Wälder streiften auf der Suche nach ihren Kindern, um diese zu Bett zu bringen.

Die US-Armee vergab in jener Zeit viele gut bezahlte Jobs, um die sich jedermann bewerben konnte. Auch Mitglieder der Künstlerkolonien ließen sich anheuern und wurden in unterschiedlichen Bereichen tätig, sofern sie einsatzfähig waren. Wer nicht in den Fabriken der Kriegsmaschinerie arbeiten konnte oder wollte, versuchte seine künstlerischen Fähigkeiten den Umständen entsprechend anzupassen.

So zeigte der Metallarbeiter Ned Thatcher verwundeten Kriegsveteranen, wie man aus kaputten Zinnvasen Spielzeug für Kinder herstellen konnte und schrieb darüber das Buch *Making Tin Can Toys*. Neben vielem anderen herrschte auch Mangel an Gummi für Reifen und der erfinderische Woodstock-Entdecker Bolton Brown fertigte für seinen Wagen Reifen aus Holz an, die er mit Stahlfedern bespannte. Man erinnerte sich noch lange an das laute Klappern auf Woodstocks Straßen, wenn Brown mit seinem Vehikel vorbeifuhr.

Als 1918 die tödliche Grippewelle über die Welt hereinbrach und eine halbe Million Amerikaner dahinraffte, traf es auch Woodstock hart. Hervey White unterbrach seine Aktivitäten am Maverick und diente mit großer Hingabe und Energie Doktor Downer. Viele scheuten die Krankenpflege, aus Angst sich anzustecken. Als Doktor Downer Hervey fragte, wie es sich anfühle, dem Tod so nahe zu sein, antwortete Hervey, das Leben sei nicht so süß, als dass er darüber die Verantwortung für das Wohlergehen seines Nachbarn vergessen könne. Er überstand die Epidemie ohne größere Schäden.[82]

Im selben Jahr ertönte über Lautsprecher die Nachricht vom Kriegsende und wie überall gab es Freudenstürme. Hervey lief auf die Straße und sah den deutschen Maler Konrad Cramer in seinem bereits vollgepackten T-Ford Model ankommen. Er winkte ihm zu und die Insassen rückten zur Seite, um Hervey Platz zu machen. Sie tuckerten die Tinker Street entlang, lehnten sich weit aus dem Fenster und schrien den jubelnden Passanten im Chor zu: »Friede, Friede!«

Auf der Suche nach einem offenen Laden fuhren sie über Land bis zur nächsten Stadt, packten Brot und Wein in ihre Körbe, die sie nach Hause brachten, um bis tief in die Nacht zu feiern. Florence Ballin, die Ehefrau von Cramer, schrieb in ihr Tagebuch:

> […] der schreckliche Druck, der ständig auf uns gelegen hatte während dieser Jahre des Krieges, war auf einmal geschwunden. Es war, als würde man die Sonne wieder sehen, nachdem man vier Jahre in einer dunklen Höhle verbracht hatte. Wir waren wie geblendet davon […] Konrad und ich eilten hinaus ins Freie, und wir tanzten wie verrückt herum, erfüllt von reinster Freude […][83]

Herveys Vision

Als Hervey über seine Unternehmungen nachdachte, kam er zu dem Schluss, dass sein Traum einer anderen, besseren Gesellschaft auf dem besten Wege war, Wirklichkeit zu werden. Der Erfolg dieses ersten Festivals ermutigte ihn zu weiteren Anstrengungen, Künstler und Nicht-Künstler zusammenzubringen. Doch was er sich wirklich wünschte, war ein musikalisches Forum für jedermann, eine großräumige Konzerthalle. Sie sollte endlich den Vorplatz des alten Feuerwehrhauses ablösen, auf dem sich die meist spontan gegründeten Musikensembles bislang trafen, um vor einer kleinen, handverlesenen Auswahl von Zuhörern zu spielen.

Alle größeren Städte hatten inzwischen ihr eigenes Symphonieorchester. Wie alle Musiker, die fest an Opernhäusern arbeiteten, hatten diese den Sommer über frei. In diesen Ferien könnten die Musiker nach Maverick kommen, um sich dort mit anderen auszutauschen und neue Ensembles zu bilden.

Jeden Sommer sollte ein ausgewähltes Orchester zum Einsatz kommen, mit Übungsnachmittagen an den freien Tagen, an denen sich die Orchesterspieler weiterbilden könnten. Sänger und Tänzer hätten die Möglichkeit unter Dach neue Ausdrucksformen einzustudieren und Schauspielern würde Raum geboten, neue Wege der Darstellung zu entdecken und zu erproben.

Gleichzeitig suchte Hervey eine Möglichkeit, seine Veranstaltungen den ansässigen Bürgern nahezubringen. Er wusste, dass das Maverick-Festival, trotz aller Begeisterung von vielen Teilen der Bevölkerung als eine Art »heidnisches Ritual« angesehen wurde. Der Stil seines Festivals war nicht zu vergleichen mit den christlichen Erntedankfesten, die bisher gefeiert wurden, und er war sich wohl bewusst, dass viele der gläubigen Zuhörer den »heidnischen« Aspekt seiner Veranstaltung zutiefst ablehnten.

Wenn er auch die Gläubigen erreichen wollte, müsste die zukünftige Konzerthalle – bereits in der Anlage – das Fröhlich-Heidnische mit den religiösen Schwingungen der klassischen Konzerte verbinden. Dieser Aspekt sollte beim Bau der neuen Halle mit einbezogen werden.

Den Winter hindurch sammelte er Informationsmaterial und begann im folgenden Frühjahr, mit dem Architekten Dayton Shultis eine Konzerthalle zu planen, bei der sie sich schließlich auf einen Kompromiss einigten. Inspiriert von den öffentlichen Gebäuden der Fidschi-Inseln, die Hervey besonders gefielen, verwendete man für das Gebäude rohe Balken mit einseitig belassener dunkler Baumrinde, die miteinander verklebt und verflochten wurden. Die Türöffnungen jedoch erhielten klassische Spitzbögen, die an die Formen gotischer Kirchen erinnerten, und auch die Fenster bekamen ein gotisches Aussehen, mit sechsfach geteilten Fensterrahmen, die diagonal über den kuppelartigen Bau in Gruppen gesetzt wurden.

Daneben ließ er in der Maverick-Druckerei einen Werbeprospekt drucken, der über den Hintergrund der Konzerte informierte und der das breite Publikum ermutigen sollte, sie zu unterstützen.

In dem Prospekt machte Hervey deutlich, dass diese Konzerte, die künftig jeden Sonntagnachmittag im Sommer in der neu errichten Halle aufgeführt werden sollten, nichts darbieten würden, was den Grundsätzen der gläubigen Kirchgänger zuwiderlief. Im Gegenteil. Er versicherte, dass er alles tun werde, damit seine Maverick-Konzerte einem religiösen Ereignis nahe kämen.

Im Frühjahr 1916 fand die Eröffnung der Maverick-Konzerthalle statt und ihr Initiator hielt eine kurze Rede und bedankte sich bei all jenen, die ihm geholfen hatten, seine Vision zu verwirklichen. Auf dem Weg dorthin sah man zwischen den Künstlern viele alteingesessene Woodstocker, die am Morgen in der Kirche gewesen waren und nachmittags Herveys Ruf folgten.

Und nicht nur an diesem einen Sonntag war die Resonanz der örtlichen Bevölkerung groß. Auch in der Folgezeit wurden diese klassischen Konzerte zu einem beliebten Treffpunkt für Musikinteressierte aus allen Gesellschaftsschichten.

Jahre nach dem Beginn dieser Konzerte, schrieb der erzkonservative Redakteur und Reformer Leonard D. Abbott:

> Für einen Moment erschien Hervey White wie ein Priester. Natürlich weiß ich, dass White ein Heide ist und ganz und gar kein Priester. Aber ich weiß auch, dass die Motive, die diese eindrucksvollen Aufführungen über 17 aufeinanderfolgende Sommer hervorbrachten, in sich etwas haben, das wir in Ermangelung eines besseren Ausdrucks »Religion« nennen. Vielleicht gibt es einen Punkt, an dem die beste Form der Kunst mit der besten Form der Religion verschmilzt.[84]

Doch noch galt es, die jährlichen Brunnenraten bei Mister Rockafeller abzuzahlen, und schon bald ließ Hervey alle wissen, dass er die Absicht habe, das Maverick Festival jährlich zu wiederholen.

Nur wenige Monate nach der Einweihung der neuen Konzerthalle setzte Hervey das nächste Festival im Steinbruch-Theater auf den Plan und traf alle dazu erforderlichen Vorbereitungen. Doch diesmal fragte er keine Frau Adams nach ihren Wetterprognosen, und das Unternehmen hätte fast in einem Desaster geendet.

Das Festival von 1916 kündigte die russische Tänzerin Tharma Swiskaya an, eine kostspielige Attraktion, die verlangte, dass sie und ihr Gefolge angemessen bezahlt und standesgemäß untergebracht werden sollten. Zu ihrem Gefolge gehörten ihre Begleiterin Baronesse Frederike Seidlitz, ihr Tanzpartner Ivan Portapovich und ein männlicher Bewunderer, der Madame Swiskaya von Zeit zu Zeit die Schuhe abnahm, um ihr die Füße zu massieren. Sie alle wurden in Byrdcliffes Villetta einquartiert, Whiteheads Gästehaus. Kaum war die Truppe gelandet, setzte starker Regen ein, der über vier Tage anhielt. Als am fünften Tag endlich die Sonne schien, bedeutete dies nicht nur eine Verschiebung des Festivals und nachlassendes Interesse seitens der Öffentlichkeit, sondern auch eine Vervierfachung der Kosten für die Tänzer und alle Beteiligten.

Als das Festival schließlich eröffnet werden konnte, war der Auftakt umso grandioser. Aus der Tiefe der Bühne tauchte ein riesenhaftes Ungetüm auf, das sich unter stetig steigendem Trommelwirbel langsam auf die Zuschauer zubewegte. Eine in allen Regenbogenfarben schimmernde Riesenraupe kroch ächzend und schnaubend auf die Bühne und mit einem Paukenschlag erhob sich daraus die russische Balletteuse Tharma Swiskaya. Sie breitete ihre Flügel aus und tanzte den Tanz der *Madame Butterfly*, begleitet vom tosenden Applaus des Publikums. Bis zum Schluss hielt die Begeisterung an und für alle Mitwirkenden war es ein großer persönlicher Erfolg. Finanziell gesehen war es allerdings ein grandioses Desaster, das tiefe Löcher in Herveys Kasse riss. Aber nicht tief genug, um nicht die zweite Rate für Mr. Rockafeller abzwacken zu können und die Pläne für ein drittes Festival zu verhindern.

Im darauffolgenden Jahr überarbeitete Hervey die holländische Geschichte des *Rip Van Winkle* und in der Inszenierung des russischen Choreografen Dimitri Lada entstand eine lose zusammengestückelte Version mit Lokalkolorit: Das Stück begann mit dem schlafenden Rip Van Winkle, gespielt von Lada selbst, der von einer verführerischen Waldnymphe umgarnt wurde, die ihn wecken sollte. Doch ohne Erfolg. Maler von Byrdcliffe eilten ihr zu Hilfe und gemeinsam versuchten sie nun, den alten Mann aus dem Reich der Träume zu holen. Doch all das langweilte Rip Van Winkle entsetzlich. Er streckte sich, gähnte und träumte selig weiter, gefangen von den Gaukeleien einer Gruppe scheinbar nackter Blue-Dome-Damen, die um ihn herumtanzten, verdeckt von den Malern in weiten Kitteln. John Carlson kam mit seinen Schülern der Woodstock Art School dazu, aber auch er vermochte Rip nicht zu wecken, ebenso wenig wie die Lehrer für angewandte Kunst. Doch als die Maler der Cézanne Moderns mit ihrem Anführer Andrew Dasburg über die Bühne stürmten, erstarrte Rip vor Schreck und Grauen über deren schrille, abstrakte Bemalungen und floh in die Wälder.

Die Aufführung des Jahres 1917 war insofern bemerkenswert, als Hervey hier zum ersten Mal lokale Art-Colony-Leute als Schauspieler einsetzte, einzig Lada war ein Profi.

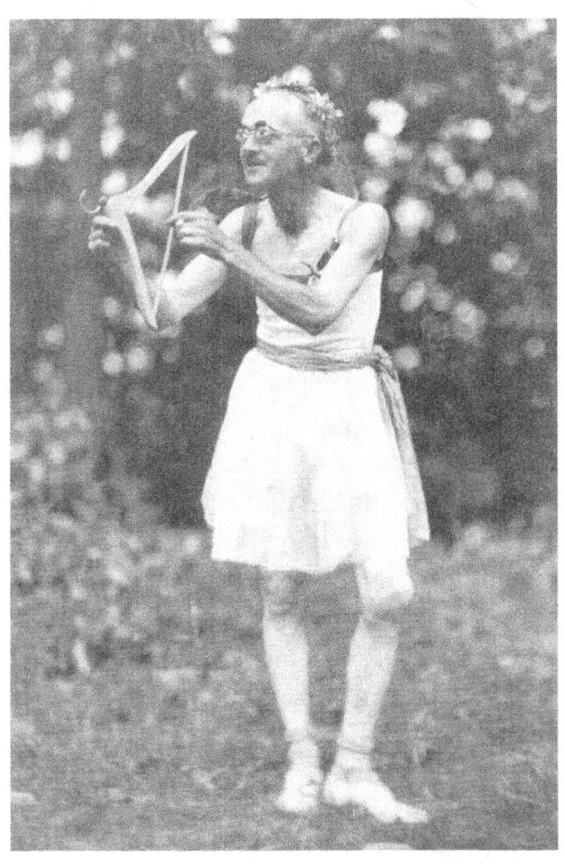

Kunstmaler *Charles Rosen* beim Maverick Festival, ca. 1925

Kunststudenten aus Rock City und den umliegenden Kolonien waren auf die Bühne gekommen und hatten voll Freude Seite an Seite mit ihren Lehrern gespielt und getanzt. Auch bei den folgenden Aufführungen übernahmen sie wichtige Parts: die Maler George Bellows, William McFee, Andrew Dasburg und viele der Künstler und Handwerker, die das Design gestalteten oder am Theater mitarbeiteten, spielten auf der Bühne.

Oftmals erschrak ein Zuschauer im Theater, wenn neben ihm ein verkleideter Künstler plötzlich in die Höhe sprang und schrie: »Das ist mein Stichwort«, und auf die Bühne stürzte, um zu spielen.

Die Beteiligung der Gemeinde an den Festivals nahm spürbar zu, was sich Hervey immer gewünscht hatte. Auch Nicht-Künstler wie Taxifahrer, Händler und Bauern nahmen teil, und einheimische Kinder schlichen nachts heimlich zu Kostüm- und Spielproben unter dem Vorwand: »Wir wollen die Nacht bei Freunden verbringen.«

In den Anfangsjahren gab es als Attraktion zwei griechisch-römische Ringer auf der Bühne, mit Namen Hans Lurich und Fred Alberg, die aus Deutschland stammten. In Europa waren sie wohl Berühmtheiten gewesen, doch das hinderte das Publikum nicht daran, bei ihrer Vorstellung laut zu gähnen. Ihre zeitlupenlangsame Art zu ringen war ästhetisch formvollendet und wunderschön in seiner Perfektion, entsprach jedoch nicht dem amerikanischen Geschmack von schnellen, verblüffenden Aktionen. Ihre Vorstellung wurde bald abgesetzt. Lurich und Alberg aber gefiel es in Woodstock so gut, dass sie sich dort ansiedelten, zum Amüsement der Bevölkerung.

Kichernd beobachteten die Einheimischen, wie die beiden kraftstrotzenden Männer Hand in Hand graziös durch die Straßen wandelten oder sich unter einem Baum niederließen, wo sie sich gegenseitig Texte vorlasen, in der Hand ein Glas Holunderbeerwein oder »hard eider«, ein Mischgetränk aus Buttermilch und Cidre, das urprünglich aus Irland stammte. Seit der Einführung der Prohibition im Jahr 1919 braute man überall im Land in nächtlicher Heimarbeit allerlei wohlschmeckende Alkoholersatzgetränke.

1920 war das Jahr, in dem erstmals auch die Woodstocker Frauen das Wahlrecht bekamen, was ihre Position innerhalb der Woodstocker Gemeinde stärkte. Sie trafen sich unter anderem in dem neuen Restaurant The Intelligencia an der Rock City Road, benannt nach Anhängern der russischen Revolution von 1917, die allseits mit großem Interesse zur Kenntnis genommen worden war. Diese Gaststätte war eines der wenigen stabil gebauten Gebäude und ursprünglich gedacht für Leute, die am Maverick Festival mitarbeiteten oder ihm vorstanden. Inzwischen begegneten sich dort Intellektuelle und Künstler aus allen Bereichen, um sich von neuen Impulsen inspirieren zu lassen und nicht zuletzt – um gut zu essen. Auf dem Kamin stand ein Gemälde des Expressionisten Konrad Cramer, auf dem ein Freud'sches Symbol zu sehen war. Der Speisesaal war konstruiert wie ein griechischer Kreuzgang, mit der Küche und dem Servicebereich in der Mitte, damit der Weg zu den Gästen möglichst kurz war. Auf dem Steinboden häuften sich nach kurzer Zeit zerbrochene Teller und Gläser, durch die sich der erste Koch, der tschechische Anarchist Hippolyte Havel aus Greenwich Village, geschickt einen Weg bahnen musste, um seine extravaganten Dinners zu servieren. Dabei gab er Laute von sich, die nach Zeugenaussagen klangen wie: »capitalist pigs« (Kapitalistenschweine).[85]

Mehr und mehr Bewohner anderer Künstlerkolonien aus den umliegenden Staaten fühlten sich von den Maverick Festivals angezogen, und während viele nur im Sommer zu den Spielen kamen, blieben einige ganzjährig in Woodstock und beteiligten sich an den Vorbereitungen. Auch die Künstler der Kolonie in Massachusetts pflegten regen Kontakt mit den Woodstockern und brachten frischen Wind nach Maverick.

Zu dem Festival von 1920 begrüßte Hervey die Provincetown Players aus Massachusetts mit den Millay Sisters, die mit ihrem Antikriegs-Stück *Aria da Capo* in New York bereits große Erfolge gefeiert hatten. Edna Millay, ihre Schwester Norma und deren Verlobter bezogen Residenz in einer der größeren Maverick-Hütten, die Hervey speziell für die drei hatte herrichten lassen.

Normalerweise überließ er die Reinigung der Hütten seinen Gästen, damit gleich am Anfang klar war, dass es sich bei den Maverick-Festen um improvisiertes Theater handelte, wo keinerlei Luxus zu erwarten war. Dafür konnte jeder alles an Darbietungen bringen, was er nur wollte, frei nach Herveys Motto »as long as you don't harm others«.

Die Millay-Schwestern zeigten sich entzückt über die Gastfreundschaft und erleuchteten Woodstock mit ihren Gängen durch die Straßen, wobei sie im Chor singend Gedichte rezitierten, begleitet von einem italienischen Tenor, der Edna glühende Blicke zuwarf.

Zum Auftakt marschierten am Nachmittag die Darsteller durch die Stadt, verkleidet als gruselige Insekten, angeführt von »King Bug«, einer Riesenwanze und begleitet von dem heuwagenähnlichen »Toonerville Trolley«, gebaut von Walter Steinhilber und seinen Freunden. Für eine darauffolgende Nachmittagsvorstellung errichtete dieselbe Truppe ein afrikanisches Dorf, deren drei Häuser mit Hängebrücken verbunden waren. Ein Totempfahl, ein dampfender Topf und darum herumhüpfende Eingeborene unterhielten das Volk.

Als neue Einlage wurde eine fahrbare Bühne zwischen die Zuschauer ausgefahren und jeder, der wollte, konnte hinaufsteigen und dort oben einen Sketch aufführen. Viele beteiligten sich und fühlten sich als »creator on the spot«, als Schöpfer im Scheinwerferlicht. Hervey spielte einen Fährmann, der durch die wogende Zuschauermenge paddelte und dabei die einzelnen Stationen seines Programms ausrief.

Im Anschluss daran präsentierten die Millay-Schwestern ihre Show mit Gesang und hinreißenden Steppeinlagen, bei denen das Publikum in die Höhe sprang, um ja nichts zu verpassen. Die Leute standen dicht gedrängt und nicht zum ersten Mal wurde Hervey die Unzulänglichkeit seines Steinbruch-Theaters bewusst. Bereits eine Besucherzahl von 1000 hatte seine Kapazität spürbar überlastet und es war abzusehen, dass die Zuschauer eher zunehmen würden.

Das folgende Frühjahr hindurch ließ er alles komplett renovieren. Die Bühne erweiterte man auf einen Fassungsraum von 500 Schauspielern, auch der Zuschauerraum wurde auf 5000 Plätze vergrößert. Insgesamt hatte das Theater damit eine Länge von 500 Fuß. Man plante auch große Umzüge ein, die mehr und mehr die Festivals dominierten.

1921 wurde die neue Arena mit dem größten Umzug eingeweiht, den es dort je gegeben hatte. Man präsentierte Herveys Adaption der romantischen Erzählung von Auguste Flaubert: *The Temptation of St. Antony* (Die Versuchung des heiligen Antonius).

Diesmal fuhr Hervey alles auf, was ihm möglich war. Kostspielige Dekorationen zu fantastischen Bühnenbildern, Kostüme in reicher Farbenpracht, eine opulente Story und extra eingeladene Orchesterspieler der New Yorker Metropolitan Opera, die dem Ganzen dramatisches Gewicht verleihen sollten.

Gleichzeitig bedeutete diese Aufführung für Hervey eine Konzession an die religiöse Seite der Woodstocker, eine Geste der Versöhnung für christliche Bürger, dargebracht von einem unverbesserlichen Atheisten, der damit seinen guten Willen unter Beweis stellte. Er war gespannt, wie die Mehrheit darauf reagieren würde.

Über 500 Leute arbeiteten und beteiligten sich an dem Umzug, allein 200 auf der Bühne, davon viele, ohne vorher geprobt zu haben. Der Maler Alexander Brook zum Beispiel wurde im letzten Moment fast hereingetragen, um die Rolle des Heiligen zu übernehmen, die eigentlich dem Schriftsteller William Murrell zugedacht war. Dieser hatte bereits bei der Probe abbrechen müssen, da er von unkontrollierbaren Lampenfieberattacken gebeutelt wurde. Brook überstand seinen Auftritt als Heiliger in halbtrunkenem Dämmerzustand, was jedoch kaum einer bemerkte. Zum Glück konnte er die meiste Zeit sitzen.

Die Geschichte handelte vom heiligen Antonius, der in tiefster Einsamkeit im Kloster in der Wüste lebte und den Gott verschiedenen Prüfungen unterzog. In Gestalt des Teufels trat die Versuchung an ihn heran und berichtete mit verführerischen Gesten von den Annehmlichkeiten der Welt und ihren unzähligen Vergnügungen, die draußen auf ihn warteten, wenn er nur die Existenz Gottes leugne.

Auf der rechten Seite der Bühne stand der notdürftige Verschlag, in dem der gefangene Heilige zusammengekauert in einer Ecke saß. Über ihm auf dem Dach sprang kichernd der Teufel von einer Seite zur anderen, gespielt von dem Maler William Schuhmacher. Als er einen Luftsprung machte und seinen Schwanz herumschleuderte, kannte die irdische Begeisterung keine Grenzen, das Publikum jauchzte. Ein Vorhang aus grünen Zweigen wurde zur Seite geschoben und öffnete den Blick auf das Fest des frisch gekrönten Königs Nebukadnezar mit seinen Vasallen, die um ihn herum zechten und grölten, während der alte König in Ketten vor ihnen lag. Die Macht dieses neuen Königreichs könnte der Heilige haben, doch er wandte sich ab.

Umhüllt von Weihrauchschwaden kam die schöne Königin von Saba, die unter Zymbal- und Harfenklängen mit ihren Gespielinnen zu tanzen begann und ihn verführerisch umgarnte. Bunte Juwelen und funkelndes Geschmeide wurden eilfertig ausgebreitet, um die Augen des Heiligen Antonius zum Glänzen zu bringen, der zu den Gitterstäben vorgekrochen kam.

Ein goldener Kasten, getragen von Sklaven, wurde hereingebracht und heraus sprang eine halb nackte, mit kurzen losen Schleiern bedeckte Tänzerin, die wie eine Marionette immer schneller und schneller tanzte, angetrieben von der Peitsche ihrer Herrin. Dies alles hätte er haben können, doch der Heilige schlurfte zurück in seine Ecke und schloss seufzend die Augen. Endlich bekam die Kirche ihren Auftritt.

Angeführt von einem prächtigen Erzbischof, gespielt von dem ehemaligen Bankier George Plochmann, defilierte eine lange Prozession gläubiger Christen über die

Bühne, unter ihnen zepterschwingende Mönche, Rosenkranz betende Priester, singende Nonnen und kostbar gekleidete Kirchenoberhäupter, die huldvoll Weihrauch versprühten und ihren Segen verteilten. Der Maler George Bellows war der Berichterstatter, dessen gewaltige Stimme man bis in die letzten Reihen des ehrfurchtsvoll gespannten Publikums hörte.

Der heilige Antonius betrachtete staunend all die Schönheit und schlug, geblendet von den Verlockungen der Macht, die Hände vors Gesicht. Schweren Herzens widerstand er der Versuchung und kroch zurück in seinen Verschlag.

In diesem Augenblick änderten die Streicher die Tonlage, gingen über in ein sanftes Adagio und es wurde dunkler, bis einzig der Sternenhimmel über ihnen leuchtete. Die Zuschauer drehten sich um, in ihrem Rücken geschah etwas.

Über sie hinweg ergoss sich der helle Schein einer Sonne, die langsam hinter ihnen aufging und die strahlende Silhouette eines goldenen Engels enthüllte. Gravitätisch breitete er die mächtigen Flügel aus, die Geigen jubelten in höchsten Tönen und aus tiefster Brust erscholl die Stimme des Engels mit *Glory to God in the Highest* als Zeichen für den Sieg des heiligen Antonius über alle irdischen Versuchungen. Das Publikum tobte vor Begeisterung, die Jungen ebenso wie die Alten, die erstmals erlebt hatten, dass auch eine religiöse Geschichte mit Spannung und viel Spektakel erzählt werden konnte.

Dieser Umzug war der Eindruckvollste, den Hervey je gesehen hatte, er stellte für ihn sogar die Weihnachtsprozession am Petersdom in Rom in den Schatten, die er einst auf seiner Europatour gesehen hatte. Er notierte: »So endete der größte Umzug, den wir je hatten.«[86]

Als Hervey nach dem Festival die Einnahmen zählte, schätzte er sich glücklich. Alle Aufwendungen, die die Veranstaltung mit sich gebracht hatte, konnten bezahlt werden. Gleichzeitig musste er wieder einen Teil für Mr. Rockafellers Brunnen abzweigen, erst 1929 war dieser schließlich abbezahlt.

Er schob die Rechnungen zur Seite und machte sich auf den Weg. Schon von Weitem hörte er fröhliches Gelächter und sah die hellen Rauchschwaden, die Funken sprühend in den Sternenhimmel stiegen. Wie nach jedem Festival ging er auch heute zu dem fröhlichen »pig roast«, dem Fest all seiner Mitwirkenden. Hier waren wie immer all jene eingeladen, die zur Realisation seines Festivals beigetragen hatten, doch es war ihr Fest und Hervey kam als ihr Gast.

Als er näherkam, leuchtete ihm ein Meer von Lagerfeuern entgegen. Darum herum hatten sich Familien mit ihren Freunden gruppiert, alten oder gerade gefundenen, und mit glänzenden Gesichtern verteilten sie auf mitgebrachten Holzbrettern Stücke des duftenden Schweinebratens, der sich in ihrer Mitte am Rost drehte.

Zu fortgeschrittener Stunde, als das Feuer nur noch schwach flackerte und alle selig bedused dem Morgen entgegendämmerten, griff Hervey zu seiner Fiedel und spielte einen alten Countrysong, den er aus seiner Zeit in Harvard kannte.

Bald stimmten alle in den Refrain ein und bei der zweiten Strophe stand »Erzbischof« Plochmann auf, ergriff die Hand seiner Frau und zog sie zu sich hoch. Einer nach dem anderen erhob sich und packte die Hand, die ihm gerade die nächste war, bis sich die lange Reihe zum Kreis schloss. Plochmann legte die Schrittfolge vor, gab die Richtung an und schon hopsten und tanzten sie im Kreis herum, warfen die Beine in die Luft, dass die Röcke flogen und die Funken sprühten.

Noch spät, als sie bereits auf dem Heimweg waren, hörte Hervey in weiter Ferne ihre Stimmen mit dem Refrain:

Fare thee well, fare thee well, fare thee well my fairy Fay
for I'm off to Lou'siana for to see my Susyanna,
sing Polly wolly doodle all the day.

Der Journalist Richard le Gallienne schrieb im *Kingston Daily Freeman* über Hervey:

Keine Figur ist in Woodstock besser bekannt als jene von Hervey White, der auf seine ganz eigene Weise durch die verzottelte Affektiertheit seiner Erscheinung die Elemente eines bunten Lebens verkörpert (...). Eifrig, mit frischem Blick, scharfsinnig und dennoch verträumt, scheu und trotzdem willensstark, so kommt er einem auf der offenen Straße entgegen, wie einer von Whitmans »Cameradoes«, immer hat er Zeit und Muse und ist gut gelaunt, und immer ist er voll beschäftigt mit seinen hunderttausend verschiedenen Vorhaben.[87]

Die Festivals der folgenden Jahre nahmen mehr und mehr den Charakter alter Volksfeste an. Dabei geschahen seltsame Dinge, die die Woodstocker vor noch gar nicht langer Zeit für unmöglich gehalten hätten. Unverhofft begegneten sich zerstrittene Nachbarn in Verkleidung und lachten sich an, Familien, die sich lange nicht gesehen hatten, fielen sich in die Arme und der Bäcker tanzte mit seinem Lehrling oder übte mit ihm einen Sketch für die kommende Aufführung.

Am Tag des Festivals, immer am Sonntagnachmittag um 15 Uhr, versammelten sich im Maverick die Leute in Kostümen, es gab bunte Stände mit Tanz auf der Wiese und Animatoren, die umherwanderten, manchmal mit fahrbaren Bühnen, die die Zuschauer einluden hinaufzusteigen und Szenen zu improvisieren. Danach folgten musikalische Einlagen, dazu Akrobaten und Clowns sowie Straßenhändler, die Waren anboten.

Am Abend begann dann das große Spektakel im Steinbruch-Theater und Hervey wurde nicht müde, alle Jahre wieder sowohl eine Geschichte auszusuchen und zu überarbeiten wie die Organisation des Festes zu übernehmen.

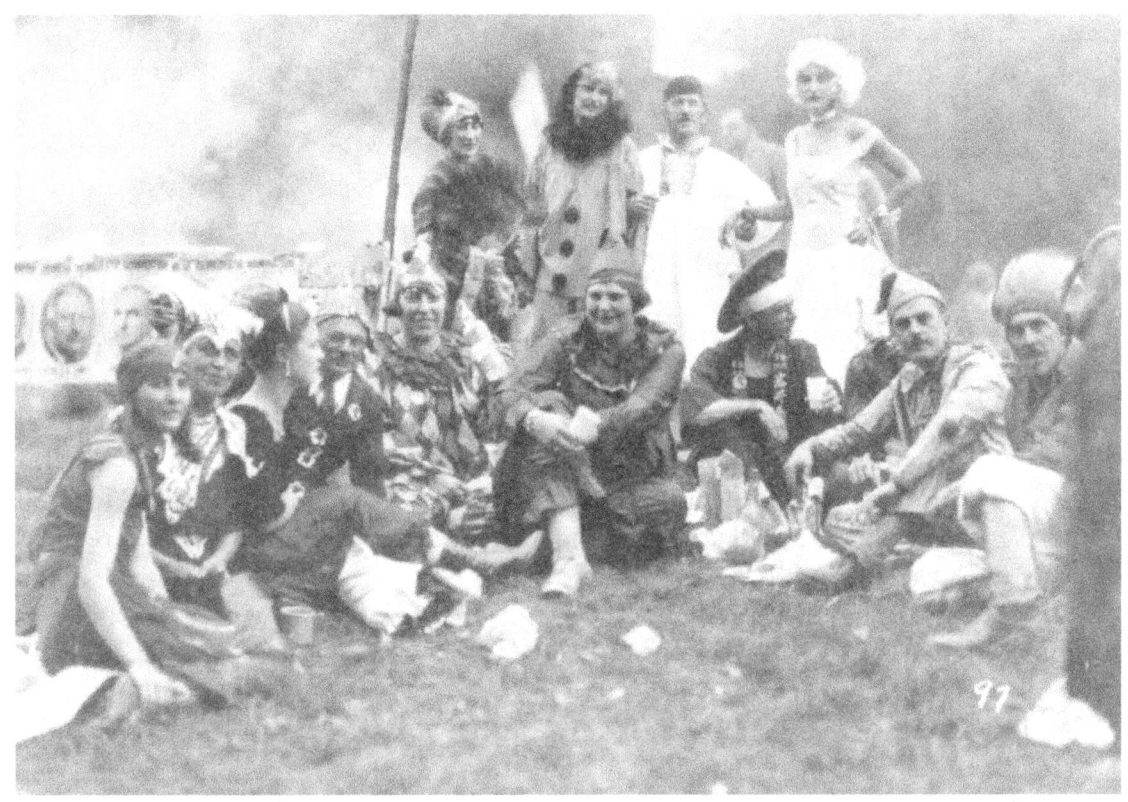

Maverick-Festival-Künstler, ca. 1925

Der große Erfolg des Romans *Outline of History* (Die Weltgeschichte) – mit über 1000 Seiten von H. G. Wells (1866–1946), der drei Jahre zuvor herausgekommen war – brachte Hervey im Jahr 1922 auf die Idee, den Fortschritt der menschlichen Rasse von Anbeginn bis hin zum 20. Jahrhundert dramaturgisch umzusetzen. Nach Fertigstellung des Konzepts beauftragte er den jungen Designer Russel Wright, die Gestaltung der Bühne zu übernehmen. Später wurde Wright durch die Kreierung einer Steingutgeschirrserie im American Modern-Stil in ganz Nordamerika berühmt.

Unter dem Festivalstitel *Cubist Circus* ließ Wright monströse Gebilde aus aneinandergesetzten Winkeln bauen, die den Urwald darstellen sollten. Dazwischen kreischten riesenhafte Papiertiere aus der Urzeit, die aufeinander losgingen oder sich ruckartig auf stoffverkleideten Armaturen aus Holz bewegten, unter denen kräftige Art-Colony-Leute versteckt waren. Doch trotz des großen Aufwands und fantasievoller Dekorationen konnte man dem großen Thema nicht gerecht werden, Beobachter schilderten die Resonanz als mäßig.

Im Jahr 1924 folgte hingegen eine Aufführung, an die man sich noch lange erinnerte. Zum einen wegen der monatelangen Vorbereitungen, zum anderen wegen der ungewöhnlichen visuellen Effekte.

In dem Stück *Arc Royal* ging es um ein Schiff unter königlicher Flagge, das von Piraten gekapert wird. An Bord befand sich eine Prinzessin auf der Reise zu ihrer Hochzeit mit einem König, der gegen ihren Willen für sie ausgewählt worden war. Das Schiff Arc Royal war 18 Fuß lang und 16 Fuß hoch und besaß jedes Detail, das zu einem mittelalterlichen Segelschiff gehörte. Walter Steinhilber, Maler, Designer, Illustrator und späterer Kandidat für ein Amt in der sozialistischen Labor Party, überwachte den Bau des Schiffs, inszenierte das Stück und spielte selbst den Piratenkönig.

Die Aufführung endete wie in einem Märchen, die Prinzessin verliebte sich Hals über Kopf in den wilden Piratenhäuptling und stellte sich selig lächelnd an seine Seite. Gerade als der Schiffsarzt in seiner Funktion als Pfarrer seinen Segen über die beiden sprechen wollte, pfiffen die glühenden Pfeile der Piraten an ihnen vorbei und blieben auflodernd in den Segeln stecken.

Unter dem anhaltenden Jubel des Publikums ging die Arc Royal zum Schluss in Flammen auf.

Weniger als zwei Monate nach dieser theatralischen Feuersbrunst gab es einen realen Brand, der sich in den Fenstern der Häuser von ganz Woodstock widerspiegelte. Hoch oben auf dem Berg loderte ein infernalisches Feuer und brachte den Himmel zum Glühen.

Das alte Overlook Mountain House, seit sieben Jahren unter der glücklosen Führung des jüdischen Unternehmers Morris Newgold, brannte bis auf seine Grundmauern nieder. Die Brandursache konnte niemals geklärt werden.[88]

Boom in Woodstock

In den 20er-Jahren erlebte Woodstock einen wirtschaftlichen Aufschwung ungeahnten Ausmaßes. Neue Studiowohnungen schossen wie Pilze aus dem Boden und von überall her kamen Glücksuchende, Künstler und Geschäftemacher angereist, um teilzuhaben an Woodstocks verheißungsvollen Errungenschaften mit scheinbar mehr Freiheit und den verlockenden Aussichten auf materiellen Wohlstand.

Sie kamen per Bahn zum Bahnhof nach West Hurley, mit dem Dampfer über den Hudson zum Anlegeplatz nach Kingston, mit der Ulster & Delaware Railroad nach Phoenica, in ihren eigenen Autos, mit dem Fahrrad, dem Motorrad oder auch zu Fuß.

Während der Sommermonate gab es in und um Woodstock kein Haus, das nicht zeitweise mit Gästen besetzt war. Neben den Sommerfrischlern kamen aber auch Bodenspekulanten und erwarben Grundstücke, weil sie auf Preissteigerung hofften, Händler eröffneten Läden und einladende Gaststuben, und bald musste man gegen den Widerstand der alten Woodstocker eine Handelskammer einrichten, die sich um die Belange dieser neuen Unternehmer kümmerte.

Man sprach vom »phänomenalen Wachstum Woodstocks« und jeder der neu ankommenden Investoren wurde eigenhändig begrüßt und fühlte sich geschmeichelt.

Parallel dazu wuchsen viele private Schulen aus dem Boden, die von dem zunehmend jungen Teil der Bevölkerung bestens angenommen wurden.

Mrs. Martha Bateman, die unter Anleitung von Maria Montessori studiert hatte, eröffnete eine Montessori-Schule, die bis heute existiert. Der Russe Alexander Archipenko richtete das Wittenberg Studio ein, eine Sommerschule für Skulptur und Bildhauerei, in der er selbst arbeitete, aber auch Unterricht gab. Daneben unterhielt John Carlson seine sommerliche Landschaftsmalschule, die bis in die 40er-Jahre hinein regen Zulauf hatte.

Es gab eine Schule für Textilmalerei und eine für Innenarchitektur. Eine Schule für Werbung und Fotografie und einige Schauspielschulen waren entstanden, die direkt an das Maverick und Byrdcliffe angeschlossen waren. Mehrere Druckereien wurden eröffnet und 1921 zählte die Woodstock Artist Association nahezu 150 aktive Mitglieder, eine Gruppe, die sich aus Malern, Bildhauern und Handwerkern, Konservativen, Radikalen und Unentschiedenen zusammensetzte.

Trotz aller Skepsis über diese neue ungehobelte Bourgoisie, die sich seiner Meinung nach in Woodstock einnistete, profitierte Ralph Radcliffe Whitehead nicht unerheblich von diesem wirtschaftlichen Aufschwung. Durch die stete Verbesserung der Einrichtungen hatte sich der Wert seiner Grundstücke rund um Byrdcliffe verdoppelt, und bis 1914 hatte er zehn Immobilien an kunstinteressierte

Leute verkauft, die entweder selbst Künstler waren oder eine Geldanlage suchten. Gleichzeitig hatte er in der Byrdcliffer Verfassung festlegen lassen, dass auf seinem verkauften Boden keine neuen Hotels, Restaurants oder Fabriken ohne sein Einverständnis gebaut werden durften, um auch künftig das kulturelle Bild der Stadt zu erhalten.

Im Jahr 1924 gründete der mittlerweile 70-jährige Ralph Whitehead zusammen mit dem 58-jährigen Hervey White den Sportverein Woodstock Athletic Club, wo neben Sporthallen und Räumen mit Billardtischen auch Base- und Basketballplätze angeboten wurden. Sie machten Pläne für Tennisanlagen und Ralph stellte ungenutzte Gebäude seiner Byrdcliffe Art Colony für Spiele und Sport aller Art zur Verfügung.

Sie riefen eine Dachgesellschaft ins Leben und sponserten mit deren Unterstützung eine Baseball-Mannschaft. Selbst wenn die Antwort des Publikums mäßig war, die zuständigen Initiatoren arbeiteten mit großer Begeisterung an Programmen für körperliche Fitness für jedermann. Für jedermann ja, aber nicht für sich selbst. Hervey hatte bereits genug Sport durch seine kulturellen Aktivitäten, die ihn Tag für Tag auf Trab hielten. Und Ralph hatte den größten Teil seiner elastischen Jugendlichkeit bereits verloren und war froh, wenn er allabendlich den sanft ansteigenden Hügel zu seinem Schaukelstuhl auf der Terrasse seines Hauses erklommen hatte.

Auch wenn sie nicht direkt am Sportprogramm teilnahmen, trafen sie sich doch manchmal am frühen Nachmittag, wenn Hervey Zeit hatte, und spielten eine Runde Billard zusammen. Ralph lud Hervey dann zu einem Glas Whisky ein – unter bestimmten Voraussetzungen war Alkohol inzwischen wieder erlaubt – oft auch zu einem zweiten, obwohl er so gut wie immer gegen Hervey verlor. Das hatte sich seit ihren Anfangsjahren nicht geändert: Ralph war immer noch der vermögende Gönner, der immer bereit war, seinem »Nicolo« etwas Gutes zu tun, was mit freundlicher Selbstverständlichkeit angenommen wurde.

Ralph öffnete sein silbernes Zigarrenetui und reichte es Hervey. Mit kurzem Kopfnicken bediente sich Hervey und jeder rauchte eine der guten »Romeo y Julieta«-Havannazigarren, die gerade aus Kuba eingetroffen waren. Ralph wurde von einem Hustenanfall gebeutelt, der erst verebbte, nachdem er einen weiteren Schluck Whisky genommen hatte. Er vertrug keine Zigarren, rauchte sie aber trotzdem.

Nachdem er sich beruhigt hatte, fragte Hervey ihn, ob er heute schon die Fiedel gespielt hätte. Ralph lachte und sagte, dass es immer dasselbe sei, keiner höre ihm richtig zu. Hervey suchte nach einer Antwort, mit Blick zur Decke blies er große weiße Kringel in die Luft und murmelte etwas wie: »Du musst üben, üben, üben!« Und Ralph nickte.

Er wusste, was Hervey mit »üben« meinte. Vor Jahren war damit noch der Fortschritt seiner Künstlerkolonie gemeint gewesen, aber inzwischen sah ihn Hervey mit anderen Augen. Er sollte sich weiter im »Geldverdienen« üben. Ralph wusste, wie verächtlich sein ehemals bester Freund über materielle Dinge dachte, auch wenn dieser es jetzt gelassener sah. Für Hervey gehörte der Gedanke an Geld in die unterste Schublade des Denkens, für ihn war der Mensch für Höheres geboren. Es gab einiges, was die beiden trennte, aber ihre unterschiedliche Einstellung zum Geld war sicher einer ihrer heftigsten Streitpunkte.

Neben der Herstellung von Keramikgegenständen, was eher einem Hobby gleichkam, übte sich Ralph gerne und mit den besten Aussichten auf Erfolg im Geschäftemachen. Wenn er früher bei Herveys profaner Unterstellung noch beleidigt gewesen war, hatte er jetzt den Mut, sich einzugestehen, dass dieser Recht hatte. Er richtete den Blick nach vorn.

Diesmal widmete er sich der Touristenbranche und nahm regen Anteil an dem über Jahre dauernden Kampf zwischen den verschiedenen Gasthäusern.

Im Jahr 1926 bildete Ralph Whitehead zusammen mit anerkannten Künstlern Woodstocks eine Interessengemeinschaft. Sie kauften die Woodstock Lodge von Hotelbesitzer Gabriel Newgold und verkündeten, dass die Lodge nun ein »on conservative lines« geführtes Etablissement werden sollte und änderten den Namen um in Woodstock Valley Inn. Man engagierte einen internationalen Koch und setzte einen Manager ein, der umfassende Renovierungsarbeiten in die Wege leitete. Das Hotel sollte keine Sommerherberge werden, sondern eine ganzjährige, zentrale Einrichtung für die Woodstock Art Colony und deren Gäste. Doch dem Kauf des Hotels folgten zwei unvorhergesehene Entwicklungen.

Unternehmer Gabriel Newgold begann an der Rock City Road den Bau seines Hotels The Colony, das in seiner Art einzigartig war. Stuckierte Ornamente im maurischen Stil verzierten die Fassade seines drei Stockwerke hohen Gebäudes, in dessen Innenhof ein von Palmen umgebener Springbrunnen plätscherte. Für die Gäste standen großzügig angelegte Räume bereit, ausgestattet mit feinstem Interieur. Newgolds Ziel war es, gehobene Geschäftsleute und Intellektuelle mit Ausstellungen, Musiknachmittagen und einem erlesenen Angebot an Speisen anzulocken, das allenfalls vergleichbar war mit jenem kostspieliger New Yorker Restaurants.

Sein Stiefvater Morris Newgold steckte unterdessen alle Energie in den Wiederaufbau seines abgebrannten Overlook Mountain Houses, für das er sogar sein Times Square Hotel in New York verkaufte.

Zwischen den drei Hotels brodelte über Jahre hinweg ein Konkurrenzkampf, den letztlich keiner gewann. Das Overlook Mountain House von Morris wurde niemals richtig fertig, das exklusive The Colony von Gabriel blieb ohne nennenswerte Resonanz und das Woodstock Valley Inn von Ralph und seinen Freunden fiel 1930 einem Feuer zum Opfer.

Der Sprung der eigenwilligen, naturverbundenen Provinzstadt in die mondäne Welt einer angesehenen, modernen Kulturstadt war trotz aller Anstrengungen nicht zustande gekommen. Das einzige Gästehaus, das alle Anfechtungen über Jahrzehnte unbeschadet überlebte und offenbar auch als einziges den sozialen Bedürfnissen der Bevölkerung entsprach, war das alte Woodstock Inn, das bereits existiert hatte, bevor der Mann aus England gekommen war.

Whiteheads Nacht

Wir sind uns jetzt darüber im Klaren, dass unsere Byrdcliffe Colony ihre Zeit gehabt hat, ihre Lebensberechtigung ist abgelaufen.[89]

Als Jane im Jahr 1917 diese Zeilen an ihren Sohn Peter schrieb, war gerade die schwarze Krähe vorbeigeflogen und hatte sie dabei mit einem Hauch von Melancholie umweht, der ihren Text wie den Abgesang für einen Todgeweihten klingen ließ. Der Zulauf zu ihrer Kolonie hatte zwar spürbar nachgelassen, doch war er keineswegs verebbt.

Die Kunststudenten aus den Universitäten der umliegenden Großstädte, die jeden Sommer ihre Byrdcliffe Colony bevölkert hatten, bogen jetzt öfter vor Woodstock nach West Hurley zum Maverick ab, fuhren manchmal weiter bis nach Rock City, wo sie sich zu den wilden Cézannes in den Wäldern gesellten oder sie blieben gleich im Ortskern von Woodstock, besuchten dort die Landschaftsmalschule oder gingen zu dem Bildhauer nebenan. Doch überall an diesen Stätten wurde mit Erfolg das weitergeführt, was ehemals durch Jane und ihren Ehemann Ralph Radcliffe begonnen hatte. Letztlich waren sie beide stolz darauf.

Ihre Künstlerkolonie bestand weiterhin in einzelnen Bereichen, doch die eigenen Aktivitäten verlagerten sie mehr und mehr ins häusliche Umfeld. Den Eintragungen ihres Tagebuchs zufolge betätigte sich Jane täglich in der Keramikwerkstatt und mit Unterstützung ihres Ehemanns erzielte sie gute Verkaufszahlen beim Umsatz ihrer kunstvoll handbemalten Töpferarbeiten.

Daneben hämmerte Ned Thatcher in The Forge manches Metallteil, das für das Festival im Maverick benötigt wurde. Vereinzelte Maler betrieben jetzt in Ruhe ihre Studien, wie der Japaner Yasuo Kuniyoshi, der sporadisch in einer der Byrdcliffe-Hütten wohnte und die wohltuende Stille des Waldes genoss.

Das Gästehaus Villetta vermietete Ralph an einen Manager, der eine Sommerpension daraus machte, nicht unähnlich den vielen, die rundum in der Region der Catskill Mountains aus dem Boden gewachsen waren.

»Die Zeit der Kreativität in Byrdcliffe gehört der Vergangenheit an«, hörte man die Künstler von Woodstock sagen, es sei spürbar zu einem Sommerkurort für reiche Familien geworden. Doch Seite an Seite mit den Sommergästen kamen durchreisende Künstler und wurden mit ungebrochen herzlicher Gastfreundschaft »under the pines« empfangen und bewirtet.

An Wochenenden engagierte Ralph manchmal das Streichquartet aus Kingston, das neuerdings auch im österreichischen Dreivierteltakt spielte und Ralph wagte mit Jane einen Walzertanz, wobei er sie herumwirbelte, bis ihm fast schwindelig wurde. Dann war es fast wie früher.

Aber es gab auch Veränderungen. Die Whiteheads wurden spürbar älter und verloren einiges ihres ursprünglichen Elans, der sie in früheren Jahren beflügelt hatte. Mit fortschreitendem Alter und dem Nachlassen der eigenen Kräfte wurde Ralph versöhnlicher gegenüber seiner Umwelt und zeigte sich zusehends bereit, auch »ungehobelte« Elemente in seiner Kolonie zu akzeptieren. Auch seinen ältesten Sohn, der ihm oft Sorgen bereitet hatte, begann er mit mehr Nachsicht zu betrachten.

Nach zweijähriger Stationierung in London während des Ersten Weltkriegs war Ralph jun. in die USA zurückgekehrt, wo er sich nur schwer zurechtfand. Immer wieder geriet er aufgrund seiner unkontrollierten Temperamentsausbrüche in Schwierigkeiten, denen zu entkommen ihm meist nur sein Name und seine Herkunft halfen. Wie sein Bruder Peter hatte er das Problem, den richtigen Beruf zu finden, obgleich beiden, in finanzieller wie in gesellschaftlicher Hinsicht, alle Türen offen standen. Es schien, als hätte die großzügige Erziehung der Eltern, die nur ihr Bestes im Sinn hatten, ihren Kindern das Leben schwerer gemacht.

Mit seinem Vater unterhielt »Bim« über Jahre hinweg einen regen Briefwechsel, in dem sich die komplizierte Vater-Sohn-Beziehung widerspiegelt. Nach vielen Querelen und Auseinandersetzungen schaffte Bim schließlich das Ingenieursdiplom und beschloss, nach Südamerika auszuwandern, um dort seinen ersten ernsthaften Job anzutreten.

Glücklich über die Entscheidung seines Sohnes und dessen neu gewonnene Einsichten organisierte Ralph Radcliffe im November 1928 ein Abschiedsfest, zu dem auch Hervey White erschien, der seit dem Zerwürfnis im Jahr 1904 die Villa in White Pines nicht mehr betreten hatte. Am nächsten Tag trat Ralph jun. seine Reise an. Seine Eltern brachten ihn zum Bahnhof nach Kingston, von wo aus er mit dem Zug Richtung New York verschwand. Dort am Hafen schiffte er sich auf die »SS Vestris« ein, mit Kurs auf die West Indies. Nach anfänglich ruhiger Fahrt kam kurz vor den Bahamas ein orkanartiger Sturm auf, der trotz geballtem Einsatz der Mannschaft das Schiff zum Kentern brachte. Die »SS Vestris« versank in den Tiefen des karibischen Meeres und wurde zum Grab für alle. Auf der langen Liste der Vermissten stand auch der Name von Ralph Whitehead junior, 29 Jahre alt.

Als die Nachricht kam, fiel sein Vater tief getroffen in ein Tal der Depression und trotz Janes liebevoller Fürsorge gelang es ihr nicht, ihn von diesem Schock zu befreien.

In einer der folgenden Nächte wälzte sich Ralph unruhig im Schlaf. Bilder aus früheren Tagen nahmen wieder Besitz von ihm und kehrten mit voller Kraft zurück. Er befand sich mitten in jenem Traum, den er in Paris erstmals geträumt hatte, doch diesmal war es schlimmer denn je. Sein Lebensziel war ihm entglitten und er gab sich die Schuld dafür.

Er war gefangen in Dantes Vorhölle, jenem Reich, das vor dem Fegefeuer liegt und aus dem es kein Zurück gibt. Verfolgt von den glühenden Augen der umstehenden Himmelsboten bewegte er sich auf den Eingang des Ortes der ewig Verdammten zu, jener jammervollen Gestalten, die es nicht wert waren, im Dunkel der Hölle zu sühnen. Sie hatten sich der schlimmsten Sünde schuldig gemacht. Sie hatten ihre Lebensaufgabe nicht erfüllt. Aus der Tiefe ertönte eine Stimme:

»Der Eingang bin ich zu der Stadt der Trauer,
der Eingang bin ich zu dem ewigen Schmerz,
der Eingang bin ich zum verlorenen Volke.«

Lautes Schluchzen und dumpfes Heulen umkreiste wie ein Wirbelwind seinen Kopf und wisperte in seinen Ohren: »Wir sind die, die ohne Lob und ohne Schande lebten, was ist mit euch?«

Ein riesenhafter Engel neigte sich zu ihm herab:

»Wir sind jener feige Chor der Engel,
welche nicht Empörer waren,
nicht mutig ihr Leben für die Schwachen boten,
noch Gott getreu, für sich gesondert blieben.
Nicht seinen Glanz zu trüben, stieß der Himmel
sie aus, noch nimmt sie auf die tiefe Hölle.«

Von hoch oben rief es:

»So verächtlich ist ihr dunkles Leben,
dass jedes andere Schicksal sie beneiden,
schau hin und geh vorüber.«[90]

Er ging weiter und kam zum dritten Kreis der Vorhölle, das Untier Zerberus bellte aus drei Kehlen die dort Liegenden an, die sich in Qualen wanden. Unreines Wasser, Schnee und schwerer Hagel prasselten auf sie herab. Gestank entwich der Erde. »Wo ist mein Sohn?«
    Immer mehr Menschen gingen umher, zwischen ihnen waren Kinder, sie winkten und strömten von beiden Seiten auf ihn zu. Aus der Menge löste sich eine kleine Gestalt, die rasch näher kam. Es war sein Sohn Ralph, der ihm die Hand entgegenstreckte. Er griff nach ihr, doch seine Hand fasste ins Leere, der Boden unter ihm

sank in die Tiefe und er mit ihm. Schwebend suchte er nach der Hand des Sohnes, die sich hoch und höher entfernte, im grauen Dunst entschwand.

Schweißgebadet, mit zum Schrei geöffneten Mund erwachte Ralph vor seinem Haus auf der schneebedeckten Wiese. Er spürte die nackten Füße unter sich auf eiseskaltem Grund und, wie von fremder Macht gezogen, taumelte er dem Mond entgegen, der groß und voll am Himmel stand. Aus weiter Ferne drang es an sein Ohr:

»Doch schon schwang um mein Wünschen und mein Wollen,
wie sich gleichförmig dreht ein Rad, die Liebe,
Die da die Sonne rollt und andern Sterne.«[91]

Die darauffolgenden Tage verbrachte Ralph in fiebrigem Delirium unverständliche Sätze vor sich hinstammelnd, die aus der Tiefe seiner gebrochenen Seele kamen. Auch seine Frau vermochte ihn nicht mehr ins Leben zurückzuholen. Er erlag den Folgen einer Lungenentzündung und starb in der Nacht zum 21. Februar 1929 im Alter von 74 Jahren.

Auf Janes Wunsch sollte die Beerdigung nur in kleinem Rahmen stattfinden. Doch die Nachricht von Ralph Whiteheads Tod verbreitete sich rasch und von überallher strömten Menschen herbei, um ihm das letzte Geleit zu geben. Sein alter Freund, der Klavichordbauer Arnold Dolmetsch kam mit seiner Familie und spielte mit seinem Sohn an der Blockflöte das *Ave Maria* von Franz Schubert. Der Cellospieler Paul Kefer folgte mit seiner Gattin, der Opernsängerin Marguerite Hobart, die das Gebet der *Toska* von Giacomo Puccini sang.

Hervey White hinterlegte einen Kranz aus Federn und bunten getrockneten Blättern, die er gesammelt hatte und las ein kurzes Gedicht vor. Darin sprach er seinem ehemaligen Freund und Kompagnon seinen Dank dafür aus, dass er durch ihn an jenen Ort gelangt war, der seinem Leben eine neue Richtung gegeben hatte.

Nach einer theatralischen Ansprache des Journalisten Richard le Gallienne hielt der deutsche Geschichtsprofessor Martin Schütze, Ralphs langjähriger Bewunderer, eine Rede. Er würdigte dessen Verdienste für die Stadt Woodstock:

Die Entwicklung vom reinen Landleben hin zum modernen Treiben gesellschaftlichen Lebens, die in der Geschichte Hunderttausende von Jahren erforderte ... wurde hier von einem Mann in einer Zeitspanne von nicht mal einer Generation vollzogen, sodass jeder von uns, Tag für Tag sehen konnte, wie die fundamentalen Kräfte der Menschheitsgeschichte arbeiteten.[92]

Als alle Besucher den Friedhof verlassen hatten, stand Hervey White noch immer da. Er hatte das Gefühl, mit Ralphs Verschwinden gehe eine Ära zu Ende, die vor langer Zeit ihren Anfang gehabt hatte. Sein Blick fiel auf den dichten Zedernwald, der im Halbrund hinter den Grabstellen lag. Er hielt inne. Und plötzlich sah er sie. Er musste genau hinsehen, so geschickt waren sie getarnt.

Kein Windhauch war zu spüren, doch mitten im wilden Geäst kam Bewegung auf. Geier aus alter Vorzeit, »turkey vultures«, die selbst wie knorrige Äste aussahen, wachten auf. Sie saßen dichtgedrängt auf den umliegenden Bäumen und putzten lautstark ihr grau gesprenkeltes Gefieder, als wäre nichts geschehen. Es war ein ganzer Schwarm, mehr als 20, eher 30.

Einer von ihnen erhob sich, streckte den Kopf, schüttelte die schweren Schwingen und schwebte mit einem einzigen Flügelschlag hinüber auf den nächsten Baum. Als er aufsetzte, bebte der Ast unter der Schwere seines Gewichts.

Hervey sah kurz den langen Hals, bevor dieser im Gefieder verschwand, sah den kleinen Kopf mit dem schrundigen, uralten Gesicht, das übersät war mit borstigen Schwären und das sich ihm langsam zuwandte. Jetzt sah er die Augen. Unter halbgeschlossenen Lidern blickte ihn der Vogel aus rot umränderten Augen an, mit Pupillen, die von der unergründlichen Schwärze und Trauer einer steingrauen Urzeit sprachen. Es lief ihm kalt den Rücken hinab. Es war der Blick eines wissenden Greises, der alles hinter sich hatte und gleichzeitig alles wusste, über das, was vor ihm lag.

Ein Rauschen ging durch die Baumwipfel, dem ersten Geier folgte der zweite. Einer nach dem anderen erhob seine weiten Schwingen und glitt in die Höhe, der Himmel verdunkelte sich und der ohrenbetäubende Lärm schlagender Flügel erfüllte Herveys Kopf, gefolgt von einem heftigen Windstoß, der Tränen in seine Augen trieb. Die »turkey vultures« flogen dem Horizont entgegen.

Hervey folgte ihnen mit den Blicken bis auch der Letzte von ihnen verschwunden war. Erst dann setzte er sich in Bewegung. Mit einem Mal wusste er, sein alter Kumpan hatte es geschafft, er war gut hochgekommen. Er lächelte. Doch er wusste auch, es lag jetzt einzig an ihm, ihre ehemals gemeinsame Idee weiterzuführen.

Am 15. September 1936 starb sein zweiter damaliger Weggefährte Bolton Coit Brown, dessen Begräbnis ohne ihn stattfand. Hervey hörte, dass es ein stilles Begräbnis gewesen war, mit einigen wenigen der älteren Woodstocker und seinen nächsten Familienangehörigen. Obwohl ihn alle respektiert hatten, war er doch vielen suspekt geblieben. Als geübter Einzelkämpfer war Bolton allen gemeinschaftlichen Aktionen ablehnend gegenüber gestanden und hatte sich aus Prinzip niemals an Aktivitäten der Stadt beteiligt, gleich welcher Art. Dafür hatte er sich umso intensiver der Beweglichkeit seines Körpers gewidmet.

Sommers wie winters zelebrierte er ein straffes Gymnastikprogramm, mit Kniebeugen auf der Terrasse und Joggen durch den Wald. Seit seiner Schulzeit war er besessen von der Idee, sich gesundheitlich fit zu halten und dieses Konzept verfolgte er eisern bis ins hohe Alter. Dazu ernährte er sich ausschließlich vegetarisch, mit einer Diät von ausgeklügelter Einfachheit, die ihn knapp vor dem Verhungern bewahrte.

Als Bolton Coit Brown mit 72 Jahren zu Grabe getragen wurde, bettete man ihn auf eine Trage aus weißen Birkenstämmen, gehüllt in seinen blauen Umhang, den er zuletzt immer getragen hatte. Als begeisterter Bergsteiger wurde später in der Sierra Nevada ein Berggipfel nach ihm benannt.

Das Maverick Theater

Auch wenn rundum Hotels in die Höhe schossen und in Konkurrenzkämpfe verstrickt waren, Hervey White verfolgte mit stoischer Ruhe seine diversen Vorhaben, die er zu seinem Lebensziel erklärt hatte. Mit unermüdlicher Energie arbeitete er daran, aus Woodstock einen Ort gehobener kultureller Begegnungen zu machen und einen Treffpunkt für jedermann, und dazu gehörte selbstverständlich auch ein gutes Schauspielhaus.

Wie es schien, war Hervey der einzige der neuen Investoren, den die Woodstocker trotz seiner anarchistischen Allüren in seinen Aktivitäten unterstützten und duldeten in allem, was er tat. Hatten sie doch erlebt, dass auch ihre Kassen klingelten und sich die Stimmung innerhalb der Bevölkerung merklich hob, wenn der Großmeister zu einer seiner Aktionen aufrief.

Deshalb hatten sie nichts dagegen, als Hervey in ihrer Stadt einen weiteren kulturellen Meilenstein setzte. Im Gegenteil, schon bei der Planung rechneten sie im Geiste aus, wieviel an jährlichen Mehreinnahmen ihnen das bringen könnte.

Nach Gründung der Maverick Concert Hall, wo seit 1916 im Sommer jeden Sonntag Kammerkonzerte abgehalten wurden, eröffnete Hervey im Jahr 1924 das Maverick Theater. In der Nacht des 4. Juli führte man als erstes Theaterstück *The Dragon* von Lady Gregory auf, das mit Spannung erwartet wurde.

Die Rolle der Prinzessin spielte Helen Hayes, die bereits damals den Titel der »First Lady of the American Theater« trug. Später vom Film entdeckt, gewann sie im Jahr 1931 den Oscar als beste Hauptdarstellerin. Hier auf der Bühne stand sie neben E. J. Ballantine, der später unter dem Filmregisseur Elia Kazan spielte und neben dem späteren Hollywooddarsteller Edward G. Robinson, der oft für sympathische Gangsterrollen eingesetzt wurde. Das Publikum spendete nach dieser ersten Aufführung stürmischen Applaus, sowohl für das Stück wie für die Darsteller, das Theater und seinen Initiator.

Es folgte eine Anzahl weiterer Aufführungen mit unterschiedlichen Theatergruppen, unter anderem brachten die Percival Vivian Players Shakespeares *Comedy of Errors*. Danach experimentierte Hervey mit neuen Schriftstellern und modernen Komödien, wobei er auch den jungen Autor Howard Koch ermunterte, sein erstes Bühnenstück zu schreiben. 1902 in New York geboren war Koch auf der Suche nach Möglichkeiten, seine dramaturgischen Fähigkeiten unter Beweis zu stellen und freute sich, im Theater zum Einsatz kommen zu können. Sein späteres Hörspiel *Invasion vom Mars* wurde von Regisseur Orson Welles so wirklichkeitsnah und lebendig in Szene gesetzt, dass es am Halloweenabend 1938 tumultartige Aufregung unter den amerikanischen Bürgern hervorrief.[93]

Schon bald zeigte sich, dass Herveys Auswahl der Stücke zu abgehoben war und mehr die gebildete Mittelschicht ansprach als den Durchschnittsarbeiter, der schlichte, fröhliche Unterhaltung suchte und der die Mehrheit der Woodstocker Bürgerschaft bildete. Die folgenden Jahre hielt sich das Theater mehr oder weniger schleppend über Wasser mit abwechselnd konventionellen und experimentellen Stücken. Auch Herveys eigenes Theaterstück *The Blizzard* wurde aufgeführt, eine Geschichte mit mexikanischem Hintergrund – doch ohne nennenswerten Erfolg.

Schließlich registrierte er nach fünf Jahren anhaltender Hoffnungen, Spekulationen und Selbsttäuschungen, dass die 7000 geliehenen Dollar, die er in den Bau des Schauspielhauses investiert hatte, verlorene Dollar waren. Er sah sich gezwungen, das Theater aufzugeben und vermietete es 1929 an drei Leute mit Broadway-Erfahrung, die ein unabhängiges Forum suchten. Der Schauspieler E. J. Ballantine von den Provinztown Players, der bereits in dem Premierenstück *The Dragon* mitgespielt hatte, sowie seine damalige Freundin, die attraktive Schauspielerin Gladys Hurlbut und Regisseur Allan DeLano pachteten das Theater zunächst für eine Saison.

Bereits bei der ersten Besichtigung entwarf Mr. DeLano im Geist einen Plan. Entgegen Herveys Meinung, der grundsätzlich gegen jegliche Art von nicht dringend notwendiger Renovierung war – in seinen Augen bedeutete das nicht nur hinausgeworfenes Geld, sondern auch den Verlust des bohemienhaften Charmes – sahen die erfahrenen Theaterleute sofort, in welch marodem Zustand sich ihre neue Errungenschaft befand. Aber sie gingen das Wagnis trotzdem ein.

Das Theater musste von Grund auf renoviert, die Bühne verbreitert und vertieft werden, auch sollte es endlich elektrifiziert werden – ganz Woodstock war inzwischen ans Stromnetz angeschlossen –, um die jahrzehntelang benutzten Generatoren zu ersetzen. Dem konnte Hervey, wenn auch schweren Herzens, gerade noch zustimmen. Als Unterkunft vermietete er zwölf seiner Hütten an die Schauspieler der Theatergruppe und investierte dabei gezwungenermaßen einen Teil der Mieteinnahmen in neue Matratzen, mehr aber auch nicht. Regisseur DeLano gedachte mit dem Stück *Wedding Bells* das frisch umgebaute Theater einzuweihen, doch die Unterkünfte waren in einem schrecklichen Zustand.

Die Schauspielerin Gladys Hurlbut und ihre Schulfreundin, die sich bereit erklärt hatten, das Sekretariat zu übernehmen, mussten erst Berge von Dreck aus der Stube kehren, bevor sie auch nur einen Tisch aufstellen konnten. Sie putzten und schrubbten den ganzen Tag hindurch. Unter Herveys argwöhnischen Blicken schmückten sie die Fenster der Hütten mit frisch gewaschenen Vorhängen, strichen die Wände und stellten frische Blumen in Zahnputzbecher, um die jungen Schauspieler willkommen zu heißen. Gladys betreute die Neuankömmlinge mit ihren Wünschen und Sorgen wie eine Mutter. Sie nahm sich auch der neu eingetroffenen, damenhaften Schauspielerin Sarah an, die gleich in ihrer ersten Nacht erschreckt wurde. Der Student und spätere Bildhauer Harvey Fite verdiente sich damals seinen Lebensunterhalt zum einen als Nachtwächter, indem er im Theater schlief, zum anderen sorgte er dafür, dass die Boxen in den Hütten der Schauspieler täglich mit Holz gefüllt waren. An besagtem Abend regnete es, und da er sowieso nass wurde, hatte Harvey Fite der Einfachheit halber nur eine Badehose an, als er mit einem Bündel Holz unterm Arm zur Hütte von Lady Sarah kam. Auf sein Klopfen hin öffnete Sarah vorsichtig die Tür, erblickte seinen feuchten, weißen Torso und lief schreiend in den Wald hinaus. Ohne Unterbrechung rannte sie bis zur Hütte von Gladys Hurlbut und berichtete atemlos, ein nackter Mann stünde vor ihrer Tür, und was nur ihre Familie dazu sagen würde? Sie war über 50 und DeLano bemerkte in seiner trockenen Art, dass ihre Familie ihr wohl sicherlich geraten hätte, den guten Mann doch einfach reinzulassen.

Am Tag der Eröffnung opferte DeLano weitere 50 Dollar für die marode Zufahrt, die zum Theater führte, und war gerade dabei, mit seinen Helfern notdürftig die schlimmsten Schlaglöcher aufzufüllen, als Hervey vorbeikam und brüllte, DeLano ruiniere sein Maverick, er und seine Freunde seien nichts als Geschäftemacher und niemals wahrhafte Künstler! Sie sollen nichts anderes machen, als ihr Theaterstück vorbereiten, alles andere ginge sie nichts an. Hervey war überzeugt, dass mit all den Schönheitsreparaturen sein naturbelassenes, wildes Maverick zerstört würde. Doch DeLano machte ungerührt weiter.

Am Nachmittag vor der Premiere bezog Hervey Stellung in einem Bauwagen, der die Straße halb blockierte. Stirnrunzelnd beobachtete er die Aktivitäten der energischen Schauspielerin Gladys Hurlbut, die den Weg zum Restaurant ansteuerte. Im Schlepptau hatte sie einen Handwagen voll Seifenlauge.

Niemand hatte sich je Gedanken gemacht, was mit all dem Abfall geschehen sollte, der bei jeder Theaterproduktion zwangsläufig entsteht. Im Laufe der Jahre hatte sich hinter dem Restaurant ein stattlicher Müllberg angehäuft, der gerade an diesem Eröffnungstag gekrönt wurde durch Fischreste, die in der enormen Hitze vor sich hinfaulten. Als Ergebnis hing über der ganzen Maverickstraße eine schier unerträgliche Gestanksglocke. Keiner der Beteiligten war je auf die Idee gekommen, die Ursache dieser Misere zu beseitigen. Doch Miss Hurlbut sah das anders.

Gekleidet in einen alten Kittel bestieg sie neben Bildhauer Harvey Fite einen kleinen Kipplaster und fuhr, vorbei an Hervey, dem sie augenzwinkernd zuwinkte, zu dem stinkenden Abfallhaufen. Nachdem die beiden Eimer für Eimer gefüllt hatten, luden sie diese auf den Lastwagen und brachten den gesamten Unrat anschließend zur Mülldeponie. Am selben Abend stand Gladys in dem Stück *Wedding Bells* auf der Bühne und strahlte unter Glockengeläut in ihrem weißen Brautkleid neben ihrem Angetrauten, als plötzlich ein Zuschauer aus den hinteren Rängen rief: »Oh mein Gott, das ist ja die Müllfrau!«

In der zweiten Woche spielten sie das Stück *Rain,* für das der Ingenieur Ned Thatcher ein wunderbares Kreissystem ausgetüftelt hatte, wonach der Regen in feinen Strahlen auf die Bühne fallen sollte, um dort in einer Vertiefung zu verschwinden, weitergeleitet zu werden und erneut von oben herunterzuregnen. Doch in eben jener Nacht schickte Gott einen echten Sturm mit Gewitterregen, der mit ohrenbetäubendem Lärm auf das Theaterdach schlug. Als sich der Vorhang hob, verstand niemand auch nur eine Silbe des Textes, der auf der Bühne gesprochen wurde. Als schließlich Ned seinen Kunstregen einschaltete, sah es aus, als würde es aus einem Loch im Theaterdach tropfen.

Dies berichtete die Schauspielerin Gladys Hurlbut, doch andere, wie der Schriftsteller William Harlan Hale, erinnerten sich, dass es eine fantastische Aufführung gewesen war, die das Publikum begeistert hatte.[94]

Trotz des Erfolges beschloss Hervey White sich komplett aus dem Theatergeschäft zurückzuziehen und es lieber den Leuten zu überlassen, die sich besser damit auskannten. In den folgenden Jahren verpachtete er das Theater an verschiedene Truppen und widmete sich, neben der Planung der sommerlichen Sonntagskonzerte, dem, für das er offenbar prädestiniert war: seiner Rolle als »Manager« der Maverick Festivals.

Einmal im Jahr, schrieb die *New York Times,* erhörten Künstler aller Kategorien den Ruf des Maverick:

> Von Dachkammern, aus Studios, aus Geschäften kommen sie herbeigeströmt, um dem pastoralen Ruf Hervey Whites zu folgen [...] es sind nicht mehr die Unbekannten, die Meinungslosen, die Jazz-Performer, Charleston-Tänzer und Malermodelle, die eifrig an den Ritualen des Pan teilhaben wollen. Es sind die Großen, die Berühmten und Gelehrten, auch sie kommen herbeigeeilt, um barfuß auf samtigem Gras zu tanzen [...][95]

Als die Vorbereitungen zu dem nächsten Festival im Steinbruch-Theater beginnen sollten, meldete sich ein großer Bewunderer der Maverick-Shows: der Hollywood-Drehbuchautor J. P. McEnvoy. Er machte seinen ganzen Einfluss geltend, um neuen Wind in die Show zu bringen und erwirkte die Inszenierung einer Revue, inspiriert von Jazz Performances aus Harlem.

1927 wurde *Afrikana* aufgeführt, ein Stück mit ausschließlich schwarzen Akteuren eines New Yorker Ensembles. Obwohl mit großem Pomp inszeniert blieb die Reaktion des Publikums auf das importierte Spektakel verhalten. Man beschloss, diese Art Shows künftig zu meiden.

Im nächsten Jahr holte man den russischen Choreograph Alexis Kosloff aus New York, der dort das Broadway Musical *Chu Chin Chow* inzeniert hatte. Kosloff hatte als Schüler des Moskauer Kaiserballetts begonnen und war seit mehreren Jahren Ballettmeister an der Metropolitan Opera. Er quartierte sich zusammen mit seiner Frau im Haus neben Hervey White ein.

1928 entstand unter Kosloffs Regie eine chinesische Show im Stil Arabischer Nächte, mit ihm selbst als Vortänzer seiner Tanztruppe, in einer Dekoration, die der Bühnenbildner Takashi Ohta entworfen hatte. Die New Yorker *Herald Tribune* berichtete von 3000 Besuchern, die sich trotz leichten Nieselregens sehr amüsierten. Unter ihnen Presseagenten, Broker, Bankiers, Schuhputzer, Innendekorateure, Fotografen und Lebensmittelhändler.

Mit den unterschiedlichen Shows veränderte sich auch das Straßenbild in Woodstock. Mitwirkende Schauspieler kreierten neue modische Stilrichtungen und kostümierten sich das ganze Jahr über, nicht nur an den Tagen des Festivals. Unter den Künstlern kam die Barett-Kappe in Mode und es dauerte nicht lange, da trug jeder eine, die Kinder, die Lehrerin, der Bürgermeister und der Doktor.

Bald bemerkten auch die Touristen, dass sie als einheimische Künstler durchgingen, wenn sie ein Barett trugen. Dies kurbelte den Verkauf der Mützen kräftig an. Die Geschäfte verzeichneten große Gewinne mit extravaganter Garderobe und selbst das Maverick-Festival, das als jährliches Kostümfest zur Freude aller begonnen hatte, wurde immer kommerzieller.

Die Feste brachten Tausende potenzieller Konsumenten zu den örtlichen Geschäftsleuten, deren Umsätze rapide anstiegen, es entwickelte sich eine Art ungesunder Allianz zwischen Kunst und Business. Der kreative Gemeinschaftsgeist war immer weniger zu spüren und immer mehr Leute kamen nur, um ihren dunklen Neigungen freien Lauf zu lassen. Es war die Zeit der Prohibition (die bis 1933 dauerte) und die Schwarzbrenner gingen in den Wäldern hemmungslos ihren Geschäften nach. Die Folge war eine rapide steigende Anzahl von Trunkenbolden, die zunehmend verlotterten und die Straßen unsicher machten. Unterweltgrößen trieben ihr Unwesen und es bestand dringender Bedarf an staatlichen Hilfskräften, um Schlägereien und Ausschreitungen aller Art in den Griff zu bekommen.

Vom Frühjahr 1929 bis zum Sommer gingen in Woodstock Gerüchte, Intrigen und Streitereien über gotteslästerliche Vorgänge um. Im Mai kam sogar ein Vertreter der Kirche von Kingston herbeigeeilt, um sich einen Überblick über die Situation zu verschaffen. Er reagierte geschockt auf die »Gotteslästerungen«, die sich dort vor seinen Augen abgespielt hatten. Es wird kolportiert, dass er gesagt habe: »Säubert diese Maverick Festivals oder sterbt durch eigene Hand!«

Einige Wochen vor Beginn des nächsten Sommerfestivals erreichte die Bürger von Woodstock eine Mitteilung, die mit »The Committee of Fifty« gezeichnet war. Sie enthielt einen Appell, der sich an die »good thinking people« richtete, die aufgerufen wurden, alles zu melden, was ihnen irgendwie suspekt vorkomme und nicht dem Leben eines anständigen Bürgers entspräche. Als Beispiele wurden wilde Partys, Nacktbaden, unzüchtige Kleidung oder schamloses Benehmen in jeglicher Form genannt. Das Büro des Sheriffs in Kingston sei Tag und Nacht geöffnet, hieß es, und mit Unterstützung der Bevölkerung würde es fortan keinem dunklen Element mehr gelingen, den guten Ruf Woodstocks zu ruinieren. [96]

Wie sich später herausstellte, ergab eine geheime Untersuchung, dass die anonymen Mitglieder des ominösen »Committee of Fifty« aus gerade mal vier Leuten bestand, inklusive der Pastoren der Dutch Reformed und der Methodist Church.

Es folgten heiße Debatten über die Weiterführung der Festivals oder der »Orgien«, wie manche es nannten. Unternehmer Hervey White zeigte sich einsichtig. Er war bekannt für seine stoische Ruhe, mit der er Problemen begegnete. Als zum Beispiel während einer Vorstellung jemand aufgeregt zu ihm kam und meldete, eine seiner Hütten stehe in Flammen, meinte Hervey: »Oh lass sie brennen, es lohnt sich nicht, sie zu löschen!«[97]

Er lehnte jede Art von Versicherung ab, denn wenn nur alle fünf Jahre ein Haus brenne, so seine Rechnung, käme das immer noch billiger, als monatlich eine Versicherung über viele Jahre zu zahlen. Tatsächlich waren die Hütten nicht viel wert, da fast nichts getan wurde, um sie zu erhalten.

Diesmal löste er das Problem mit den Woodstocker Bürgern, indem er die Vorbereitungen für das Festival so lange hinauszögerte bis Friede in die Verhandlungen eingekehrt war. Er respektierte die Kirchenmitglieder, freute sich an Streitgesprächen mit ihnen und nachdem das Kriegsbeil begraben war, meinte er es keineswegs ironisch, als er sich für ihre freundliche Unterstützung und ihren Ratschlag bedankte »to bring back an old-time Festival«.

Danach startete er umgehend die Vorbereitungen, druckte Flyer für die kommende Show und ließ Bäume fällen zur Erweiterung des Parkplatzes. Aufgrund der vielen Kontroversen und Streitereien verweigerten zwar einige Art-Colony-Leute ihre jährliche Mitarbeit, doch gerade deshalb fand das Festival von 1929 die größte Aufmerksamkeit von allen.

Die New Yorker *Herald Tribune* zählte über 6000 zahlende Besucher, mit Zaungästen sogar 8000, das waren mehr, als das Städtchen Woodstock jemals Einwohner hatte. Die *New York World* dagegen registrierte weniger Fröhlichkeit als sonst:

Der alte Geist der Griechen wurde in die Gosse gezogen durch den Trupp der Staatspolizei, den erneuten Ausbruch von Puritanismus und Horden fetter, lüsterner Neugieriger.[98]

Wenige Monate danach, am 25. Oktober 1929, brach die US-amerikanische Börse ein und löste damit eine weltweite Wirtschaftskrise aus, die die 30er-Jahre der westlichen Welt dominierte. Erst zehn Jahre später erholte sich die Wirtschaft dauerhaft durch die Rüstungsproduktion während des Zweiten Weltkriegs.

Selbst nach dem Schwarzen Freitag, der die Große Depression in ganz Amerika und später in der ganzen Welt einläutete, versuchten die Woodstocker ihr Leben weiterzuführen, als wäre nichts geschehen.

Während viele ihre Läden schließen mussten, eröffneten die Woodstocker eine Vergnügungsstätte nach der anderen: hier einen modernen Geschenkartikel-Shop, dort ein neues Theater oder eine noble Kunstgalerie – die Woodstocker befanden sich mitten in ihrem ersten großen Wirtschaftsboom und ließen sich durch nichts beirren.

Die ehemalige Kunstschule »Eastover« in Byrdcliffe wurde in ein Theater verwandelt und erlebte unter ihrem neuen Pächter Ben Webster, dem Sohn des frühen Kolonialisten Albert Webster, in den folgenden Jahren eine Blütezeit. Weitere Schauspielhäuser sprossen aus dem Boden und im Jahr 1931 berichtete die Dramaturgin Anita Philipps: »... in Woodstock beginnt gerade das goldenen Zeitalter des Theaterbewusstseins, mit sage und schreibe fünf Theatern, die alle gleichzeitig in Betrieb sind.«[99]

Angelockt von den mannigfaltigen Angeboten trafen Scharen von Besuchern ein, die ihrerseits Neuerungen mitbrachten. Inzwischen gab es vielerorts Telefone und Grammofone und statt der Pferdekutschen tuckerten jetzt vermehrt die schwarzen Automobile der Marke Tin Lizzy von Henry Ford mit 20 PS über die holprigen Straßen. Es war dringend geboten, die Fahrwege zu verbessern.

Am 3. Dezember 1929 beschlossen die Mitglieder der Stadtverwaltung in einer Resolution, die Stadt Woodstock durch Zusatzmittel eines Fonds, den sie über Nacht ins Leben gerufen hatten, zu unterstützen. Damit sicherten sie den Ausbau des Stadtkerns und die Renovierung der Zufahrtsstraßen, Schlaglöcher wurden ausgebessert und auch der holprige Weg zwischen Woodstock und der Maverick Colony, der zum Großteil durch den Wald verlief, wurde in eine asphaltierte Straße verwandelt, auf der im Winter die neuen Schneeräummaschinen eingesetzt werden konnten. Für alle Anlieger bedeutete das eine große Erleichterung und auch Hervey White freute sich, selbst wenn für ihn die Sanierung um einige Jahre zu spät kam.

Seit geraumer Zeit beobachtete Hervey die Veränderung der Gesellschaft um sich herum und mit ihr die schwindende Begeisterung und Anteilnahme an seinen Maverick Festivals. Er spürte, dass ihre Zeit abgelaufen war.

Last Waltz

> He belonged to no one and at the same time to whoever could catch him.[100]

Das Festival 1931 mit mageren 600 Zuschauern war kein großer Erfolg. Als die Show in der Nacht des 4. September endete, stürmten unermüdliche Maverick-Anhänger die Arena des Steinbruch-Theaters und legten im fahlen Mondschein einen wilden Indianertanz auf die Bühne, der ihre nackten Oberkörper zum Glühen brachte. Mit Federn um Kopf und Hüfte tanzten sie ihren geisterhaften Abschiedstanz, rhythmisch begleitet vom Schlag der Bongotrommler und von den beschwörenden Chören der Umstehenden, die mit schwingenden Fackeln in den Händen lauthals eine Fortsetzung der Feste forderten.

Doch es war offensichtlich: Die 17 Jahre während Serie der sommerlichen Maverick-Festivals ging ihrem Ende entgegen. Gravierende Fehlinvestitionen vermögender Geschäftsleute und die stetig steigende Arbeitslosigkeit innerhalb der Bevölkerung, die bei vielen zu Verschuldungen führte, waren erste ernste Anzeichen einer nahenden Depression, die spät, aber dennoch über Woodstock hereinbrach.

Der langjährige Kampf gegen das Vorurteil, dass die Feste unmoralisch seien, kombiniert mit der mangelnden Rentabilität der Produktionen, dem nachlassenden Interesse und dem Rückzug vieler Art-Colony-Leute, die ehemals Schauspieler und Mitwirkende gewesen waren, ließen Hervey zu dem Ergebnis kommen, dass das Festival »*had run out and become profitless.*«[101]

Seine ursprüngliche Idee war Wirklichkeit geworden: Die Kostümfeste hatten ihm die Abbezahlung des Brunnens an Mr. Rockafeller ermöglicht, wie auch die Finanzierung der Konzerthalle und die Gründung der Maverick Colony als Treffpunkt für jedermann. Es gab keine stichhaltigen Gründe mehr, gegen die geballten Machenschaften ökonomischer Pression und die steigende Anzahl der Festivalgegner zu kämpfen. Zudem hatte ihn das mehr Kraft gekostet, als er sich eingestehen wollte. Mit einiger Verbitterung bemerkte er in einer seiner späten Notizen:

> Was für eine Ironie des Schicksals, dass meine Bücher, an denen ich unter großen Opfern jahrelang gearbeitet habe, von keinem meiner Bewunderer jemals gelesen wurden. Dagegen wurden die Maverick-Festivals – ein bunt angemaltes Spielzeug, das ich einmal erfand, um meinen Lebensunterhalt zu bestreiten – als Resultat und letztendliches Ziel meines Lebens angesehen.[102]

In den folgenden Jahren organisierte Hervey weiterhin die klassischen Konzerte, die allseits beliebt waren, und vermietete die Räume des Maverick Theaters an Schauspieltruppen. Doch seine Auftritte in der Öffentlichkeit wurden zunehmend seltener.

Im Sommer kamen jetzt öfter seine beiden erwachsenen Söhne, Dan und Caleb, die eines Tages vor der Tür gestanden waren und gefragt hatten, ob sie bei ihm bleiben und sich nützlich machen könnten. Hervey quartierte sie in seiner alten Farm in West Hurley ein und behandelte sie gleich zu Beginn wie seinesgleichen. Wie ihr Vater hatten sie ein feines musikalisches Gehör und konnten ihm nach kurzer Einarbeitungszeit bei der Organisation der Sonntagskonzerte zur Seite stehen und alle anfallenden Arbeiten übernehmen. Im Rechnen waren sie um einiges schneller als er, das gab ihnen Auftrieb und ihrem Vater die Möglichkeit, sich aus dem geschäftlichen Treiben zunehmend zurückzuziehen.

Wenn er nicht an einem Roman schrieb, bastelte Hervey an seinem neuen Haus, an dem immer etwas kaputt war. Entweder leckte die Dachrinne, was zur Folge hatte, dass kein Wasser in die Regentonne floss, oder der Kamin war verstopft, dann füllte sich das Haus mit beißenden Rauchwolken, oder eine der Bodendielen hatte sich gelockert. Das war für ihn das Gefährlichste, denn er sah nicht mehr so gut.

Nahe der hölzernen Statue des Maverick-Pferdes hatte er sich im Dickicht des Waldes eine einfache Hütte gebaut, genannt »Sechs mal Acht«, wegen ihrer ungefähren Größe, die seinen Bedürfnissen vollauf genügte. Dort lebte er frei von Sorgen um Haushalt oder Arbeit, und welche Reichtümer er auch immer angehäuft hatte, sie blieben versteckt in seinem Kopf.

Inmitten des Waldes wurde er zunehmend zu einem lebenden Teil der Natur und ihrem unaufhörlichen Wandel. Er ließ sich die Haare wachsen, wie sie wollten, holte Wasser aus dem Ziehbrunnen neben dem Gemüsegarten, sammelte Beeren und Pilze im Wald und schoss manchmal einen Hasen, den er mit nach Hause nahm und über dem offenen Feuer grillte. Anfangs hatte er oft in seinem Haus überwintert, doch später verbrachte er die langen Wintermonate bei Freunden in St. Mary, im warmen Kalifornien. So auch 1944. Als die ersten kalten Stürme durchs Tal fegten und Schnee ankündigten, bereitete er alles für seine Abreise vor.

Am Abend davor, bevor es dunkel wurde, ging er hinüber zu den Nachbarn und verabschiedete sich bei allen in der Runde. Die Frau des Hauses steckte ihm einige Äpfel aus dem Garten zu und gab ihm einen halben Mohnkuchen als Reiseproviant. Hervey hatte nie Geld gehabt, so auch jetzt nicht.

Auf dem Nachhauseweg sammelte er die Kastanien auf, die im Gras lagen, und stieß das metallene Windspiel vor seinem Haus an, das ihm Ned Thatcher geschenkt hatte. Er freute sich auf die bevorstehende Reise. Er holte die Axt und begann Holz für sein Abendessen zu schlagen. Dabei sang er. Es klang wie ein altes Volkslied, sagten die Nachbarn. Am nächsten Morgen fand ihn sein Nachbar tot auf seiner Couch liegen. Hervey White war in der Nacht zum 19. Oktober 1944 im Alter von 78 Jahren friedlich eingeschlafen.

Seine Freunde bereiteten ihm ein Begräbnis, das einerseits schlicht war, andererseits das schönste, das Woodstock jemals gesehen hatte.

Es war Herbst und Zweige von rotleuchtendem Ahorn und Immergrün schmückten die Wände der Maverick Concert Hall, in der Hervey so oft als »Priester der Musik« aufgetreten war. Freunde von nah und fern kamen, um jenem Mann die letzte Ehre zu erweisen, der Glück und Lebensfreude für Unzählige nach Woodstock gebracht hatte.

Das Trio de Lutèc und sein langjähriger Freund Paul Kefer eröffneten die Gedenkfeier mit Maurice Ravels *Boléro*, dessen rhythmische Klänge aus rauen Blechblasinstrumenten und tiefer Kesselpauke gravitätisch die Eintretenden begleiteten. Miss Tiffany, die Sängerin des ersten Maverick-Festivals im Jahr 1915, betrat den Saal, ihr folgte der Chor einheimischer Sänger und Sängerinnen, darunter auch Kinder, die vielstimmig ein altes Volkslied intonierten, das jeder kannte und bei dem alle mitsingen konnten.

Herveys ehemalige Ehefrau Vivian war aus New York gekommen und saß neben ihren Söhnen Caleb und Dan, die Herveys Vermächtnis fortführen würden. Auch wenn die Zeit der großen Festivals vorbei war, so organisierten seine Söhne doch weiterhin die klassischen Kammerkonzerte in der Tradition ihres Vaters mit guten Musikern, die die Maverick Concert Hall, wie an diesem Tag, bis auf den letzten Platz füllten.

In dieser Gedenkstunde las Martin Schütze vier Gedichte von Hervey vor und schloss die Feier mit folgenden Worten:

> Wir sind hier versammelt, um einem Mann die letzte Ehre zu erweisen, der in seinem Wesen gleichzeitig die seltenen Eigenschaften von Einfachheit und innerer Fülle, von Wärme, geduldigem Warten und von stiller, immer bereiter Güte und Menschenliebe vereinen konnte [...]. Das ist das Größte, was Hervey erreichte: Da, wo andere scheiterten, denen bei ähnlichen Projekten Reichtum und Ansehen zur Verfügung standen, da wurde Hervey mit Erfolg gekrönt, einzig durch die reine Kraft seiner Überzeugung, seiner Vision, seiner Integrität und seiner Menschenliebe. Er allein hat den endgültigen Beweis dafür geliefert, dass der Geist doch stärker ist, als alle materiellen Kräfte [...] Wir stehen hier und folgen mit den Augen unseres Geistes diesem Mann, der bis zum Schluss jugendlich war und der sich selbst treu geblieben ist. So zieht er nun seines Weges.[103]

Zwei Monate später wurde im Stadtteil Brooklyn in New York ein Mann geboren, der Hervey Whites Erbe würdig fortsetzen sollte: Michael Lang. Unter ihm entstand das größte Festival des Jahrtausends: das Woodstock Music Festival 1969.

Jane Whitehead

Unter den Trauergästen von Hervey Whites Beerdigung in der Maverick Concert Hall saß eine Dame mit schwarzem Schleier, die trotz ihrer lebenslang kränklichen Gesundheit diesen Tag um mehr als zehn Jahre überleben wird – Jane Byrd McCall Whitehead.

Schon bald nach dem Tod ihres Ehemannes war sie in das Haus Yggdrasil gezogen, das sie von jeher am liebsten gemocht hatte. Zusammen mit ihrem Sohn Peter führte sie die Byrdcliffe Art Colony weiter und versuchte mit allen Mitteln, die Idee, die sie vor mehr als einem halben Jahrhundert mit ihrem Mann Ralph in Florenz entwickelt hatte, am Leben zu erhalten.

Neben den internen Konflikten zwischen den etwa 50 Künstlern, die rund um Woodstock arbeiteten, bei denen es meist um Führungsfragen ging und darum, »Wer wird aufgenommen, wer nicht«, schritt die Arbeit gut voran und es entstand eine bemerkenswerte Anzahl von Werken.

1937 berichtete der Maler Walter Sarff, dass die Woodstocker Künstler insgesamt 1100 Kunstwerke produziert hätten, darunter 300 Ölbilder, 400 Lithografien, 300 Werbeplakate, 30 Skulpturen, 50 Zeichnungen für den amerikanischen Designindex, 25 Metallgegenstände, 30 Aquarelle und sechs Wandgemälde. Bis auf wenige Ausnahmen wie Bildhauer Alexander Archipenko und vereinzelte Arbeiten von Eugene Speicher, Yasuo Kuniyoshi und Milton Avery, die heute im Metropolitan Museum in New York hängen, gelangten sie allerdings zu keiner oder nur geringer internationaler Anerkennung.

Selbst in Zeiten der Depression vermietete Jane ihre Häuser jeden Sommer an Maler, Schriftsteller, Handwerker und an all jene, die unter Künstlern leben wollten. Das Haus Villetta, dessen Einrichtung zusehends verfiel, öffnete sie als Gasthaus für jedermann und nannte es »The Gateway to Catskills« (Eingang zu den Catskills). Soweit sie es vermochten, reparierten die Gäste das Interieur selbst, und wie ehemals in Herveys Maverick nagelten sie die Stühle zusammen, hängten schiefe Türen gerade oder brachten einen wackeligen Tisch wieder zum Stehen. Die Besucher, die jetzt zu ihr kamen, berührte das in keinster Weise. Im Gegenteil, sie waren dankbar, sich auf diese Weise für Janes Gastfreundschaft revanchieren zu können.

Noch vor Beginn des Zweiten Weltkriegs sah sich Jane mit einer überraschenden Anzahl von meist jüdischen Flüchtlingen konfrontiert, die seit Hitlers Machtübernahme in Deutschland aus allen Teilen Mitteleuropas kamen, um bei ihr Schutz zu suchen. Soweit es ihr möglich war, öffnete Jane ihre Tür für jedermann, denn sie sah mit aller Deutlichkeit: »Madness is overtaking the world.«[104]

Der Zustrom von Emigranten, die aus den unterschiedlichsten Gründen geflohen waren, setzte sich bis weit in die 50er-Jahre fort und trug wesentlich zum Erhalt der Kolonie als Kunst- und Begegnungsstätte bei. Es waren primär intellektuelle und kreative Menschen, die glücklich waren, Seelenverwandte an einem Ort wie Byrdcliffe zu finden. Unter ihnen befand sich die Familie des Schriftstellers Philipp Roth aus Polen, die Familie von Kahlers aus Prag, ein Vertreter der russischen

Nachrichtenagentur ITAR-TASS, ein ehemaliger polnischer Diplomat, sowie der deutsche Schriftsteller Thomas Mann, der sich in Byrdcliffe nur kurz aufhielt und auf Empfehlung weiter nach Kalifornien reiste. Dort siedelte er sich mit seiner Familie in Pacific Palisades bei Santa Monica an, unweit von Jane Whiteheads Villa Arcady.

Die englische Schriftstellerin Elisabeth von Arnim oder besser Countess Elisabeth Russell, wie sie seit ihrer Vermählung mit Earl Francis Russell hieß, kam 1939 auf der Durchreise nach Byrdcliffe, als sie ihre Töchter in Nordamerika besuchte. Die Jahre zuvor hatte sie in Italien, Südfrankreich und England verbracht und war aufgrund der politischen Situation in die USA ausgewandert. Sie kannte Jane aus ihrer Zeit in England und war froh, in ihr eine Vertraute wiederzufinden.

Der Geiger und Komponist William Fritz Kroll, der in Berlin studiert und bereits viele Auftritte als Kammermusiker in den Staaten hinter sich hatte, lebte in New York. Seit der Gründung seines Kroll Quartetts im Jahr 1944 warb er dort junge Musiker an und unterrichtete an verschiedenen Schulen. Die Sommermonate verbrachte er mit seinen Musikstudenten in Byrdcliffe und nutzte mit ihnen den Anbau in White Pines als Proberaum. Daneben spielte Kroll als erster Violinist im Woodstocker Playhouse, das seit 1949 unter der Leitung des ehemaligen Maverick-Musikers Pierre Henrotte stand, der dort das Kammerorchester dirigierte.

Als treuer Freund der Familie Whitehead zeigte sich wieder einmal der Professor für deutsche Literatur in Chicago, Dr. Martin Schütze, der ab 1938 im neu eröffneten Gebäude der Genossenschaft die »Byrdcliffe Afternoons« organisierte. Dort fanden in regelmäßigen Abständen Vorlesungen statt und Schütze richtete ein Diskussionsforum zu aktuellen Themen des politischen und kulturellen Lebens ein, an dem jeder teilnehmen konnte.

Bei seinen sommerlichen Besuchen in Woodstock, die er mittlerweile seit drei Jahrzehnten unternahm, verfolgte er mit großem Interesse die Situation in Byrdcliffe und nahm regen Anteil an dessen Werdegang. Martin Schütze prophezeite, dass die Entwicklung Byrdcliffes dazu führen werde, aus dem Ort Woodstock einen Platz zu machen »to become a historic centre of a great civilization.«[105]

Doch weit entfernt von dieser Prophezeiung ging es zunächst um das nackte Überleben der Byrdcliffe Art Colony. Trotz aller Anstrengung standen im Lauf der Jahre immer weniger Einnahmen immer größer werdenden Ausgaben gegenüber. Die Instandhaltung der Gebäude und die jährlichen Steuerabgaben rissen tiefe Löcher in die Verwaltungskasse. Jane Byrd sah sich gezwungen, die gesamte Kolonie für 140 000 Dollar zum Verkauf auszuschreiben, doch es fanden sich keine Käufer. So war sie weiterhin auf Privatspenden angewiesen, die ihr und ihrem Sohn halfen zu überleben. Sie begannen, die Häuser der Kolonie einzeln anzubieten und nutzten jede Chance, sie monatsweise zu vermieten, um mit den Einnahmen zumindest die Steuerausgaben bestreiten zu können.

Auf der Ostseite der Anlage hatten sich Unternehmer aus New York niedergelassen, um dort alljährlich einen vergnüglichen Sommer zu verbringen und die Farm Müller's Ruh, auf der schon lange keine Kühe mehr weideten, wurde mitsamt der Nebengebäude geschlossen. Die Anzahl der Studentenhütten reduzierten sie auf ein absolutes Minimum und für das Byrdcliffe Theater suchten sie möglichst dicht aufeinander folgende Pächter.

1946 kam die Theatergruppe Villetta Players und drei Jahre später die Loft Players, mit denen José Benjamin Quintero, ein Regisseur aus Panama, seine ersten Erfolge feierte. Bekannt geworden durch seine stimmigen Interpretationen der Werke von Eugene O'Neill avancierte er später zu einem erfolgreichen Broadway-Regisseur, der mit vielen namhaften Schauspielern arbeitete. Danach stand das Theater einige Monate leer und man nutzte die Zeit, um es auf Vordermann zu bringen.

Nach Abschluss der dringendsten Renovierungsarbeiten suchte Peter Whitehead fieberhaft nach neuen Pächtern. Eines Tages meldete sich eine Opernkompanie mit dem Vorschlag, sich langfristig im Theater einzumieten, was die Whiteheads mit Freude akzeptierten. Endlich konnten sie mit regelmäßig fließenden Einnahmen rechnen.

Die Turnau Opera Players zählten damals zu einer der talentiertesten Operngruppen weltweit und verhalfen dem Byrdcliffe Theater zu einigen seiner glänzendsten Augenblicke. Die vier Musiker kamen ursprünglich aus Europa und hatten sich an der Oper in Frankfurt am Main unter dem böhmischen Operndirektor Josef Turnau als Studenten zusammengefunden. In den 30er-Jahren starteten sie im New Yorker Hunter College ihren ersten gemeinsamen Workshop, unter Anheuerung weiterer Musiker und unternahmen sommerliche Abstecher nach Woodstock, wo sie mit kleinen Auftritten begannen.

Mit Peters Unterstützung erweiterten sie die Bühne des Theaters auf das erforderliche Opernminimum und setzten nur solche Stücke auf den Plan, die der Größe der Bühne entsprachen.

Mit Beginn des Winters gingen die Turnau Opera Players alljährlich auf Tournee durch die USA, kreuz und quer bis hinunter nach Florida und erweiterten ihr musikalisches Repertoir. Im Frühjahr kamen sie dann mit neuen Ideen zurück und gestalteten bis weit in die 60er-Jahre hinein einen sommerlichen Höhepunkt nach dem anderen, der Opernfreunde aus nah und fern anlockte. Auch Woodstocks Bürger kamen gerne zu ihren Auftritten, unter ihnen Jane Byrd, die ausdauernd alle Arten gesellschaftlicher Ereignisse wahrnahm und zu den häufigsten Besuchern zählte.

Gekleidet in bodenlangen schwarzen Samt, das dichte, schlohweiße Haar hochgesteckt, schritt sie gravitätisch bis ins hohe Alter am Arm ihres Sohnes ins Byrdcliffe Theater, wo sie huldvoll wie eine Königin nach beiden Seiten grüßte. Während der Aufführung begann sie manchmal leise die Texte mitzusprechen oder zu summen, so oft hatte sie die Stücke schon gesehen und gehört. Dann traf sie ein Blick von Peter, der darauf achtete, dass alles seine Ordnung hatte.

Ein weiterer fester Programmpunkt war für Jane der regelmäßige Besuch der »Byrdcliffe Afternoons« von Martin Schütze. Selbst mit Mitte achtzig nahm sie noch aktiv daran teil und trug dort ihre stetig wachsenden Sorgen um die Künstlerkolonie vor. Bei diesen Treffen warb sie um Unterstützung aller Art, sei es, dass sie einen Förster suchte, der die morschen Bäume im Wald fällte oder einen Maurer, der die Risse in den Wänden der Hütten ausbesserte. Auch die Dächer mussten neu gedeckt werden. Auf ihre Anforderung verschaffte ihr Schütze einen Dachdecker, der mit zwei Gehilfen in einer einzigen Schönwetterwoche alle Dächer der Hütten erneuerte. Und schließlich schickte er ihr noch einen holländischen Hausmeister, der den Hügel rund um ihr neues Heim bearbeitete.

Bert van Kleeck war sowohl Butler als auch Klempner oder Gärtner. Er konnte so gut wie alle kleineren Dinge reparieren und kannte sich mit Pflanzen aus. Das Einzige, was er nicht konnte, war kochen. Daher folgte er gerne den Einladungen von Jane, die ihm, meist abends bei Kerzenschein, ein reichhaltiges Mahl servierte, mit Birnenkompott als Nachtisch und einem Gläschen Holunderschnaps, den er, aus ihrem Garten geerntet, selbst gebrannt hatte. Als Gegenleistung tätigte er für Jane alle anfallenden Reparaturen, die in seinen Bereich fielen.

Dieses Abkommen, das selbstverständlich auch freies Wohnen für van Kleeck beinhaltete, übernahm später ihr Sohn Peter und wurde über mehrere Jahrzehnte hinweg, bis an sein Lebensende, aufrechterhalten.

Mit zunehmendem Alter zog sich Jane Byrd, die »Schlossherrin«, wie sie ehemals genannt wurde, in ihr Haus Yggdrasil zurück, das zu ihrer äußeren wie inneren Festung geworden war. So wie der Weltenbaum in der germanischen Mythologie die unterschiedlichen Sphären menschlicher Existenz beherbergt, so gestaltete Jane ihr tägliches äußeres Leben in Einheit mit der Welt ihres inneren Lebens. Umgeben von einer Gartenanlage, in der sie mit ihrem Gärtner Steine und Pflanzen in Harmonie von Yin und Yang arrangiert hatte, suchte Jane seelischen Halt im Mystizismus und in den Religionen ferner Länder. Sie glaubte an die Kraft der Wiedergeburt. Zunehmend in Abhängigkeit übersinnlicher Zauberkräfte und fernöstlicher Rituale geratend, widmete sie sich voll Hingabe und mit eiserner Disziplin der tibetisch-buddhistischen Glaubensrichtung.

Mit Beginn der Abenddämmerung trat sie auf die Veranda und brachte die kunstvoll geschnitzte Gebetstrommel in Bewegung, die unter dem Vordach hing. Jedes der eingravierten Mantras besaß für Jane eine Bedeutung und zeigte in ihrer Gesamtheit den endlosen Kreislauf von Tod und Wiedergeburt. Unter singenden, immer wiederkehrenden Lauten drehte sie die Trommel, berührte die Zeichen und schickte mit ihnen ihre Gedanken hinaus in die Welt, nicht nur auf der Suche nach Antworten, sondern auch erfüllt von Dankbarkeit.

Für sie war ein Großteil des einfachen Lebens in Erfüllung gegangen, das sie sich gewünscht hatte, als sie 1891 ihrem späteren Mann Ralph Radcliffe schrieb: »(...) alles was wir wollen, ist gerüstet sein mit etwas Liebe, etwas Gesundheit, etwas Philosophie und einer guten Portion Natur vor der Tür.«[106]

Ihre erste Tasse Tee des Tages zelebrierte sie bei aufgehender Sonne gen Osten vor ihrem Heimaltar, in kerzengerader Haltung im Lotussitz auf einem Seidenkissen am Boden sitzend. Jane fühlte sich erleuchtet. In ihrem Schoß drehte sie andächtig die Kugeln der Gebetskette, die sie in ihrer Jugend von Max Müller, dem Orientalisten, geschenkt bekommen hatte und blickte auf die lächelnde Buddha-Figur, die vor ihr auf dem Altar stand.

Eingehüllt in Schwaden duftender Kerzen, in vollkommener innerer Ruhe und Konzentration, betete sie für die Zukunft der ursprünglichen Byrdcliffe-Idee. Es war ihr größter Wunsch, den Platz zu erhalten und nach ihrem Ableben in Hände zu geben, die ihn so gut wie möglich in seinem ehemaligen Sinn fortführen sollten.

Als Jane sich ihrem 90. Geburtstag näherte, betraute sie acht Vertraute der Verwaltung von Byrdcliffe mit der Aufgabe, ihr Lebenswerk fortzuführen. Die meisten von ihnen waren Mitglieder der Woodstock Artist Association. In ihrem Testament legte sie fest: »Es soll ein Komitee gebildet werden, das ganz aus sich selbst heraus existiert. Es soll Byrdcliffe als sein Eigentum betrachten und es in dem Sinn verwalten, dass es unter den Einwohnern Woodstocks das Studium, die Praxis und die Weiterentwicklung der Schönen Künste und des Kunsthandwerks kultiviert, sowie die echte Wertschätzung desselben ...«[107]

Die acht Vertrauten waren: Blanche Rosette, die Journalistin Bertha Weyl (Ehefrau von Walter Weyl), Alice Henderson, Zulma Steele Parker (Janes ehemalige Konkurrentin), die Buchbinderin Louise Lindin (Ehefrau von Carl Eric Lindin), Katherine Boyd, Theatermann Ben Webster und Mishka Petersham.

Jane Byrd McCall Whitehead starb 1955 im Alter von 94 Jahren und wurde an der Seite ihres Ehemanns in Woodstock beerdigt.

Das Vermächtnis

Seit der Übernahme der Byrdcliffe-Kolonie versuchte Peter Whitehead, der eigentlich auf den Namen Geoffrey getauft war, die Wünsche seiner Mutter in die Tat umzusetzen, so gut er konnte. Im Laufe der folgenden 20 Jahre, in denen er die Kolonie verwaltete, trennte er sich von nahezu allen an der Peripherie gelegenen Objekten, um mit dem Erlös den Rest der Kolonie auf niedrigstem Niveau halten zu können und die Steuerlast zu senken.

Obwohl Peter 13 Leute für ein Beratungskomitee benannt hatte, das die Woodstock Artist Association bei ihrer Aufgabe unterstützen sollte, konnte die kleine Gruppe jedes Jahr nur die nötigsten Sanierungen vornehmen. Glücklicherweise gab es seit 1951 den holländischen Hauswart Bert van Kleeck, der sich bereit erklärt hatte, seine bisherigen Aufgaben gegen ein geringes Entgelt weiter zu erfüllen. 39 Jahre lang waltete »Mr. Byrdcliffe« als unersetzlicher Hausgeist, der mit seiner Umsicht die Kolonie bis zu seinem Tod vor dem Verfall rettete.

Eines Abends, kurz nach seinem 67. Geburtstag, war Peter Whitehead auf dem Rückweg von der Artist Association in der Tinker Street, wo er mit den dortigen Verantwortlichen die alten Pachtverträge durchgesehen hatte. Wieder einmal lief ihm das kalte Grauen über den Rücken, wenn er daran dachte, wie die Zukunft seiner Byrdcliffe-Kolonie aussehen würde. Der Erhalt dieser Häuser war ein Ansinnen, das von allen Beteiligten Unmögliches forderte.

Er blieb stehen und lehnte seinen Kopf an eine Hauswand, er war müde von all den erfolglosen Plänen, die er im Geiste hin und her gewälzt hatte, ohne dass eine Lösung in Sicht kam. Die Schäden an der Anlage waren immens und die Reparaturkosten überstiegen bei weitem ihre Mittel, selbst wenn alle zusammenlegten.

Es war noch hell genug, die Vorbeigehenden zu erkennen, noch war die Straßenbeleuchtung nicht eingeschaltet. Von der gegenüberliegenden Seite erklang lautes Geplänkel, ein Paar löste sich aus einer Gruppe Jugendlicher und kam lachend auf ihn zu. »Sie werden immer zügelloser, die jungen Leute«, schoss es ihm durch den Kopf. Der Junge hatte einen wilden Lockenkopf, dazu trug er eine offene Fransenlederweste über dem nackten Oberkörper. Die junge Frau neben ihm trug enge Hüftjeans, die ihren Bauchnabel freigaben.

Für einen kurzen Moment streiften die Blicke des jungen Mannes die seinen, zwei helle Augen strahlten ihn an. Das Strahlen galt nicht ihm, doch was für ein Leuchten lag in ihnen! Peter Whitehead blickte ihnen in staunendem Erstarren nach. Hier war etwas, das er weder kannte noch einordnen konnte.

Doch mit einem Mal lächelte auch er. Er wusste, er würde es schaffen, er musste durchhalten, koste es, was es wolle. Er ahnte nicht, dass eben dieser junge Mann mit der Fransenlederweste das Schicksal seiner Byrdcliffe-Kolonie in neue Bahnen lenken würde. Der Mann war Michael Lang.

Obwohl Peter viele Grundstücke verkaufen musste – unter anderem 1967 eines an den Hollywood-Autor Howard Koch, der der Stadt Woodstock bis zu seinem Lebensende im Jahr 1995 treu blieb –, bewahrte er doch das Herz der Anlage als Kunst- und Handwerkszentrum.

Wie schon sein Vater ermutigte er weiterhin bei jeder Gelegenheit Maler, Musiker und Schriftsteller, die Byrdcliffe-Hütten zu bewohnen und dort zu arbeiten. Die Malerin Florence Monroe, 81, die heute in unmittelbarer Nähe des Wasserfalls in Woodstock wohnt, verbrachte auf Einladung Whiteheads mehrere Sommer in Byrdcliffe:

> Ich studierte damals an der Kunstakademie in New York und kam mit meinen beiden Freundinnen nach Woodstock, um dort die Ferien zu verbringen. Mr. Whitehead war sehr freundlich, er gab uns eines seiner kleinen, funktionalen Häuser, die unter Bäumen mitten im Wald standen und meinte, dort könnten wir wohnen und malen, solange wir wollten. Wir nahmen das Angebot dankend an und blieben den ganzen Sommer, es war eine herrliche Zeit![108]

An besonderen Tagen wurden die Malerinnen zum Dinner eingeladen. Selbst in den späten 50er-Jahren, als die Kolonie nur noch wenige Künstler empfing, wurde das Essen immer von einem Diener serviert. Zu diesen Anlässen zog Hauswart Bert van Kleeck seinen schwarzen Frack an und bediente formvollendet die Gäste.

Dazu Florence Monroe: »Wir trugen Cordsamt und Jeans, aber wir hatten immer einen Butler und aßen bei Kerzenlicht.«[109]

Zwei Bildhauer

Neben den pendelnden Künstlern, die einzig im Sommer nach Woodstock kamen, siedelten sich im nahen Umkreis Kunstschaffende mit Visionen an, die, auf der Suche nach einem toleranten Umfeld, hier ihre neue Heimat fanden. Darunter auch zwei Bildhauer, die mit ausufernden, fantastischen Ideen gesegnet waren.

Während in Saugerties Harvey Fite für sein *Opus 40* die Bluestone-Quader bearbeitete, bereits seit über zehn Jahren Stein um Stein an- und aufeinandersetzte, begann gegenüber in den Ohayo Mountains in den späten 50ern ein großer, breitschultriger Mann mit Bart namens Clarence Schmidt (1897–1978) seine Arbeit. Er war Pflasterleger und Steinmetz und hatte es sich trotz dürftiger Finanzen zur Lebensaufgabe gemacht, ein Schloss zu bauen, ein mächtiges Gebilde seiner verschlungenen Tag- und Nachtträume, das später im Munde vieler als »Crazy Castle« die Runde machte.

Eines Tages begann Clarence alles Material zu sammeln, das ihm unterkam, alles, was das moderne amerikanische Leben an ausrangierten und kaputten Objekten zu bieten hatte. Tag für Tag, Jahr um Jahr schleppte er Ladungen davon auf ein ehemaliges Steinbruchgelände in der Nähe von Hurley, unweit von Hervey Whites Farm. Angefangen bei glitzernden Chromteilen von Autos, kaputtem Spielzeug, Badezimmer- und Kücheninventar über Teile von Rasenmähern, Waschmaschinen, Kühlschränken und Möbeln bis hin zu allen Arten von Metall-, Holz-, Glas- und Plastikabfällen – Clarence Schmidt nagelte, schweißte und klebte im Alleingang zusammen, was immer seiner Vorstellung entsprach und zur Vollendung seiner Vision beitrug.

Begleitet von den staunenden Blicken der angrenzenden Bewohner wuchs und gedieh das Schloss, hoch oben auf dem Ohayo Mountain über Hurley. Es schlängelte sich durch die Landschaft in unterirdischen Gängen mit farbigen Lichtern, Spiegeln und Kaskaden künstlicher Blumen, die zu altarähnlichen Gebilden arrangiert waren. Darüber erhob sich eine vielstöckige und vielräumige Konstruktion mit Erkern und Balkonen, die funkelte wie ein glitzerndes Märchenschloss und von weitem aussah wie ein Palast aus Tausendundeiner Nacht.

Viele der mit Ziegelzement zusammengeklebten Teile stammten aus der Müllsammlung des Exzentrikers Wittenberg, dem ein nahegelegenes Sägewerk gehörte, und aus Abfallprodukten des Schreiners Spanhake, der behauptete, ein Überlebender der 1912 versunkenen Titanic zu sein.

Nach Jahren anhaltender Begeisterung, in denen Clarence in aller Öffentlichkeit an seinem Werk gearbeitet hatte, ohne je von der Kunstwelt beachtet zu werden, erschien eines Tages ein Millionär aus Chicago, der Interesse zeigte und seine Bewunderung für ihn ausdrückte. Er sicherte Clarence ein monatliches Honorar zu, unter der Bedingung, dass er die Arbeit zügig vorantreibe, was dieser mit Freuden tat. In einigen Teilen der Staaten hatte man gerade Abfallprodukte als eine neue Dekorationsmöglichkeit für das eigene Heim entdeckt und Clarence wurde als der große Vorreiter gefeiert, als »Grand Daddy of Popart«.

Schon bald berichteten bekannte Zeitungen über den wundersamen Dada-Künstler Clarence Schmidt, der im Alleingang und auf Müllplätzen seine Kunst zusammentrug, und widmeten ihm ganze Seiten in Farbe, mit Fotos seiner Kreationen.

Angeregt von dieser Publicity erklommen viele Schaulustige und engagierte Kunstliebhaber den Ohayo Mountain und besuchten das »Junk Castle«. Doch nicht jeder war entzückt oder verstand, was Clarence damit ausdrücken wollte. So meldete sich ein benachbarter Musiklehrer, der die geistig anspruchsvollen und schönen Dinge in Woodstock verkümmern sah angesichts der Menschenströme, die kamen, um etwas zu sehen, was er »einen tragischen Ausdruck unserer degenerierten Gesellschaft« nannte.

So ähnlich hat es wohl auch Clarences Frau empfunden, die mit ihrem gemeinsamen Sohn ausgezogen war und in einem eigenen Haus nebenan wohnte, das sie von ihrem spärlichen Hausmeisterlohn zusammengespart hatte. Sie hasste das Schloss. Ebenso wie die Familie ihres Bruders, die wiederum neben ihr wohnte. Es blieb nicht aus, dass es zwischen dem exzentrischen Künstler und dem Bruder seiner Frau zu heftigen Streitereien kam, die eines Tages ungebremst eskalierten. Clarence griff nach seiner Waffe, entsicherte sie und richtete sie, ohne zu zögern, auf seinen Schwager. Zur Beruhigung musste er dafür eine Nacht im städtischen Gefängnis verbringen, was seine Frau und ihr Bruder mit Wohlwollen registrierten.

Nach 1964 erschienen renommierte Kunstexperten aus ganz Nordamerika und erklärten das »Junk Castle« zu einem genialen Kunstwerk, das in seiner Art den höchsten künstlerischen Ansprüchen genüge. Ihnen folgten die Psychiater mit ihren höchst speziellen Interpretationen. Sie enttarnten die verschlungenen Gänge als Darstellung einer Liebesfalle, was sich wie ein Lauffeuer verbreitete und sämtliche Liebespaare der umliegenden Gegenden anlockte. Diesem Ansturm war das in Handarbeit zusammengesetzte Werk nicht gewachsen. Es begann halbseitig zu kollabieren und als mehrere Tage hintereinander starker Sturm mit Regenfällen einsetzte, fiel es, für alle sichtbar, Stück für Stück in sich zusammen. Zuletzt ging es in Flammen auf und landete dort, wo es hergekommen war: auf dem Müllberg.

Clarence Schmidt erschütterte das nicht weiter, ihn erstaunte höchstens, dass sein Schloss überhaupt so lange gehalten hatte. Postwendend machte er sich an sein nächstes Kunstprojekt, bei dem er Äste und Zweige in Aluminiumfolie verpackte und zu neuartigen Gebilden arrangierte. Er musste jedoch bald aufgeben, sein geistiger Zustand verschlechterte sich zusehends. Man brachte ihn ins Nervensanatorium nach Kingston und man erzählt sich, dass er dort am liebsten im Nikolauskostüm auf der Veranda saß, um die Straße zu beobachten und den vorbeigehenden Spaziergängern zuzuwinken.

Er winkte auch hinauf in den Himmel, in die unendliche Welt hinter den Wolken, wo er seinen Kollegen Harvey Fite vermutete, der zwei Jahre zuvor bei dem Bau seiner Amöbenanlage von der Leiter gestürzt war.

In ihrer unverrückbaren Besessenheit waren die beiden Bildhauer sicher Seelenverwandte, die wohl voneinander gewusst haben mögen, sich aber höchstwahrscheinlich nie begegnet sind. Dafür waren sie viel zu beschäftigt. Einzig getrieben von der inneren Kraft ihrer Visionen und der absoluten Gewissheit, diesen Ausdruck verleihen zu müssen, waren sie über sich selbst hinausgewachsen. Harvey Fites Gebilde ging als *Opus 40* in die Geschichte ein und ist heute noch zu besichtigen. Das »Junk Castle« hingegen landete auf der Müllhalde und blieb deshalb für die nachfolgende Welt ohne Bedeutung. Für den Künstler Schmidt spielte das keine Rolle. Er hatte für sich erreicht, was er wollte. Kurz nach seinem Umzug in ein anderes Sanatorium – eines ohne Veranda – starb Clarence Schmidt im Alter von 81 Jahren.[110]

Der Bildhauer Harvey Fite (1903-1976) wurde durch seinen monumentalen Steinbau *Opus 40* bekannt, der heute in Saugerties, unweit von Woodstock, in den High Woods zu besichtigen ist. Als Einmannunternehmen bewegte und arrangierte Harvey Tonnen von Bluestone, gestaltete und verlegte Tag für Tag und jahrzehntelang Stein um Stein zu einer Anlage, die nach 40 Jahren vollendet sein sollte. Dabei benutzte er einzig die einfachen Werkzeuge eines Steinmetzes wie Hammer, Meißel, diverse Bohrer, Sprengpulver und einen handbetriebenen Kran, mit dem er die schwersten Teile bewegen konnte.

Aus Millionen von Steinen, die er aus dem nahen Bluestone-Steinbruch herankarrte, entstanden unter seinen Händen verschlungene Pfade und Gehwege, Wälle, Gräben, natürliche Tümpel, Teiche und Terrassen und bildeten als Ganzes einen vielarmigen Steingarten, der in der Mitte in einem Monument zusammenfließt, das noch heute von fern zu sehen ist: ein zwölf Fuß hoher, neun Tonnen schwerer Monolith, der sich schwarz glänzend in den Himmel erhebt. Eines Abends im Jahr 1976, drei Jahre vor der Vollendung seines Werkes, stürzte Harvey Fite im Alter von 73 Jahren von der Leiter und war auf der Stelle tot. Sein Werk wurde später ohne ihn vollendet.

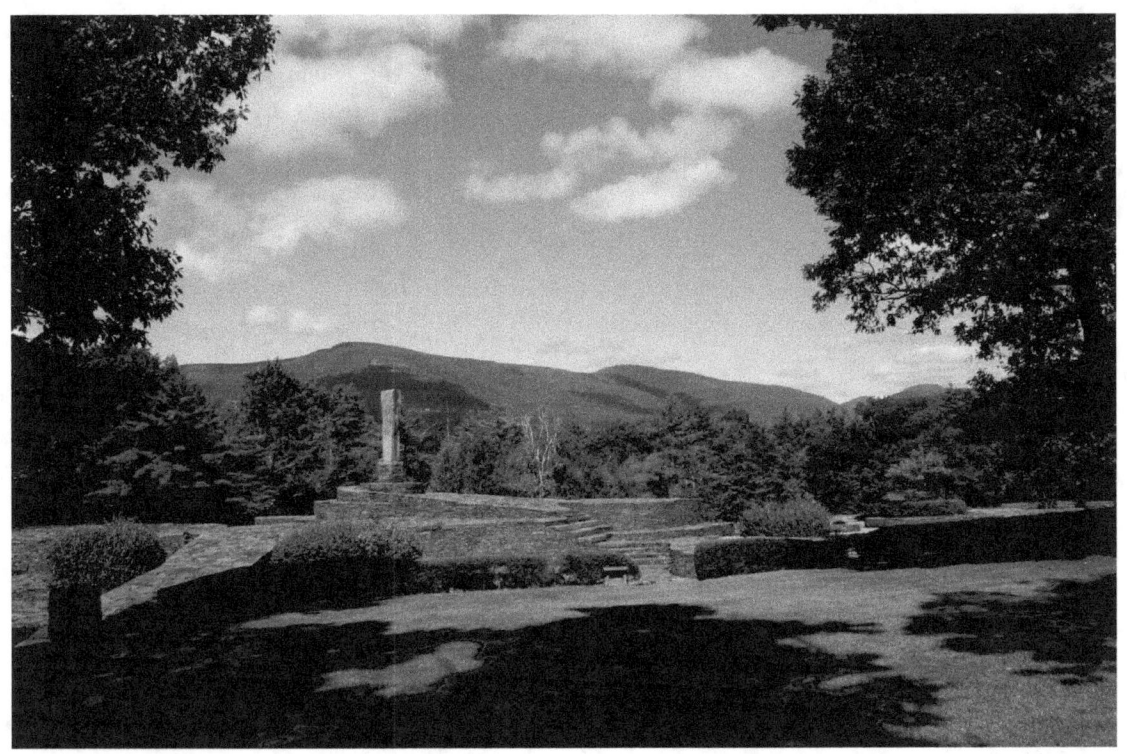

Ausschnitt aus *Opus 40* von Harvey Fite

Teil III
Zeit des Entdeckens

Wenige Jahre nach Ende des Zweiten Weltkriegs im Frühjahr 1945 erwachten aus den zügig schwindenden Ruinen geballte Kräfte, die umwälzende Gesetze für die Bevölkerung auf den Weg brachten. In Amerika setzte sich eine neue Ordnung durch, die in einer bis dahin unbekannten Form das Leben der Bürger in ihren Grundfesten erschütterte: die so genannte McCarthy-Ära.

Ende der 40er-Jahre hatte zwischen Russland und Amerika jener Kalte Krieg begonnen, der die Verständigung zwischen den beiden Ländern auf ein Mindestmaß reduziert hatte. In Russland herrschte ein kommunistisches Regime, das von Amerika zutiefst abgelehnt, gefürchtet, ja bekämpft wurde, und jeder, der mit der Kommunistischen Partei auch nur ansatzweise sympathisierte, wurde verfolgt und geächtet.

Senator Joseph McCarthy, zuständig für die innere Sicherheit, startete 1948 mit Unterstützung des FBI unter John Edgar Hoover eine Kampagne gegen den Kommunismus, die das innere Klima des Landes bis etwa 1956 bestimmte und von Grund auf veränderte. Er erließ ein Gesetz, das der Auffindung und Verurteilung von Kommunisten dienen sollte.

Diese Säuberungsaktion, »Second Red Scare« genannt, betraf in erster Linie Staatsbeamte und Intellektuelle, die auf eine schwarze Liste kamen, sobald bekannt wurde, dass sie Anteil hatten an der angeblichen Verbreitung kommunistischer Ideen oder an kommunistenfreundlichen Aktionen gleich welcher Art. Anfangs wurden nur Leute aus der Oberschicht verdächtigt, doch es dauerte nicht lange, da traf es alle. Eh man sich versah, wurde man als kommunistischer Mitläufer oder Spion identifiziert, oftmals nur aufgrund des Verdachtes, staatsfeindliche Gedanken zu hegen, wenn man sich unbedacht gegenüber einem Dritten geäußert hatte. Jeder fürchtete, als Nächster auf jener berüchtigten Liste zu stehen, und keiner traute mehr seinem Nachbarn, denn auch dieser könnte ja ein Verräter sein.

Alle Bürger im Land wurden aufgerufen, dem Staat bei seinem Kampf gegen die dunklen Mächte des Kommunismus beizustehen, unter Zusicherung von Vergünstigungen aller Art, was für viele eine Stufe höher in der Gehaltsklasse bedeutete. Gleichzeitig mussten sich die Geächteten jahrelang unter widrigsten Bedingungen mit Jobs als Tagelöhner durchschlagen, wenn sie das Glück hatten, nicht gleich verhaftet zu werden. Auf dieser Liste standen neben Beamten viele Künstler, Wissenschaftler, aber auch Journalisten und Schriftsteller, die, wenn sie nicht gleich im Gefängnis gelandet waren, ihren Beruf nicht mehr ausüben durften und minderwertige illegale Jobs ausüben mussten.

Angesichts dieser staatlichen Bedrohung suchten Künstler aller Art ein liberal eingestelltes Umfeld, das sie in dem 90 Meilen von New York entfernten Künstlerdorf Woodstock fanden. Es waren Schriftsteller und Schauspieler, Musiker und Maler, die einen Ort der Stille suchten, an dem sie vor politischer Bedrängnis einigermaßen sicher waren.

Neben den Schönen Künsten breitete sich Ende der 40er-Jahre in Woodstock eine musikalische Bewegung aus, die bis dahin unbemerkt am Rand mitgelaufen war, die amerikanische Countrymusik. Sie fand großen Anklang bei den unterschiedlichsten Gruppen, die von nah und fern angereist kamen, sodass man Woodstock zeitweise »The Nashville of the North« nannte.

Es begann mit Pete Seeger, der an einem schönen Sonntagabend im August 1948 etwas Neues auf dem Eventsektor brachte. Seeger, der 1919 in New York als Sohn eines Musikwissenschaftlers und einer Geigenlehrerin geboren wurde, trat seit einigen Jahren mit seiner Musikgruppe The Almanac Singers auf, der unter anderem der Gitarrist Woody Guthrie und die Sänger Lee Hays und Millard Campell angehörten. Sie spielten alte amerikanische Volkslieder, untermischt mit dem Sound des Südstaaten-Blues, der ihre Solidarität mit der Arbeiterbewegung und den Problemen der Dritten Welt zum Ausdruck brachte.

Pete Seeger hatte bereits in zwei Filmen als Countrysänger und Banjospieler mitgewirkt und hielt sich schon länger in Woodstock auf. Er hatte Toshi, die Tochter des Designers Takashi Ohta geheiratet, der ehemals Bühnenbilder für Herveys Maverick Festivals entworfen hatte, und war im Begriff, sich fest in Woodstock anzusiedeln. Er war monatelang über Land getuckert, hatte alte Countrylieder gesammelt, gesungen und sich dazu auf seinem 5-Saiten-Banjo begleitet.

An einem Abend veranstaltete er im Wallace Club einen Countrymusik-Abend, der später »Hootenanny« genannt wurde, und der bei der Bevölkerung einen bleibenden Eindruck hinterließ. Seeger trat mit einer Mannschaft von 200 Musikern auf, die er im ganzen Land eingesammelt hatte und die, wie die Ratten von Hameln, der Laute ihres Fängers gefolgt waren. Sie alle stürmten auf die Bühne, spielten Gitarre, Banjo oder Fiedel und sangen dazu. Es wurde ein großer Erfolg.

Bejubelt von Jung und Alt folgten diesem Abend weitere sommerliche »Hootenannies«, die bald zu einer Art Volksfest wurden, bei dem auch Einheimische spontan zu ihrer Gitarre griffen und mitspielten.

Es wird berichtet, dass Pete einmal nach einem Auftritt noch zu Snyder's Store ging, um ein Bier zu trinken. Mister Snyder hatte seinen Laden inzwischen an seinen Sohn übergeben und half nur noch in Notfällen. Seine Frau war bereits vor Jahren gestorben und er schaffte es gerade noch so, den Betrieb zusammen mit seinem Sohn zu halten.

Seeger stellte sich an den Tresen und bestellte mit heiserer Stimme ein Bier. Er hatte sich total verausgabt und konnte kaum noch sprechen nach all dem Gegröle. Eigentlich wollte er nach einem Haus fragen, das er mieten könnte, aber dafür war er nicht in Form.

Plötzlich ertönte hinter ihm eine Stimme, die aus der Tiefe einer Gruft zu kommen schien.

»Gratuliere! Toll, was ihr da auf die Beine gestellt habt!«

»He? Danke ...«

Seeger nahm den ersten Schluck und nach zwei Minuten war das halbe Glas leer. Jetzt ging es ihm schon besser. Er drehte sich um und konzentrierte sich auf das Dunkel. Er fragte:

»Waren Sie dabei?«

Ein Stuhl wurde zurückgeschoben, eine lange Gestalt schälte sich aus der Ecke und kam langsam auf ihn zu.

»Ich hab nur die letzten Töne gehört, aber selbst das war umwerfend. Ich hätte am liebsten mitgetanzt. Lust auf einen Boilermaker?«

Lee Marvin (1924–1987), damals angehender Schauspieler, war an diesem Abend im Maverick Theater gewesen und hatte dort seinen zweiten Auftritt auf der Bühne gehabt. Es lief ganz gut für ihn, er war beklatscht worden. Seit er wusste, dass er Schauspieler werden wollte, fiel ihm vieles leichter. Am schlimmsten war die Zeit davor gewesen, als er im Krieg verletzt worden war und über ein Jahr nicht gehen konnte und keine Ahnung hatte, wie alles weitergehen würde. Im Maverick Theater war er nur für einen kranken Kollegen eingesprungen, aber jetzt gefiel es ihm in Woodstock, wie auch Pete Seeger.

Die beiden trafen sich von da ab oft und tranken viele Boilermaker zusammen, ein Gemisch aus Guinness und Gin, wobei sich Marvin standhafter zeigte. Sie besuchten selten gegenseitig ihre Vorstellungen, aus Zeitmangel, wie Pete sagte. Doch wenn er frei hatte, tanzte Marvin manchmal zu den »Hootenanny«-Klängen am Sonntagabend, so gut er mit seinem lädierten Bein konnte. Oftmals kippten sie danach ein Bier in Snyder's Store und Lee erzählte Pete, wie er zum Fernsehen gekommen war. Erst mit Beginn der Filmkarriere Marvins in den 50ern, als er den Chef einer Motorradgang in *Der Wilde* mit Marlon Brando spielte, verebbte der Kontakt zwischen ihnen.

Nachträglich ehrte die Stadt Woodstock ihren Mitbürger Lee Marvin, indem sie den unterhaltsamsten Spielfilm des Filmfests 2008 mit dem Lee-Marvin-Preis auszeichnete.

Auf der anderen Seite kristallisierte sich in den 50er-Jahren in Amerika eine politisch unabhängige, geistige Liga heraus, die auf der Suche nach Individualität neue Wege beschritt und eine eigene Form der Sprache kreierte.

Für geistigen Zündstoff sorgten die Beatniks, allen voran Irvine Allen Ginsberg (1926–1997), der 1956 sein erstes langes Gedicht *Howl* veröffentlichte. In seiner Kindheit hatte Ginsberg mit seiner Mutter einen Sommer in Woodstock verbracht, was er in dem langen autobiografischen Gedicht *Kaddish for Naomi Ginsberg* bewegend erzählt.

Sein viel gereister Freund Jack Kerouac (1922–1969) pendelte zwischen Mexiko, Nordafrika und Europa hin und her und testete dabei in etwa alles, was damals an Drogen inklusive Alkohol zu finden war. In flapsig drogengefärbter Umgangssprache berichtete er in seinen Werken von seinen Erlebnissen, die bereits im Ton die jungen Leute ansprachen. Sein erstes Buch hieß *The Sea Is My Brother*, darin erzählt er von seiner kurzen Zeit bei der Navy, 1948 folgte der Roman *The Town and the City*, der auf mäßige Resonanz stieß.

Erst im Jahr 1957 erzielte er den Durchbruch mit seinem Roman *On the Road*, der in etliche Sprachen übersetzt rund um die Welt ging und für viele zur Offenbarung wurde.

Als nahezu fanatische Freiheitskämpfer drückten Ginsberg wie Kerouac in ihren Texten die Überzeugung aus, dass die junge amerikanische Generation Opfer einer Sozialstruktur sei, die ausschließlich kommerzielle Institutionen bediene und füttere, wobei tiefste menschliche Bedürfnisse ignoriert oder pervertiert würden, um eine brutal geldorientierte Gesellschaft aufrechtzuerhalten.

Sie forderten indirekt dazu auf, sich von den gegebenen Gesellschaftsstrukturen abzuwenden, um den Weg – in sich selbst – freizumachen für eine neue Art der Lebensauffassung, die verbunden ist mit Glücksgefühlen und dem Erkennen der eigenen Fähigkeiten.

Diese Form der Selbstfindung unterstützte man, ihrer Meinung nach, am besten mit der Einnahme bewusstseinsverändernder Drogen, die den Weg zu einem neuen Menschentypus ebneten: zum Hippie.

Die Bezeichnung Hippie hat ihren Ursprung in dem englischen Wort »hipster«. Als »hipster« titulierte man ursprünglich Schwarze, die, auf der Hüfte (*hip*) liegend, in verrauchten Höhlen die Opiumpfeife kreisen ließen. Sie standen im Gegensatz zu den bürgerlichen »squares«.

Es waren oftmals Kinder von Akademikern aus der Mittel- bis Oberschicht, die den Wandel vom angepassten Jugendlichen zum Hippie vollzogen, die, neugierig auf alternative Lebensformen, bereit waren, ihren bisherigen Alltag in Frage zu stellen. Auf der Suche nach neuen Werten entdeckten sie ungeahnte Möglichkeiten ihrer inneren Entscheidungsfreiheit und lehnten sich im Geistigen wie im Körperlichen gegen die enge Welt ihrer Eltern auf. Sie folgten Kerouac *on the road*, um eine bessere Form des Miteinander zu finden.

Die ehemals braven Studenten verließen ihr Elternhaus, brachen das Studium ab und suchten sich einen Gelegenheitsjob, um fern aller Privilegien inmitten der Welt der Arbeiter, mit denen sie sich solidarisierten, tätig und somit von zu Hause unabhängig zu werden. Zusammen mit Gleichgesinnten lebten sie in »wilder Ehe« in kostensparenden Wohngemeinschaften, die ihnen anstelle der ehelichen Zweisamkeit vielschichtige Entfaltungsmöglichkeiten boten. Sie kleideten sich in bunte Fantasiekostüme, angelehnt an orientalische und indianische Vorbilder, um auch nach außen zu demonstrieren: »Wir sind anders.«

Es wurde nächtelang diskutiert über Sinn und Unsinn des Lebens, die Friedenspfeife oder der selbstgerollte Joint ging von einem zum anderen und plötzlich klopfte jemand rhythmisch auf der Trommel, als hätte er nie etwas anderes gemacht. Die Zeit des Entdeckens war gekommen, die Suche nach dem Ich mit all seinen Möglichkeiten hatte begonnen, im Guten wie im Schlechten.

Zur mythischen Leitfigur heimlicher Rebellen wurde im September 1955 der Filmschauspieler James Dean, als er mit 24 Jahren bei einen Autounfall ums Leben kam. Durch seine Rolle in dem Film *Jenseits von Eden* und nicht zuletzt durch *Giganten* war er zum Inbegriff des Protests gegen Elternhaus und Obrigkeit geworden. Sein melancholisch trotziger Blick, der offene Hemdkragen und die abgewetzten Bluejeans aus der Welt der Arbeiter wurden zum Markenzeichen des verkannten Genies. Etwa zur gleichen Zeit startete der aus armen Verhältnissen stammende Elvis Aron Presley (1935–1977) eine beispiellose Karriere und eroberte mit seiner revolutionären Musik im Handumdrehen ein Millionenpublikum.

Mit seiner wilden, rhythmisch bewegten Performance machte »The King« eine Art schwarze Musik für ein weißes Publikum, die mit ihrer erotischen Ausstrahlung alle bekannten Konventionen über Bord warf. Die heißen Rhythmen seiner »Negermusik«, wie viele verächtlich sagten, waren bald weltweit über Radio zu hören und läuteten eine neue Ära in Gesellschaft und Kultur ein, mit einem Tanz, der selbst ältere Bürger aus dem Sessel riss: der Rock'n'Roll.

In Woodstock setzte sich in den 60ern zunächst die Tradition der Countrymusik fort und eroberte trotz der kritischen Blicke klassischer Kammermusiker, wie Forrest Goodenough, der den totalen Absturz aller künstlerischen Werte befürchtete, ein stetig wachsendes Publikum.

Anstelle der klassischen Konzerte fanden jetzt allwöchentlich im Sommer Aufführungen von Volksmusikgruppen statt, die unter Mitwirkung des farbigen Gospelmusikers Richie Havens und des sechs Jahre jüngeren Arlo Guthrie oft bis in die frühen Morgenstunden gingen. Offensichtlich störte sich im Dorf keiner daran, im Gegenteil, trotz der Kritik seitens klassischer Kammermusiker nahm die Mehrheit der Bevölkerung mit Freude an diesen Events teil.

Pete Seeger ließ sich nur noch selten blicken. Mitte der 50er hatte er vor McCarthys Komitee für kommunistische Umtriebe die Aussage verweigert, worauf er von allen kommerziellen amerikanischen Medien 17 Jahre lang mit Boykott belegt worden war. 1963 verabschiedete er sich von Amerika und ging mit seiner Frau Toshi und seinem Banjo ein Jahr auf Welttournee.

Mit seinen schlichten Volksliedern, die sich für die Emanzipation der Arbeiter und gegen den Vietnamkrieg aussprachen, begeisterte er das junge Publikum rund um den Globus. Er schrieb mehrere Bücher, unter anderem über das Banjospielen mit fünf Saiten, Folksongs und Balladen und komponierte Hunderte von Lieder. Zu seinen bekanntesten gehören: *I Dreamed I Saw Joe Hill Last Night, Where Have all The Flowers Gone, If I Had a Hammer, Kisses Sweeter Than Wine* und *Turn! Turn! Turn!*, ein Song, der u. a. von den »Birds« nachgespielt wurde.

Nach seiner Rückkehr in die USA traf Pete Seeger im Jahr 1965 beim Folk Festival in Newport auf einen jungen Musiker, der nur einen kurzen Auftritt hatte. Er war mit Buhrufen von der Bühne gescheucht worden, weil er nicht in das Raster der Volksmusik passte: Robert Allen Zimmermann, besser bekannt als Bob Dylan.

Seeger staunte. Da war einer, der von derselben unverblümten Direktheit war wie er. Gleichzeitig eine missionarische Überzeugungskraft besaß, von der er selbst weit entfernt war.

Auf Petes Empfehlung kam Bob Dylan eines Tages nach Woodstock, wo sich auch sein Freund Arlo Guthrie zeitweilig aufhielt und was er sah, gefiel ihm. Er suchte einen inspirierenden Platz zum Arbeiten, einen Ort, an dem er in Ruhe seine Lieder schreiben konnte, und er kaufte den großen ehemaligen Stoehr Place auf der Anhöhe im Osten, in Byrdcliffe.

In seinem Geleit befand sich die sozial engagierte Country-Sängerin Joan Baez, die bereits große Erfolge gefeiert hatte. Sie trafen sich zu gemeinsamen Sessions im The Espresso an der Mill Hill Road, wo Bob eine Zeit lang im ersten Stock wohnte und hier unter anderem den Song *Tambourine Man* schrieb. Zu seinen neuen Freunden zählten bald darauf die Mitglieder von The Band, die über viele Jahre seine Backgroundgruppe bildete.

Bob Dylans poetische Texte waren inspiriert von Dichtern aus dem europäischen Raum wie Paul Celan, Charles Baudelaire oder Arthur Rimbaud. Gleichzeitig war er innerlich voll Zorn über das, was er in der Gesellschaft rund um sich sah und fühlte sich als Einzelkämpfer gegen den Rest der Welt. Voller Angriffslust zerpflückte er in seinen lyrischen Balladen, die vom Alltag des Lebens erzählten, die sozialen Missstände und traf damit mitten ins Herz der jungen Leute. Seine ersten Auftritte hatte er in New York im Stadtteil Greenwich Village, wo er mit der Gitarre unterm Arm im Kaffeehaus saß und mit harter, monotoner Stimme seine Lieder mehr zelebrierte als sang. Er hatte etwas zu sagen, viel sogar. Die Texte mitsamt der Melodien sprudelten nur so aus ihm heraus: »Ich habe die Musik niemals gesucht, die Musik kam zu mir.«[111] Im Nu war er von Heerscharen junger Leute umringt, die andächtig lauschten. Hier sprach einer von Dingen, die alle angingen.

Es gelang Musikmanager Albert Grossmann, der bald darauf in Woodstock sein Tonstudio einrichtete, Dylan unter Vertrag zu nehmen und 1963 dessen erste große Tournee durch die Staaten zu organisieren. Dabei sang Dylan erstmals öffentlich mit Joan Baez im Duett. Joan, die bereits international einen Namen hatte, konstatierte danach neidlos, dass der eigentliche Star des Abends ihr junger Begleiter Bob Dylan gewesen sei. Die Tournee war sein musikalischer Durchbruch und machte ihn in der ganzen Welt bekannt.

Bald gewöhnten sich die einheimischen Woodstocker daran, dass Fremde auftauchten und nach dem »Crazy Artist« fragten. Er lebte sehr abgeschieden in dem alten Haus in Byrdcliffe, von dem Joan Baez und die Musiker von The Band glaubten, dass es verhext sei und dort spuke. Junge Leute kamen von weither, um Dylan zu treffen, doch nur wenige bekamen ihn auch zu Gesicht. Man munkelte, dass er später in das ehemalige Weyl-Haus auf dem Ohayo Mountain umzog, wo, anders als in Byrdcliffe, reichlich Platz war, anderen Leuten auszuweichen. Trotzdem holte Dylan öfters die lokale Polizei, um aufdringliche Verehrer abzuwehren.

Ende 1965 heiratete er Sara Lowndes, mit der er über zehn Jahre zusammenlebte und die aus erster Ehe eine Tochter mit in die Ehe brachte. Nach der Geburt seines Sohnes Jakob hatte er mit ihr noch drei weitere Kinder, Anna, Jesse und Samuel. Einmal sagte er, am liebsten wäre ihm ein einfaches Leben mit geregelten Arbeitszeiten von neun bis 17 Uhr, und vielleicht bescherte ihm das folgende Ereignis erstmalig die Ruhe, nach der er sich insgeheim gesehnt hatte. Er ging daraufhin acht Jahre lang nicht mehr auf Tournee.

Im Sommer 1966 wurde Dylan in einen Motorradunfall verwickelt, der ihn fast das Leben gekostet hätte. Es drangen nur wenige Details an die Öffentlichkeit, doch unter seinen Freunden kursierte das Gerücht, er sei nur noch »menschliches Gemüse« und wohl nie mehr imstande, auf einer Bühne aufzutreten. Monatelang schwebte er zwischen Himmel und Erde und es sah so aus, als würde er eher einen Heldenplatz neben James Dean einnehmen als auf einer Bühne auftreten können. Doch er

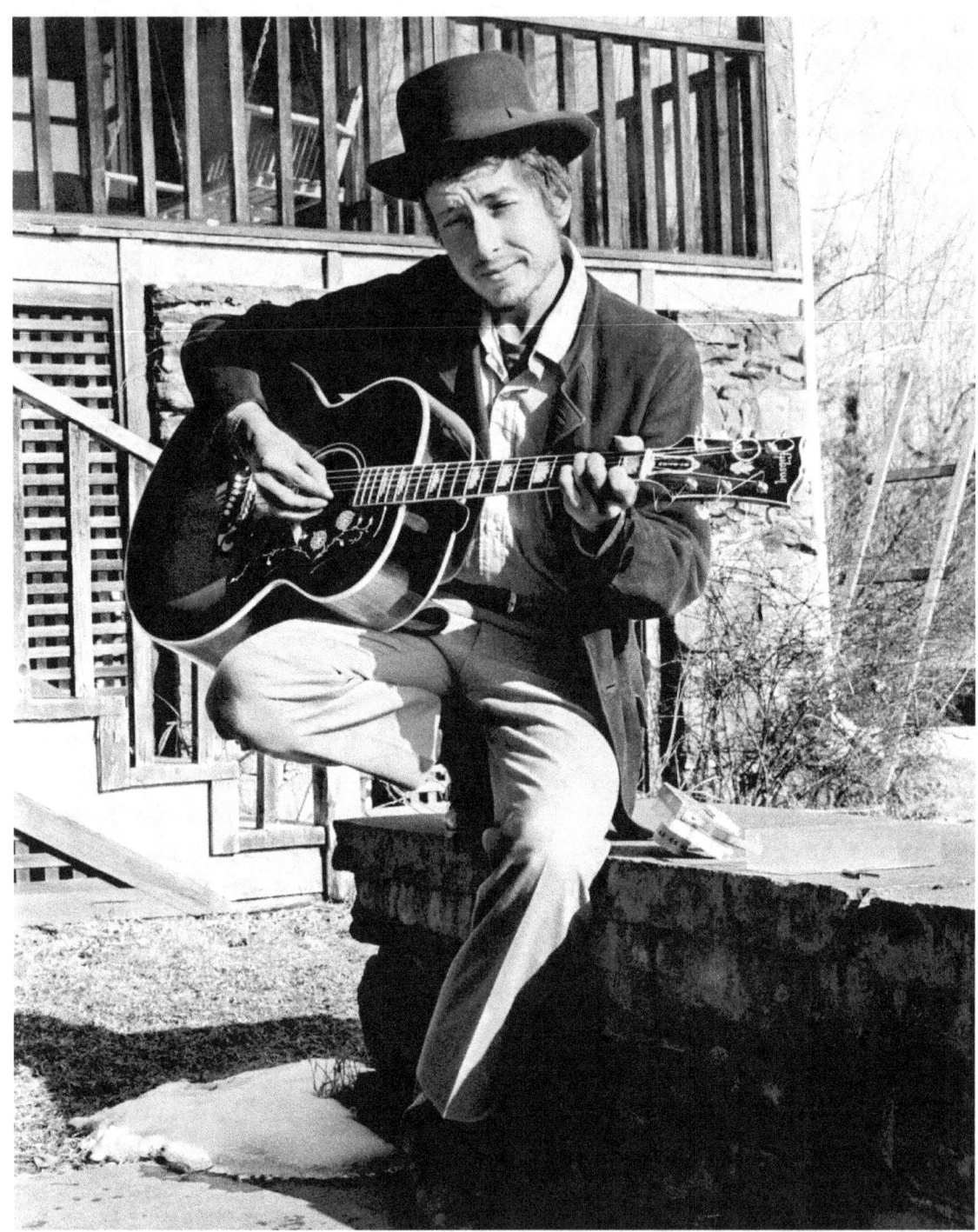

Bob Dylan in Byrdcliffe, 1968

erholte sich und schrieb einen Song über dieses Erlebnis, über den *Summer 66*, in dem er gerade noch einmal davongekommen war. Er schrieb und sang danach noch viele Songs, auch 40 Jahre später – doch der Klang seines *Blowin' in the Wind* von 1962 bleibt bis heute unvergessen.

Im Gefolge von Bob Dylan kamen die ersten, meist jungen Hippies angereist, die von Woodstock, dem weithin bekannten »Mekka der Festivals« gehört hatten. Mit Rucksack, Gitarre und Hängematte unter dem Arm fielen sie im Village ein und ließen sich nieder, wo immer es ihnen gefiel. Sie mieteten Häuser für drei oder vier Personen und wohnten meist zu zehnt und mehr darin, möglichst noch mit Hunden und Katzen. Tagsüber saßen sie in Gruppen auf dem Village Green vor der Reformed Dutch Church oder blockierten die Gehsteige auf der Tinker Street. Rückte die Polizei an, räumten sie zwar bereitwillig das Feld, doch sie propagierten gleichzeitig einen freien Lebensstil, der schwer zu integrieren war.

Selbst wenn es einige Woodstocker gab, die Mengen von Bier und harte Drinks zu sich nahmen, um ihre eigene Art von Bewusstseinserweiterung zu erleben, die im weitesten Sinn vergleichbar war mit der Wirkung der neuen Drogen, so war ihnen doch die Freizügigkeit der Sexualpraktiken fremd, die, für jedermann sichtbar, in umliegenden Wäldern und Feldern vorgeführt wurden.

Man beschloss, etwas gegen diese »unerwünschten Elemente« in der Stadt zu unternehmen. Mit einem Mal war von »dope pushers« und »dope users« die Rede, und man ging rigoros vor. Für kleinste Mengen Marihuana steckte man die jungen Leute ins Gefängnis. Von der Straße weg wurden sie ausgesiebt, als Landstreicher und Plünderer eingestuft und als solche bestraft.

Paul LePaige definierte den typischen Hippie wie folgt: »Ein Hippie ist ein Zweibeiner mit verlaustem Kopf und Schamhaaren voll von Seuchen und er spricht wie ein Analphabet.«[112]

Damit spielte LePaige auf die Sprache der Hippies an, die oft Ausdrücke der Afroamerikaner benutzten.

Im Februar 1965 spaltete eine Frage die Einheimischen in zwei Lager: Sie diskutierten hitzig darüber, ob das Newport-Jazzfestival, das seit seinem Beginn im Jahr 1956 alljährlich zelebriert wurde, im kommenden Jahr nach Bearsville in Woodstock verlegt werden sollte. Es sprach einiges dafür, auch die städtische Handelskammer zeigte sich interessiert, ging es doch um die Aussicht auf stattliche Mehreinnahmen.

Doch als die ersten Berichte des vorjährigen Festivals eintrudelten, in denen von Schlägertrupps berichtet wurde, die wahllos Leute angriffen, schien es, als triebe das Rowdytum neuerliche Blüten, nicht unähnlich jenen, die dem Maverick Festival sein jähes Ende bereitet hatten. Es geisterte ein Horrorbild vom moralischen Verfall und von Sodom-und-Gomorrah-Visionen durch die Köpfe der Bürger, ausgelöst durch Meldungen von Drogenmissbrauch, Misshandlungen unbescholtener Bürger und Brutalitäten ungekannten Ausmaßes, dem sie mehr oder weniger hilflos ausgesetzt waren. Das Einzige, was sie tun konnten, war, die Täter bei nachweislichen Verfehlungen einzusperren oder aus der Stadt auszuweisen. Doch das Gefängnis war bald überfüllt und die anderen blieben auf der Straße.

Nach einem Rockkonzert im Juli 1968 im Playhouse, zu dem nahezu ausschließlich junge Leute erschienen waren, schrieb ein Mann an die *Record-Press*:

»Das war tatsächlich eine grausame Darbietung sinnlosen Lärms, ein rücksichtsloser Angriff auf das menschliche Ohr, das ist keine Musik. Das ist nichts anderes als eine Teufelsbeschwörung!«[113]

Inzwischen war die Zahl der Verhafteten auf 15 pro Tag gestiegen und man forderte härtere Strafen für die Drogenbesitzer, zehn Dollar seien zu wenig. In Woodstock wurde der lokale Notstand ausgerufen und man bat Gouverneur Nelson Rockefeller um Unterstützung durch seine Nationalgarde. Das städtische Gericht konstatierte bei einer Sitzung, indem es sich der Meinung der lokalen Zeitung anschloss:

Unsere Stadt wird Tag und Nacht von Hippies überrannt. Sie sitzen in Massen auf den Bürgersteigen, ignorieren die Autos auf den Straßen und beleidigen diejenigen, die sie bitten, Platz zu machen. Unsere Bürger haben Angst, im Dorf einkaufen zu gehen und unsere Kinder sind eingeschüchtert oder von ihnen verdorben.[114]

Als kurz darauf Michael Lang seine sonntägliche Spazierfahrt durch Woodstock beendete und diesen Platz als den idealen Ort für sein Fest entdeckte, war dies einzig seine Entscheidung. In den Köpfen der Woodstocker waren noch viele Fragen offen.

Das Festival

Herbst 1968

Es war bereits das zweite Wochenende, dass er mit seiner britischen BSA-Maschine unterwegs war, auf der Suche nach einem geeigneten Platz für sich und sein Projekt. Und diesmal schien es ihm, als hätte er ihn gefunden. Er war begeistert.

Hier existierte nicht nur der geeignete kulturelle Rahmen – mit der Geschichte der Byrdcliffe Künstlerkolonie, Hervey Whites Maverick Festivals und all den Künstlern und Musikern, die sich angesiedelt hatten. Auch die Landschaft passte zu seiner Idee, ein großes Fest zu machen, bei dem sich alle treffen konnten.

Lang stellte sein Motorrad ab und betrat Snyder's Store. Er hatte Durst. Im Halbdunkel konnte er die Umrisse zweier Gestalten erkennen, die am Tresen lehnten. Einer von hinten, der andere von vorne. Keiner von beiden nahm von ihm Notiz. Irgendwie sahen sie aus, als hätten sie sich absichtlich weggedreht, als er hereinkam. Er war das schon gewöhnt. Inzwischen wusste Lang, wie er auf die Leute wirkte. Er räusperte sich lautstark:

»'n Bier, bitte«

Lang warf sich auf einen der Stühle am Fenster und sah hinaus. Trotzdem, es gefiel ihm hier. Nach einer Weile schob eine Hand ein dreiviertelvolles Bierglas vor ihn auf den Tisch. Lang nickte:

»Haben Sie eine Idee, wo ich Mr. Peter Goodrich finden kann?«

Erst jetzt sah ihn Mr. Snyder junior mit gerunzelter Stirn an.

Michael Lang lächelte.

Im Dezember 1968, Monate nach seiner Umsiedlung nach Woodstock, wo er ein Zimmer bei Musikproduzent Peter Goodrich gemietet hatte, fuhr Michael Lang nach New York und begab sich auf die Suche nach einer geeigneten Plattenfirma für eine Rockgruppe, an die er fest glaubte. Er hatte im Sommer das erste große Popfestival in Miami mit rund 40 000 Besuchern organisiert, das über zwei Tage gedauert hatte und das allgemein als großer Erfolg verbucht worden war.

Diesmal versuchte er sich als Manager der Rockgruppe Train und besuchte zu diesem Zweck unangemeldet den 26-jährigen Vizevorsitzenden der Plattenfirma Capitol Records in New York.

Arthur Lawrence Kornfeld, Sohn eines Polizisten, trug einen Anzug und liebte es nicht, von Besuchern überfallen zu werden. Doch Michael stellte sich bei dessen

Sekretärin als ehemaliger Nachbar vor und bekam sofort einen Termin. Anscheinend hatten sie beide in ihrer Kindheit in New York im Stadtteil Bensonhurst Seite an Seite gelebt, ohne voneinander zu wissen. Das musste gefeiert werden.

Das anfängliche Misstrauen wegen Langs Erscheinungsbildes – er trug offene Schuhe und sein Haar lockte sich feengleich um den Kopf bis hinab auf die Schultern, ähnlich wie bei Leadsänger Jerome Ragni aus dem Musical *Hair* – sorgte für längeres Schweigen im Raum. Bis Lang lächelte.

Arthur Kornfeld war gefangen: »Lang hatte dieses wunderbare Lächeln, das dich spüren ließ, dass er von etwas weiß, was du nicht weißt. Nenn es Charisma oder wie auch immer, Lang hatte es!«[115]

An einem der folgenden Tage lud Kornfeld die Rockgruppe Train von Michael Lang ein und sie veranstalteten eine Session, die Berichten zufolge so grauenvoll war, dass darüber nie wieder gesprochen wurde. Vielleicht lag es an dem Rotwein, den die Musiker während ihres Auftritts literweise konsumierten. Jedenfalls das Einzige, was dabei herauskam, war der Beginn einer kurzen, aber sehr produktiven Freundschaft zwischen Lang und Kornfeld: »Wenn du dich in irgendeiner Weise auf Michaels geistiger Ebene bewegst, zieht er dich magisch in seinen Bann.«[116]

Artie hatte Gitarre gespielt, Lieder getextet und mit 16 seinen ersten Plattenvertrag erhalten, bevor er mit 21 als jüngster Teilhaber zu Capitol Records gekommen war.

Er bewunderte Michael als den »König des Underground«. Zwischen den beiden entwickelte sich eine Art brüderliche Partnerschaft, wobei der eine vom anderen lernte. Michael erklärte Artie die grundsätzlichen Mechanismen des Underground-Gewerbes und Artie führte Michael in die Geheimnisse des Musikgeschäfts ein. Sie redeten Nächte hindurch und es geschah immer öfter, dass Michael seinen Mitternachtbus nach Woodstock verpasste. Er lebte bald ganz in Arties New Yorker Appartement, zusammen mit dessen Frau Linda, die nicht nur für sein leibliches Wohl sorgte, sondern auch bei allen Plänen begeistert mitfantasierte. Die Nacht, in der die Idee zu dem Festival geboren wurde, endete morgens um zwei Uhr nach einem Poolspiel.

Artie Kornfeld berichtete, dass sie mit einer Unterhaltung über die Musikgruppen seiner Firma Capitol begannen und sich dann fragten, wie es wäre, wenn die Auswahl einer Gruppe nicht immer nur nach kommerziellen Gesichtspunkten getroffen würde, sondern wenn man versuchte, dabei dem Mysterium Musik näher zu kommen. Man könne eine große Party machen. Artie sagte so etwas wie:

> Wäre es nicht toll, wenn wir Millionen von Dollar hätten? Dann könnten wir ein kleines Theater am Broadway mieten, um eine Party mit, sagen wir, 100 Leuten machen! Wir könnten Jimi Hendrix einladen, die Rolling Stones, Creedance Clearwater, Sly Stone, die Beatles und jeden anderen, den wir gerne sehen möchten. Wir würden keinen Eintritt verlangen und es wäre sicher eine der größten Partys alles Zeiten![117]

Michael sprach sofort davon, das Fest in Woodstock zu machen, das inzwischen zum Treffpunkt vieler Musiker geworden war. Neben ihm selbst lebten dort Leute wie Bob Dylan, The Band, Paul Butterfield und Richie Havens, viele tauchten sporadisch auf wie Peter, Paul and Mary, Jimi Hendrix sowie Janis Joplin und Van Morrison, die Musikagent Albert Grossman unter Vertrag hatte.

Michael entwarf wechselnde Pläne: einmal für ein Aufnahmestudio, das man dort aufbauen könnte, anderntags für eine musikalische Kulturausstellung mit all diesen Musikern, die sowieso schon da waren, vielleicht für 5000 bis 10000 Zuschauer. Zusammen mit Linda schwelgten sie nächtelang in ausschweifenden Träumen. Eingehüllt in Schwaden von Joints jonglierten sie diesen Gedanken in immer neuen Variationen hin und her, bis einer der drei eines Nachts sagte: »Warum sprechen wir nur davon, wir sollten versuchen, es auch zu machen!«[118]

Doch so sehr sie sich ein Ereignis dieser Art wünschten und vorstellen konnten, es blieb die Frage: Woher das Geld nehmen?

Einige Monate zuvor war in New Yorker Zeitungen eine Anzeige von zwei vermögenden jungen Männern erschienen. Der ältere, John Roberts (26), hatte den Rang eines Leutnants bei der Armee und war Erbe eines Drogerieunternehmens und einer Zahnpastafabrik. Daneben besaß er millionenschwere Anteile an einem Trust Fund. Er bewohnte ein Appartement in der 83. Straße in der Upper East Side mit Blick auf den Central Park, das er bis zum Winter 1967 mit seinem Freund Joel Rosenman geteilt hatte, den er ein Jahr zuvor beim Golfspielen kennengelernt hatte.

Joel Rosenman war der Sohn eines prominenten Kieferchirurgen in Long Island und hatte in Yale seinen Juraabschluss gemacht. Auf seinen Reisen war er von einem Motel ins nächste gezogen und hatte Gitarre gespielt – von Long Island bis nach Las Vegas. Der 24-Jährige trug einen Schnurrbart und war in vielem unternehmungslustiger als sein Freund. Doch beiden fehlte die zündende Geschäftsidee, für die es sich lohnte, einen großen Einsatz zu wagen. Die beiden langweilten sich.

Eines Tages beschlossen sie, eine Anzeige aufzugeben in der Hoffnung auf jemanden zu treffen, der sie aus ihrer Lethargie riss. Sie hatten die vage Vorstellung, eine witzige Fernsehshow zu machen, doch letztlich erhofften sie sich neue Impulse für ihr Dasein schlechthin, immerhin hatten sie etwas zu bieten und waren einsatzfreudig.

Im März 1968 erschien in der *New York Times* und im *Wall Street Journal* ihre Anzeige:

Junge Männer mit unbegrenztem Kapital suchen interessante, seriöse Investitionsangebote und Geschäftsvorschläge.

Das Folgende war vorauszusehen gewesen: Sie erhielten Tausende von Angeboten und skurrilen Ideen, angefangen von biologisch abbaubaren Golfkugeln bis hin zu Skibobs und einem Fahrrad auf Skiern, ein Vorschlag, den sie tatsächlich näher in Augenschein nahmen. Hin und her gerissen von täglich neuen Ideen fühlten sie sich bald selbst wie Darsteller ihrer eigenen geplanten Witzshow und Joel Rosenman meinte: »Es war eine Bürokomödie über zwei Kumpel, die mehr Geld als Hirn hatten und nach Abenteuern hungerten.«[119]

Sie versuchten sich bald mit dem einen, bald mit einem anderen tollkühnen Unterfangen, aber so recht zündete keiner der Funken. Nach etlichen Monaten und vielen hinausgeworfenen Dollar standen sie wieder da, wo sie angefangen hatten. Keine der Geschäftsideen hatte sie überzeugen, geschweige denn begeistern können. Und sie ließen wissen, dass sie weiter auf der Suche waren.

Michael Lang und Artie Kornfeld hatten diese Anzeige niemals zu Gesicht bekommen, da keiner von ihnen regelmäßig Zeitung las. Aber eines Morgens kam Michaels Anwalt Miles Lourie und erzählte, es gäbe in der 57. Straße zwei junge Banker, die in einer Kirche ein Movie&Sound-Studio betrieben und per Anzeige eine Geldanlage suchten.

Er schlug ihnen vor, dort anzurufen und von ihrer Idee zu berichten und gegebenenfalls einen Termin mit den Bankern auszumachen, die anscheinend unbegrenzt Kapital hatten und unbedingt in etwas Besonderes investieren wollten.

Die vier trafen sich erstmals im Februar 1969 in der Wohnung von John Roberts. Artie Kornfeld übernahm dabei die Rolle des Vortragenden, der den gemeinsam erarbeiteten Plan für ein musikalisches Fest ausbreitete, während Michael schweigend seine Ausstrahlung wirken ließ und sich hinter einem tiefgründigen Lächeln verschanzte.

Im Film von D. A. Pennebaker aus dem Jahr 1994 beschrieb John Roberts dieses erste Treffen, bei dem sie erstmals Artie Kornfeld und Michael Lang gegenübersaßen: »Artie trug die Haare etwas zu lang über die Ohren und mit einem Blick auf Michaels Indianerstirnband und sein abgewetztes Lederjackett mit Fransen fragte ich: Und was bist du?«[120]

Umgekehrt beschrieb Lang die beiden:

> Sie waren eher propere Leute. Heute würde man sie wahrscheinlich als Yuppies bezeichnen. Sie waren ordentlich in Anzüge gekleidet. Artie musste die Verhandlungen mit ihnen führen, denn ich hatte den Eindruck, meine Anwesenheit hatte sie ins Schleudern gebracht.[121]

Kornfeld erklärte ihr Projekt in allen Einzelheiten, das sich im damaligen Status auf der Ebene einer großen Party mit kultureller Darbietung bewegte. Unter Beteiligung einiger Musiker, die für zahlende Zuschauer auftreten sollten, wollte man die Einnahmen aus der Show für den späteren Aufbau eines Soundstudios verwenden.

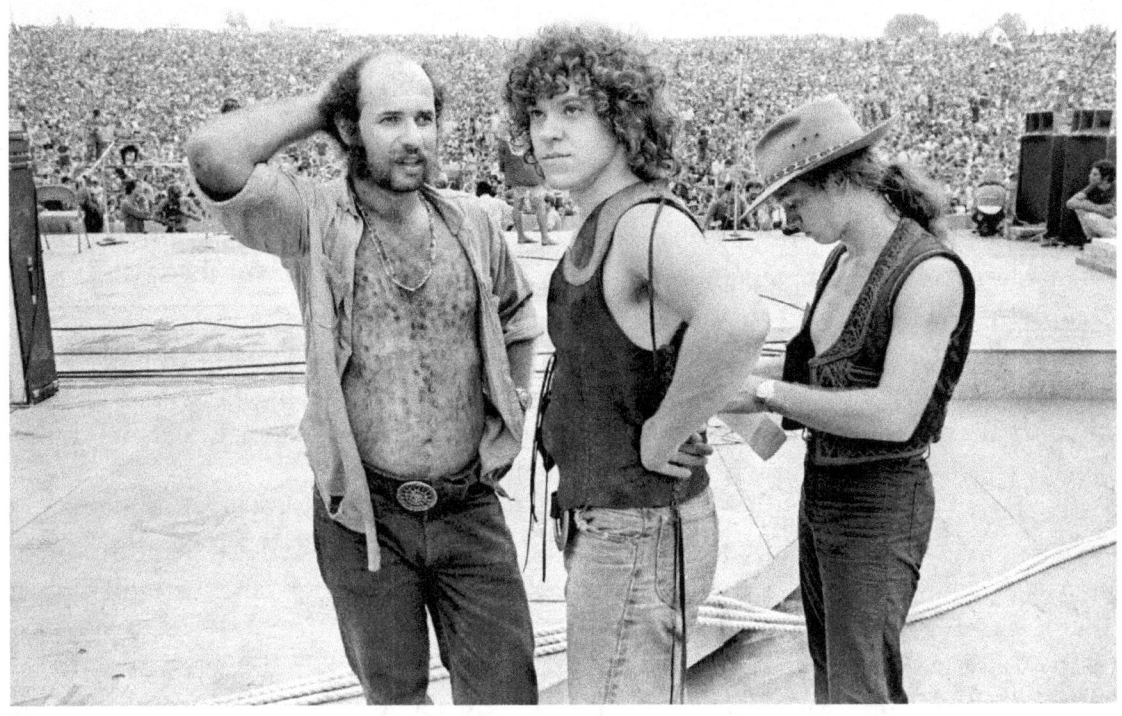

Michael Lang on stage mit Steve Cohn und Rocky Williams, Woodstockfestival 1969

Jurist Rosenman fragte nach schriftlichen Unterlagen des Projektplans, aber die mussten noch erstellt werden. Sie verabredeten einen nächsten Treff, bei dem sie das Geschäft abschließen wollten. Da hatte Joel Rosenman eine Idee:

> Wir könnten in einem Zelt Cocktails servieren und auf Kanapees sitzen. Wir schicken einen großen Wagen rüber nach New York, die jeden aufnehmen könnten. Tim Hardin oder einer von denen könnte singen. Wenn wir Glück haben, kommt vielleicht Joan Baez und singt ein paar Lieder![122]

John Roberts hatte als einziges Rockkonzert das der Beach Boys gesehen und kannte den Song von Scott McKensey *If You're Going to San Francisco, Be Sure to Wear Some Flowers in Your Hair*, der im Jahr zuvor in die Charts gekommen war. Viel mehr aber auch nicht. Er hatte wenig Ahnung von Musik. Doch ihm gefiel, was die Jungs vorschlugen.

Am Ende des dritten Treffens einigten sie sich auf ein Konzert für 50000 bis 100000 Leute, die Einnahmen daraus sollten für den Aufbau eines Aufnahmestudios verwendet werden. Die beiden Banker stifteten zusammen 250000 Dollar als Einstand und machten einen Termin mit dem Anwalt, um die Sache festzumachen.

Die Vorbereitung

Im März 1969 gründeten die vier eine Gesellschaft, an der jeder von ihnen 25 Prozent der Anteile hielt, bei gleichen Rechten und Pflichten.

Auf einen Vorschlag von Michael Lang nannten sie sich Woodstock Ventures, Inc. Gleichzeitig sah Michael, dass angesichts der Kosten, die auf sie alle zukommen würden, er nicht mal seinen eigenen Anteil würde aufbringen können. Er riet Artie, sich in der folgenden Produktionszeit mehr an die Geldgeber als an ihn zu halten. Nichtsdestotrotz eröffneten sie gemeinsam ein Büro in der 57. Straße, um dort die geschäftlichen Dinge abzuwickeln.

Artie Kornfeld trennte sich von seinen Anteilen an seiner Firma Capitol Records und übernahm das externe Management. Er engagierte sechs Fachleute aus der Musikbranche, die sich neben den Plattenverträgen auch um den medialen Teil kümmerten, sowie um Werbung und Ticketverkauf.

Im Büro nebenan saß Michael Lang, der seine eigenen Geschäfte tätigte. Er hatte sich bereit erklärt, den praktischen und somit aufwendigsten Teil der Produktion zu übernehmen. Als Erstes kümmerte er sich um die Beschaffung der Musikanlage mit allem, was dazugehörte.

Es gelang Michael Lang die damals besten Leute zu gewinnen, die für Geld zu haben waren. Chip Monk war ein begnadeter Beleuchter, der bis dato nahezu jede erfolgreiche Show ins richtige Licht gesetzt hatte. Seine ruhige Stimme hörte man später des Öfteren auf dem Festival über Mikrofon, sie ging als »Voice of Woodstock« in die Geschichte ein.

Daneben engagierte er Bill Hanley, den großartigen Soundmaster, der zu jener Zeit die Anlage für jedes bedeutende Konzert und für jeden bekannten Sänger ausgerichtet hatte. Als geübten Stagemanager holte er John Morris. Sich selbst zur Seite stellte er Stan Goldstein als Koordinator und Organisator, den er auf dem Popfestival in Miami schätzen gelernt hatte.

Unterdessen begaben sich die Produzenten John & Joel auf die Suche nach einem passenden Standort für ihr Projekt. Sie orientierten sich zwar an Langs Hinweis auf die Stadt Woodstock, doch nach einem kurzen Besuch war ihnen klar, dass sich die dortige Stadtverwaltung mit Vehemenz gegen ein Fest stellen würde, hatten sie doch bereits jetzt schon zu viele ungebetene Gäste. Zudem war der Ortskern zu klein. John & Joel waren die Geldgeber und konnten somit auch den Standort bestimmen. Rosenman: »Tatsächlich hatten wir das Geld, also wurde getan, was wir wollten.«[123]

Von New York aus machten sie sich auf den Weg Richtung Highway 211 und kamen nach einer Abzweigung auf der Route 17 in den Ort Wallkill, der wegen seines weitflächigen Industrieparks bekannt war. Sie umkreisten einige Male den Park, dann stiegen sie aus. Wie sie bald feststellten, gab es dort alles Lebensnotwendige wie Elektrizität, Wasser und gute Verbindungen nach New York City und gelegentlich fanden auch kulturelle Darbietungen statt.

An einem Sonntag im späten März 1969 unterschrieben sie den Vertrag mit Howard Mills jr., drückten ihm 10 000 Dollar in die Hand und pachteten für drei Monate sein Gelände in der Stadt Wallkill. Joel Rosenman räumte zwar ein, dass die Schwingungen des Ortes mit dem Industriepark im Rücken nicht gerade ideal seien, aber immerhin hätten sie einen Ort, wo das Festival stattfinden könne.

Sie legten dem zuständigen Inspektor der Stadt Wallkill ihren Plan vor und erklärten, sie hätten vor, ein Konzert zu veranstalten, mit Jazz- und Volkssängern, und dass sie froh wären, wenn gerade mal 50 000 Besucher kämen. Stadtinspektor Schlosser kam die Sache gleich suspekt vor: »Anfangs wurde ich das Gefühl nicht los, dass Rosenman mich absichtlich im Unklaren lassen wollte, bis ich begriff, dass die Jungs tatsächlich keine Ahnung davon hatten, was da auf sie zukam.«[124]

Sicherheitshalber stellte er einen Antrag auf Gesetzesänderung, der die Stadt vor eventuell einfallenden Horden schützen sollte.

Kurz darauf stattete Michael Lang der Stadt Wallkill einen Besuch ab und ihm gefiel gar nicht, was er dort sah, er hasste diesen Ort. Das Hinterland, wo ihr Fest stattfinden sollte, war in diesem Fall der betonierte Industriepark, der einzig aus Großmärkten und Fabriken bestand, es gab keine Wiesen für die Zelte und er vermisste das Back-To-Nature-Ambiente, auf das ihre Werbung ausgerichtet war.

Seit dem frühen April 1969 verbreiteten Artie Kornfelds Werbeleute in allen Bereichen der Untergrundpresse das friedliche und naturverbundene Image ihrer Firma Woodstock Ventures.

Für Kornfeld und Lang sollte das kommende Festival Ausdruck eines Geisteszustands sein, ein Happening, das eine bestimmte Generation ansprechen sollte. Für wenige Tage sollten die Zuschauer etwas erleben, das sie in ihrem Leben bisher vermisst hatten. Dazu gehörte sowohl der Gedanke von Freiheit wie der von Unabhängigkeit. Jeder sollte sich auf dem Fest so bewegen können, wie es ihm gefiel, solange er nicht seinen Nachbarn behinderte. Frei nach dem Motto von Hervey White: »Do what you want to do, as long you don't harm others.«

Zwei Jahre zuvor hatte die Uraufführung des Rockmusicals *Hair* stattgefunden, das die Leute mit seinem rhythmischen Sound zwischen Swing, Rock und Jazz von den Stühlen gerissen hatte. Speziell ein Song hatte die Herzen vieler erobert, das Lied vom *Age of Aquarius*, vom Zeitalter des Wassermanns, das mit der zweiten Hälfte des 20. Jahrhunderts angebrochen war. Man sagt, in diesem Zeitalter, das sich periodisch in Abständen von etwa 2000 Jahren wiederholt, geschieht Mächtiges. Heftige Kämpfe um Frieden und Freiheit, verbunden mit starken Gefühlen der Brüderlichkeit, aber auch mit großen Naturkatastrophen.

Unter diesem Einfluss hatte Michael Lang vor, das kommende Festival »Aquarian Exposition« zu nennen, und bezogen auf das Wassermann-Zeitalter ließ er ein aufwendiges Plakat drucken mit einer Wasserpfütze darauf. Trotz des Wallkill-Standorts behielt er den Gedanken an die Stadt Woodstock bei, die für ihn verbunden war mit der Kunst- und Handwerkerkolonie Byrdcliffe, den Ausstellungen und den dort lebenden Künstlern.

Das Festival sollte mehr werden als nur ein Festival, es sollte das Lebensgefühl einer ganzen Generation widerspiegeln. Artie Kornfeld: »Wir wollten Kunst und Handwerk, Yoga und spirituelle Zirkel und all das, was uns ausmachte, die ganze Woodstock Nation.«[125]

Auf das Plakat setzten sie das Wort »Woodstock« mit dem Untertitel »Music & Art Fair« und beim Slogan einigten sie sich mit ihren Werbefachleuten auf die Symbolbegriffe der Gegenkultur: »Three Days of Peace and Music«. Das Wort Friede war dabei doppelt von Bedeutung, sowohl als Ausdruck ihrer Antikriegshaltung gegenüber dem Krieg in Vietnam wie auch als Mahnung, dass jegliche Art von Gewalt auf dem Fest unerwünscht sei und während dieser drei Tage fern des Alltags Friede in die Herzen der Menschen einkehren möge.

Eines Tages stellte sich Arnold Skolnik vor, ein gefragter Designer zu jener Zeit. Er kam aus Long Island, wo er mehrere Wochen auf Shelter Island damit verbracht hatte, Vögel zu zeichnen. Eines seiner letzten Bilder war eine Möwe, die auf einer Flöte saß. Michael Lang gefiel die Einfachheit des Skolnik-Posters und zur allgemeinen Zufriedenheit verabschiedete er sich von seinem ambitionierten Wassermann-Thema. Auch Artie Kornfeld war begeistert, und nachdem niemandem etwas einfiel, nahm Skolnik die Rasierklinge, schnitt die Möwe aus und setzte sie auf eine Gitarre. Aus der Möwe wurde eine Friedenstaube, daneben kam der Slogan – und das Plakat war fertig.

Anfang Mai besuchte Michael Lang zusammen mit seinem Organisator Stan Goldstein den Laden des Soundingenieurs Allan Markoff, der für seinen Betrieb in der Zeitung geworben hatte. Markoff war Besitzer des einzigen Audiocenters in der Gegend und Goldstein trat mit dem Wunsch an ihn heran, für 100000 bis 150000 Zuschauer eine Soundanlage zu konstruieren.

Es klang mehr als verrückt, bis dahin hatte es kein Konzert mit mehr als 40000 Zuschauern gegeben. Markoff war vor kurzem 24 Jahre alt geworden und hielt die beiden für Spinner. Er hatte gerade den Meistertitel erworben und betrieb seinen Laden erst seit ein paar Monaten. Doch je länger er den beiden zuhörte, desto größer wurde seine Neugier.

Plötzlich sah sich der junge Markoff vor die ungeheuerliche Aufgabe gestellt, die größte Stereoanlage zu bauen, die es bis dahin je gegeben hatte. Es war eine Riesenherausforderung. Zur Vertragsbesprechung besuchte er die beiden Unterhändler von Woodstock Ventures in ihrer zum Büro umgebauten Scheune in Wallkill und angesichts all der Leute, die rundum an Telefonen und Schalttafeln saßen, war er endgültig überzeugt. Die Stereoanlage für das Konzert konstruierte Malkoff schließlich so, dass jeder, der im Umkreis von drei Metern von den Verstärkern stand, selbst bei niedrigster Einstellung einem bis an die äußerste Schmerzgrenze reichenden Soundpegel ausgesetzt war.

Unterdessen widmete sich Michael Lang seiner größten Aufgabe: dem Anwerben der Musikgruppen.

Ein Zusammentreffen der Kräfte von Schicksal und viel Glück (Artie Kornfeld)

Woodstock Ventures versuchte die größten Rock'n'Roll-Bands der Vereinigten Staaten zu gewinnen, die für Geld zu kriegen waren, doch zunächst gab es Schwierigkeiten. Die Musiker weigerten sich, einen Vertrag für ein Konzert zu unterzeichnen, für das es noch keine Bühne gab und daher keine Möglichkeit bestand, die Bühneninstallation vorher zu testen. Keiner konnte ihnen garantieren, dass diese durchhalten würde. Es war wie die Katze, die sich in den Schwanz beißt: »Die Leute hatten kein Vertrauen, deshalb unterschrieben sie nicht, andererseits bekamen wir keine Legitimation und Bankkredite, wenn wir keine Musiker hatten.«[126]

Michael Lang löste das Problem, indem er im Falle eines Erfolgs offene Gehaltsschecks in bis dahin unbekannter Höhe in Aussicht stellte. Nach einer Anzahlung von Woodstock Ventures unterschrieben die Musiker die Verträge und die Produktion gewann damit das sofortige Vertrauen der Musikgruppen. Damit war fürs Erste beiden Parteien geholfen. Lang war bereit, ihnen das Doppelte von dem zu bezahlen, was sie verlangten, vorausgesetzt, dabei wurde nicht das gesteckte Limit von 15 000 Dollar pro Gruppe überschritten. Hinzu kam, sie brauchten dringend mindestens drei Kassenmagneten, gleich, was diese kosten würden.

Den Anfang machte Sly Stone von Sly and the Family Stone, die schwarze Minderheit des Festivals. Nachdem Sly seine Zusage gegeben hatte, war es ein Leichtes, den Rest der Band zu gewinnen.

John Sebastian, der mit der Gruppe Lovin Spoonful bereits etliche Erfolge gefeiert hatte, darunter *What a Day for a Daydream* und *Summer in the City*, sah sich Anfang 1969 plötzlich allein dastehen. Seine Gruppe hatte sich entzweit und nach einem missglückten Solostart hatte er sich nach Kalifornien abgesetzt, um »seine Seele zu reinigen«. Er lebte dort in einer Kommune, und als ihn der Anruf von Woodstock Ventures erreichte, witterte er die Chance für einen Neuanfang.

Joan Baez, die seit Beginn ihrer Sängerkarriere ihre politische Mission verkündet hatte, fühlte sich von dem Love-&-Peace-Thema des Festivals sehr angesprochen. Sie wusste, dass es dringend notwendig war, dem Krieg in Vietnam etwas entgegenzusetzen. Auch ihr Mann David Harris war überzeugter Gegner und saß seit zwei Wochen im Gefängnis wegen Kriegsdienstverweigerung. Mit Blick auf die Zukunft, Joan war schwanger mit ihrem Sohn Gabriel Earl, war ihre Teilnahme geradezu zwingend.

Neben renommierten Musikern wollten Lang & Kornfeld auch unbekannten Talenten eine Chance geben. Als eine der Ersten stieß ein junges Mädchen mit dunklen Wuschelhaaren auf Michael Lang, der ebensolche Haare hatte, und sie lachten sich an. Melanie Safka hatte damals ihren ersten Song ins Radio gebracht: *Beautiful People*, der von einem befreundeten DJ gespielt wurde. Lang erzählte ihr von dem Festival, an dessen Planung er gerade arbeite, und Melanie fragte ihn, ob sie dort spielen könne, und er antwortete mit einem gedehnten: »Aber sicher.«

»Ich dachte, das wird in eher kleinem Rahmen sein«, meinte Melanie später. Sie versprach sich nicht allzu viel von ihrem Auftritt. Doch ihr gefiel das Thema.[127]

Der große Durchbruch stellte sich ein, als Manager Bill Graham mit seinen Bands von der Westküste kam. Er bekam die Zusage von Creedance Clearwater Revival und Greatful Dead, und auch die damalige Top-Psychedelic-Band des Jahres Jefferson Airplane, die bis dahin für 5000 oder 6000 Dollar aufgetreten war, unterschrieb einen Vertrag mit Woodstock Ventures über das sensationelle Honorar von 12 000 Dollar. The Who, deren Mitglieder bereits damals prätentiöse, britische Rockstars waren, wurden für 12 500 Dollar engagiert. Alles in allem betrug die Investition in Musikgruppen 180 000 Dollar. Eines Tages rief Lang Artie Kornfeld an und rief: »Artie, we got Jimi. We got Hendrix and he's agreed to play!«[128]

Sie wussten, mit der Zusage von Jimi Hendrix war der Erfolg des Festivals garantiert. Künstler, Manager und Agenten telefonierten rund um die Uhr. Plötzlich realisierten sie, dass das Konzert ein großer Erfolg werden könnte. Doch mit einem Mal drängte sich etwas anderes in den Vordergrund und mutierte zu einem Problem von geradezu existenzieller Bedeutung: der Standort.

Wallkill

Die Bewohner von Wallkill hatten von Hippies, von Drogen und Rockkonzerten gehört und nachdem mehrmalig ganzseitige Anzeigen in der *New York Times* erschienen waren und Werbung über Radiosender erklungen war, witterten sie, dass dieses kommende Drei-Tage-Festival möglicherweise das größte werden könnte, das je stattgefunden hatte. Darüber hinaus beobachteten sie mit Argwohn die Scharen von Woodstock-Ventures-Mitarbeitern, die sich in regem Pendelverkehr in ihrer Stadt bewegten und alle wie Hippies aussahen. Das machte ihnen Angst.

Im Kopf vieler Bürger waren lange Haare und sportliche Kleidung untrennbar verbunden mit progressiv politischer Haltung, Drogenmissbrauch und Kriminalität. Die Mehrzahl der Einheimischen fühlte sich bedroht und entlud ihren Zorn zuerst auf den Platzvermieter und dessen Familie. Sie passten Howard Mills vor der Kirche ab, machten ihm Vorwürfe und drängten ihn, den Mietvertrag zurückzunehmen.

Unterdessen versuchte Woodstock Ventures einigen der Vorwürfe entgegenzutreten und engagierte einen ehemals leitenden Gerichtsangestellten, um die Sicherheitsfragen zu klären. Daneben setzten sie einen Minister auf ihre Gehaltsliste, der die Wogen glätten sollte. Doch Mitte Juni ging Festivalorganisator Stan Goldstein zunächst allein zu einer ersten Vorstandssitzung in der Stadt Wallkill.

Das Haus war mit etwa 150 Leute besetzt. Es wurden einige Beschwerden über junge Leute vorgetragen. Der Oberinspektor von Wallkill, Jack Schlosser, erinnerte an die Geschehnisse auf dem Kongress in Chicago 1968, wo der Aktivist Jerry Rubin mit sechs anderen protestiert hatte und man sie daraufhin alle hatte festnehmen müssen. Man vertrat allgemein die Meinung, dass man von »denen« nichts anderes erwarten könne.

Im Übrigen, sagte Schlosser, wisse man auch in Wallkill genau, wie man mit solchen Leuten umgehen müsse, was einer Androhung von Gewalt gleichkam. An diesem Punkt schaltete sich Goldstein ein und meinte, es gäbe keinen Grund für Gewalt, und dass einzig eine Überreaktion der Polizei bei den Besuchern Gewalt provozieren würde.

Je näher der Festivaltermin rückte, desto schärfer wurde der Konflikt zwischen Ventures und den Einwohnern von Wallkill. Howard Mills, der Platzvermieter, bekam täglich anonyme Anrufe mit Beschimpfungen und wüsten Androhungen. Die Polizei wurde geholt, aber die Schuldigen wurden weder identifiziert noch je festgenommen.

Stan Goldstein sagte:

»Sie drohten, sein Haus zu sprengen, es gab rote Gesichter und Zornesausbrüche. Aus Furcht tun Leute die seltsamsten Dinge. Sie erheben ihre Stimme und sagen Dinge, die sie gewöhnlich niemals sagen würden.«[129]

Bis heute schweigt Howard Mills darüber, was seine Nachbarn damals gegen ihn unternahmen, um ihn zu zwingen, die Vermietung seines Platzes rückgängig zu machen: »Ich weiß, es ist ein Teil der Geschichte, aber ich möchte nicht daran rühren!«[130]

Am 15. Juli 1969 hatten es die Bürger von Wallkill schließlich geschafft: Unter dem Applaus der Bewohner verkündeten Mitglieder der Wallkill-Kommission, dass die Pläne der Organisatoren unvollständig seien. Zudem läge keine Genehmigung für Außentoiletten vor und zwei Wochen zuvor war in Windeseile ein Gesetz verabschiedet worden, das jede Art von Zusammenkünften von über 5000 Personen verbot, dafür war eine Extraerlaubnis nötig. Es war für jedermann ersichtlich, dass diese Gesetze exakt für das drohende Festival aufgestellt worden waren, auch wenn Oberinspektor Jack Schlosser dies energisch bestritt. Daneben kursierte die Botschaft, dass der erste Hippie, der die Stadt betreten sollte, erschossen werden würde.

Michael Lang begrüßte diesen Vorschlag mit einem Lächeln. Es war das Beste, was ihnen hatte passieren können. Die Vorstellung, dass möglicherweise Polizeitruppen mit Gasmasken das Festival bewachen würden und in Nebenstraßen Gefängnisbusse auf ihren Einsatz warteten, war ihm sowieso unerträglich gewesen. Am nächsten Tag wusste es ganz Amerika.

Vier Wochen

vor Beginn des Festivals stand es in allen Zeitungen: »Woodstock Festival lost the site.« Die Musiker waren verpflichtet, die Plakate gedruckt und die Produktion hatte bereits für über eine Million Dollar Eintrittskarten verkauft. Den beteiligten Produzenten standen die Haare zu Berge: Keiner wusste, wie und wo das Ganze stattfinden sollte. John & Joel gaben wieder einmal eine Anzeige auf. Diesmal mit dem Text: »Ländliches Gelände gesucht.«

An einem der folgenden Tage studierte ein Motelbesitzer namens Elliot Tiber unweit von Wallkill die Anzeigenseite der Zeitung. Er war ratlos. Nahezu alle 80 Zimmer seines Motels El Monaco am White Lake waren leer und er hatte große Mühe die laufenden Unkosten zu bestreiten. Er hatte geplant, ein kleines Kunst- und Musikfest für maximal 150 Zuschauer zu veranstalten, vielleicht mit einem Kammermusiker-Quartett, und er hatte sich schon beizeiten die Genehmigung von Kirche und Stadt dafür geholt. Aber letztlich fehlte ihm das Geld zur Umsetzung.

Tiber wusste nicht recht, was er sagen sollte, als er sich bei Woodstock Ventures meldete. Doch hellhörig für jedes noch so unsinnige Angebot notierte die Sekretärin alles genauestens. Sie hinterließ Michael Lang eine Nachricht und am nächsten Tag fuhr er zu Tibers Motel. Michael sah auf den ersten Blick, dass das Gelände zu klein war. Doch so schnell gab Motelbesitzer Tiber nicht auf. Er witterte ein Geschäft, auf das er keinesfalls verzichten wollte. Er nahm das Telefon und rief seinen Freund Max Yasgur an, der einen großen Bauernhof in der Nähe des Ortes Bethel betrieb und der ihm seit Jahren Milch und Käse lieferte. Nachdem ihm Tiber die Situation erklärt hatte, sagte Max Yasgur: »Was ist das, Elliot, wieder einer von deinen Festivalplänen, der nicht klappt?«[131]

Lang schwang sich auf sein Motorrad und fuhr los. Die Zeit drängte. Diesmal war er begeistert. Die Landschaft um Bethel war genau so, wie er sie sich gewünscht hatte.

> Es war magisch, eine flache Schüssel, ein kleiner Anstieg für die Bühne, ein See im Hintergrund. Wir besiegelten den Deal sofort an Ort und Stelle.[132]

Und das Wichtigste: Über den Motelbesitzer Elliot Tiber hatten sie bereits sicher die Genehmigung für ein Musikfestival von der Stadtverwaltung Bethel in der Tasche.

Als sich der Farmer Max Yasgur einverstanden erklärte, seinen Platz zur Verfügung zu stellen, rechnete er sofort durch, was er an diesen drei Festivaltagen an Einnahmen verlieren und wieviel die Regeneration seiner Felder kosten würde. Er hielt alles auf dem Papier fest. Als er Lang zum Abschied die Hand reichte, bemerkte der, dass Yasgur nur drei Finger an der rechten Hand hatte, aber sein Griff war hart wie Eisen.

Max Yasgur war bekannt für seine Zuverlässigkeit. Er hatte an der Universität in New York Betriebswirtschaft studiert und sich nach dem Verkauf der Molkerei seiner Eltern in Bethel eine Farm gekauft. Über die Jahre war er zum größten Milchproduzenten der Grafschaft Sullivan aufgestiegen und zu seinem Anwesen führten breite Zufahrtsstraßen bis hin zu seinem Pasteurisierungsbetrieb, der mit modernsten Kühlungssystemen ausgestattet war. Die 600 Acre Land, die er Woodstock Ventures vermietete, waren nur ein Teil des Yasgur-Besitzes, der sich zu beiden Seiten der Route 17B erstreckte.

Kurz darauf karrte Michael Lang in acht Limousinen die Venture-Belegschaft heran – alle ordentlich gekleidet, die langen Haare unter Hüten versteckt und mit festen Schuhen an den Füßen. Um niemanden vorzeitig zu verschrecken, hatten sie alle denkbaren Vorkehrungen getroffen. Sie sprachen von erwarteten 50 000 Besuchern, mehr nicht, obwohl Lang bereits damals mit mehr als einer viertel Million rechnete.

Lang traf sich mit Yasgur und Tiber im Lighthouse Restaurant am White Lake und trotz aller Zurückhaltung seitens der Veranstalter dämmerte dem Farmer Yasgur langsam das ganze Ausmaß des Unternehmens. Er erhöhte seine Forderungen für die Nutzung des Grundstücks beträchtlich, zudem bekam auch Tiber noch seinen Anteil. Michael Lang lächelte. Er überschlug grob, dass sie für dasselbe Geld den Platz hätten kaufen können.

Sie unterschrieben den Vertrag und Michael Lang überreichte den Scheck mit der Anzahlung von John & Joel. Woodstock Ventures hatte endlich einen Platz für sein Woodstock Festival, es war ein denkwürdiger Augenblick: »We were on again!«[133]

In diesem Moment unterbrach das Radioprogramm seine Sendung, es wurde totenstill im Raum. Im Radio brummte und knisterte es, dann ertönte eine Sondermeldung der Internationalen Radiostation, die rund um die Welt ging: »Der erste Mensch ist auf dem Mond gelandet!«

Die Reise zum Mond

Am 21. Juli 1969 setzten erstmals Menschen ihren Fuß auf eine fremde Welt, die fernab der unseren liegt und doch die nächste ist, auf unseren Erdtrabanten, den Mond, dem wir allabendlich zulächeln. Diesmal lächelten Menschen auf dem Mond der Erde zu. Der Weg dorthin war hart erkämpft und bedeutete die Krönung des Schaffens der NASA, der National Aeronautics and Space Administration (Nationale Luft- und Raumfahrtbehörde).

Aus amerikanischer Sicht war ein Erfolg des Unternehmens dringend nötig. Zum einen als Ausgleich für die Stagnation im Vietnamkrieg, zum anderen fand ein seit Jahren schwelender Wettstreit mit Russland statt und 1969 sah es aus, als hätten die Russen in der Raumfahrt die Nase vorn.

Ausgelöst durch die deutsche Großrakete A4, die mit ihren Technikern nach 1945 als Kriegsbeute in die Sowjetunion gelangt war und dort genauestens analysiert, nachgebaut und weiterentwickelt worden war, hatte ein fieberhaftes Wettforschen begonnen. Bereits 1957 hatte Russland die ersten Sputniks in den Weltraum geschickt und 1961 feierte die sowjetische Raumfahrt Jurij Gagarin, der als erster Mensch im All die Erde umrundet hatte.

Die Mitglieder der Mannschaft dieses ersten amerikanischen Flugs zum Mond wurden von der NASA primär danach ausgesucht, ob sie bereits Erfahrung mit Weltraumspaziergängen hatten. Alle drei waren zu diesem Zeitpunkt 39 Jahre alt. Neil Alden Armstrong, Kommandant der Apollo 11, war bei dem vorzeitig abgebrochenen Flug der Gemini 8 im All mit dabei gewesen. Michael Collins, Pilot der Kommandokapsel Columbia, hatte mit der Gemini 10 einen Weltraumspaziergang unternommen. Edwin Eugene »Buzz« Aldrin, Pilot der Mondlandefähre Eagle, hatte durch den Flug mit der Gemini 12 ebenfalls Erfahrung mit dem Verlassen einer Raumkapsel. Dazu gab es die Ersatzmannschaft, die ebenfalls Weltraumerfahrung hatte: James Lovell als Kommandant, William Anders als Pilot der Kommandokapsel und Fred Hais als Pilot der Mondlandefähre.

Da die vorangegangenen Module meist Namen aus dem Comicbereich erhalten hatten, bestanden die NASA-Manager darauf, dass diese historische Mission seriöse Namen bekommen sollte. Sie nannten die Kommandokapsel Columbia, nach der Columbiade aus Jules Vernes Roman *Reise zum Mond*, jener Kanone, die die Astronautenkapsel auf den Mond schießt.

Die Trägerrakete Apollo 11 startete am 16. Juli 1969 um 13 Uhr 32 koordinierter Weltzeit UTC von Cape Canaveral in Florida mit drei Mann an Bord. Nach dem gelungenen Start und einem durchwegs ruhigen, etwa sechseinhalbstündigen Flug durchs All tauchten beim Anflug auf den Mond erste Probleme auf. Mit leichter

Verspätung koppelte sich die Mondlandefähre Eagle mit Armstrong und Aldrin an Bord ab und löste damit eine Reihe von fehlgeleiteten Alarmmeldungen des Navigationssystems aus, die die Aufmerksamkeit der Piloten ablenkte. Anstatt die Mondlandschaft zu beobachten, verfolgten Armstrong und Aldrin die Texte des Navigationssystems, die noch von den Meldungen eines irrtümlich eingeschalteten Radarmelders überlagert wurden. Währenddessen steuerte der Autopilot ein Gebiet an, das 4,5 Kilometer von der ursprünglich geplanten Landestelle, dem Mare Tranquilitatis, dem Meer der Ruhe, entfernt lag.

Die Fähre befand sich im Anflug auf einen durchfurchten Krater, dessen Boden mit großen Felsen bedeckt und daher absolut ungeeignet für eine sichere Landung war. Im letzten Moment entkoppelte Armstrong die Automatik, steuerte die Eagle per Hand über den Krater und weiter Richtung Bestimmungsort. Währenddessen umkreiste Michael Collins im Mutterschiff Columbia den Mond. Schließlich war es so weit.

Die Eagle segelte sanft über hellen Sand und kam mit einer butterweichen Landung mit allen vier Füßen zum Stehen. Am 20. Juli 1969 um 20 Uhr 17 UTC meldete Kommandant Armstrong:

»Houston, Tranquility Base here. The Eagle has landed.« Sechs Stunden später entrollte Armstrong die Leiter und getragen vom luftleeren Raum glitt er langsam die Stufen hinab. Unten angekommen sprach Armstrong jenen Satz, der in die Geschichte einging: »That's one small step for man, one giant leap for mankind.«

Nicht nur Amerika jubelte in diesem Moment, die ganze Welt jubelte ihm zu. Dieser Moment wurde per Satellit – als eine der ersten Live-Sendungen überhaupt – rund um die Welt geschickt. 13 Minuten später folgte ihm Edwin Aldrin und hängte eine Aluminiumfolie auf, um die Zusammensetzung des Sonnenwindes zu messen. Erst dann hissten sie gemeinsam die amerikanische Flagge, die noch heute dort steht. Daneben befindet sich die Leiter der Eagle, an der eine Gedenktafel mit Daten der Erde befestigt ist.

Armstrong und Aldrin sammelten Bodenproben, rund 21,6 Kilo Mondgestein und aktivierten einen Seismografen, der Daten über die zukünftigen Aktivitäten des Mondes liefern sollte. Der Seismograf sollte leider schon bald ausfallen. Daneben befestigten sie einen Spiegel, der mittels eines Laserreflektors kontinuierlich Meßdaten über den Abstand des Mondes zur Erde liefern sollte, der bis heute dort steht. Sie blieben bis 2 Uhr 31 UTC, dann traten sie den Rückweg an.

Beim Start des Rückflugs mit der Landefähre brach der Schalter zum Zünden des Haupttriebwerks ab und hätte damit um ein Haar eine Katastrophe ausgelöst. Armstrong musste einen Schreibstift verwenden, um den abgebrochenen Schalter in Bewegung zu setzen. Aber danach zündete das Triebwerk problemlos, die Eagle schwenkte in die Mondumlaufbahn ein und dockte wieder am Mutterschiff Columbia an, wo Pilot Michael Collins auf sie wartete. Der weitere Rückflug verlief planmäßig. Am 24. Juli 1969 um 16 Uhr 50 UTC zischte die Wiedereintrittskapsel der Apollo 11 südwestlich von Hawaii in die Wogen des Pazifik und wurde vom Flugzeugträger USS Hornet an Bord genommen.

Aus Furcht vor unbekannten Mikroorganismen mussten die drei Astronauten beim Verlassen der Apollokapsel Isolationsanzüge tragen und sich in eine 17-tägige Quarantäne begeben, bis alle Bedenken ausgeräumt waren. Die CM Columbia der Apollo 11 ist heute im National Air and Space Museum in Washington D.C. ausgestellt.

Für alle drei Astronauten war dies ihr letzter Weltraumeinsatz, sie schieden ein Jahr später aus der NASA aus.

Ähnlich wie der Flug zum Mond war das Unternehmen Woodstock-Festival für die vier Produzenten ein Projekt von unbekannter Größe. Generalstabsmäßig wurden Pläne erstellt, in denen jedem Mitwirkenden eine Funktion zugeordnet wurde. Man agierte nicht im luftleeren Raum wie die Astronauten, sondern man war angewiesen auf das Wohlwollen vieler Mitmenschen. Das bedeutete, nicht alles war zu kontrollieren, manche Pläne mussten geändert und spontan durch neue ersetzt werden. Für alle Beteiligten eine Herausforderung der besonderen Art, die sie geradezu in Hochform brachte. Die gelungene Mondlandung war für die vier Produzenten wie für viele andere auch ein Omen, ein Signal von weit oben, das besagte: »Hallo Leute, vertragt euch, der Mond scheint für uns alle!«

Back Stage

Während alle Welt über die erfolgreiche Mondlandung sprach, kreisten die Gespräche der 3900 Bürger von Bethel ausschließlich um das geplante Festival in ihrer Stadt, dem auch sie mit Grauen entgegensahen. Motelbesitzer Elliot Tiber hatte einen neuen gut bezahlten Job erhalten und war zum Vermittler zwischen Woodstock Ventures und der Stadt Bethel aufgestiegen. Seine Aufgabe war es, die lokale Verbindung zwischen den beiden Parteien herzustellen. Was nicht immer einfach war.

Die Einwohner von Bethel hatten von den Protesten der Wallkiller gelesen und erhoben nun ebenfalls lautstark Einspruch gegen das geplante Festival. Nun schaltete sich Tiber ein und organisierte eine Stadtversammlung, zu der Michael Lang mit dem Helikopter angeflogen kam. Zum Erstaunen des kleinen, adretten Empfangskomitees trat ihnen dieser in Fransenlederweste auf nackter Haut entgegen und schritt so zur anschließenden Versammlung, wo etwa 300 aufgebrachte Einwohner von Bethel ihr Anliegen vortrugen.

Als immer deutlicher wurde, dass eine beidseitig zufriedenstellende Lösung nicht in Sicht war, nahm im Hinterzimmer ein angesehener Bürger Lang beiseite und erbot sich, für eine bestimmte Summe die Wogen in der Gemeinde zu glätten. Lang lehnte das zunächst ab, weil er fürchtete, durch Bestechungsgelder das Karma des Festivals negativ zu beeinflussen. Doch schließlich gab es keinen anderen Ausweg mehr, die Festivalvorbereitungen waren zu weit fortgeschritten und eine Blockade seitens der Bürger von Bethel hätte ein Chaos ausgelöst.

Produzent Joel Rosenman löste das Problem mit einem Scheck, dessen Höhe und Empfänger unbekannt blieben. Von da an kehrte, zumindest bedingt, Friede in die Verhandlungen ein. Trotz gelegentlicher Ausfälle versuchte man schließlich gemeinsam, alle auftauchenden Probleme zu bewältigen. Und davon gab es eine Menge.

Der Präsident des Betheler Wirtschaftsverbandes Ken van Loan hingegen gehörte zu denen, die sich keineswegs sorgten. Er hatte für sich entschieden, dass dieses Festival eine große Bereicherung für die anhaltend flaue Wirtschaftslage der Region sein könnte. Während er sich in der Gegend umhörte, wie man dieses Unternehmen stützen könne – alle Gastwirte waren auf seiner Seite – unterschrieben 800 Gegner eine Petition, in der sie einen sofortigen Stopp des Festivals forderten. Sie hatten erfahren, dass bereits 180000 Tickets verkauft waren und bekamen Angst vor einer Überflutung ihrer schmalen Straßen, Angst vor Horden wilder Elemente, die sich in ihrer Stadt breit machen und alles kaputt machen könnten.

Je näher das Festival rückte, desto heftiger fielen die Attacken seiner Gegner aus. Manager Elliot Tiber bekam anonyme Anrufe, wobei man drohte, ihm die Beine zu brechen, falls dieses Festival je stattfinden sollte. Doch Tiber ließ sich nicht einschüchtern. Unterdessen ließ Woodstock Ventures nichts unversucht, die Bürger Bethels auf seine Seite zu bringen, wenn auch manchmal mit Mitteln, deren Wirkung wider Erwarten nach hinten losging.

Am 7. August trat auf Anweisung von Joel Rosenman die Theatertruppe Earl Light Theater auf einer improvisierten Bühne in Bethel auf. Die 18 Mann starke Truppe sollte mit klassischen Stücken die Einwohner besänftigen und zu der Einsicht bringen, dass alles wunderschön friedlich und gesittet werden würde. Die Bürger Bethels eilten herbei und ließen sich mit angespannter Neugier vor der Bühne im Gras nieder.

Doch statt Romeo-und-Julia-Theater boten die Darsteller ein Stück mit dem Titel *Sex, You all Come*, legten ihre Kleider ab und strippten unter den Klängen einer Rockband, bis sie zuletzt nur einen knappen Lendenschurz trugen. Dabei schmetterten sie obszöne Texte auf die entsetzten Zuschauer nieder, die schleunigst das Weite suchten.

Die anfängliche Skepsis der Betheler Bürger verwandelte sich danach in die absolute Gewissheit, dass dieses Festival mit dem Teufel im Bunde stünde. Rosenman resümierte: »They went from being suspicious to being convinced.«[134]

Der Weg für neuerliche Konflikte war hiermit geebnet.

Drei Wochen

vor Beginn des Festivals war eine der vordringlichsten Aufgaben die Errichtung der Bühne. Zusammen mit Chefkoordinator Stan Goldstein kurvte Michael Lang über das Land von Max Yasgur und besichtigte das Grundstück. Sie steckten die Fläche ab, legten fest, wo die Bühne aufgebaut werden sollte und in welche Richtung. Sie entschieden sich für einen Hügel, der unmittelbar vor dem tiefdunklen White Lake lag, in ostwestlicher Richtung, sodass die Musiker mit dem Rücken zur aufgehenden Sonne stehen würden.

Ingenieur Chris Langhart wurde als technischer Direktor eingesetzt. Er hatte die Aufgabe, innerhalb von drei Wochen die gesamte Anlage mitsamt der Bühne aufzubauen. Ihm zur Seite standen über 400 Leute, die alle freiwillig gekommen waren, ihn tatkräftig zu unterstützen. Er versammelte alle um sich und fragte nur, wer Zimmermann sei, wer Installateur oder Elektriker und teilte die Leute ein. Sie verlegten Wasserrohre, Stromleitungen und Telefonkabel, Brunnen wurden ausgehoben und neue Straßen angelegt. Bereits da regnete es zeitweise, und die Männer arbeiteten manchmal knietief im Schlamm stehend, aber die Stimmung blieb ungebrochen fröhlich.

Von Zeit zu Zeit tauchte Michael Lang auf, mal mit dem Motorrad, mal hoch zu Ross oder auf einem Traktor. Immer trug er seine Fransenlederweste und Cowboystiefel und war durchweg positiv eingestellt. Was man ihn auch fragte, man bekam zur Antwort: »Aber sicher, mach nur, klar doch, toll!«[135]

Obwohl jeder einzelne mit Hochdruck arbeitete, war alles sehr vergnüglich, niemand war schlecht gelaunt, niemand kommandierte herum oder regte sich über etwas auf. Es herrschte eine entspannte Atmosphäre, die auch in dem Film von Michael Wadleigh zu spüren ist.

Organisator Stan Goldstein, der einschlägige Erfahrung mit Popfestivals hatte, wusste, dass viele der Anreisenden keine Ahnung davon hatten, was auf sie zukommen würde. Die meisten würden nicht genug Geld haben, um sich drei Tage lang selbst versorgen zu können. Den Kopf voller romantischer Vorstellungen und voller Vorfreude auf laue Nächte unter freiem Sternenhimmel, hatten die wenigsten von ihnen Übung darin. Man musste Vorkehrungen treffen, um ihnen das Leben so erträglich wie möglich zu machen.

Mister Goldstein traf eine der weisesten Entscheidungen des gesamten Festivals. Er holte die drogenerfahrenen und naturverbundenen Mitglieder der Hog Farm aus Neumexiko, die nahe dem Hopi Indianerreservat unter ihrem zahnlosen Initiator Wavy Gravy, der eigentlich Hugh Romney hieß, ein alternatives Leben lebten. Sie hatten mit der Aufzucht und dem Handel von Schweinen begonnen und waren in jeder Hinsicht trainiert für alle Härten des Lebens.

In vorderster Front mit dabei war die bodenständige »Mutter« der Farm: die Fotografin Lisa Law. »Geleitet von einer kosmischen Eingebung«,[136] wie sie sagte, sah sie bei ihrer Ankunft spontan voraus, dass das Festival eine riesige Dimension haben würde. Was sie keineswegs erschreckte, man musste es nur richtig planen. Und Lisa hatte Übung. Zusammen mit ihren Freunden von der Hog Farm übernahm sie auf der Stelle die soziale Versorgung des Unternehmens.

Als erstes begann sie bei den beteiligten Produzenten sehr energisch Geld einzusammeln, um für die Konzertbesucher kostenlos Essen und Zelte bereitstellen zu können. Anschließend marschierte sie mit Hog Farmer Peter White Rabbit durch New York, besorgte große Töpfe und Küchengeräte, dazu 160000 Pappteller und 30000 Pappbecher. Sie kaufte zentnerweise Weizen, Hafer, getrocknete Aprikosen, Weizenkeime, Rosinen und riesige Bottiche mit Sojasoße. Der Landbesitzer Max Yagur brachte Milch, Joghurt und Eier in großen Mengen, die alle in der Küche verstaut wurden. Sie richteten fünf Essensausgaben ein, zum Frühstück sollte es ein nahrhaftes Müsli geben, mittags und abends Weizenbrei mit Gemüse. Das Essen war nicht aufwendig, aber nahrhaft und eine gute Grundlage für alle zukünftigen Stresssituationen.

Neben der Küche errichtete Wavy Gravys Voraustrupp nach indianischem Vorbild ein riesiges Tipi, das PLEASE-Sanitätszelt. Es wurde mit Betten ausgestattet und war für Krankheitsfälle vorgesehen. Für die Drogenkranken stellten sie außerdem gesonderte Zelte auf und rekrutierten freiwillige Sanitäter, die mit roten Binden versehen wurden.

Die Sanitäter bekamen das geheime Passwort »I forget«, um zu zeigen, dass sie keine verkleideten Spürhunde der Polizei waren, die Rauschgift suchten, und gegen Ende des Festivals gab es mindestens 2000 Leute mit roten Binden, die sich aller Arten von Krankheiten annahmen. Daneben schickte Lisa ihre Leute in den Wald zum Holzschlagen, um Wege zu befestigen und Sandkästen für die Kinder zu bauen. Als alles stand und geregelt war, stellte Lisa Law eine kleine Buddha-Figur auf den Tresen. Sie sollte Glück bringen.

Inspiriert von Bob Dylans Song *The Times They Are A-changing* witterten die Kommunarden des Landes ihre große Chance, tatsächlich etwas in den Köpfen der Menschen bewegen zu können, und kamen in mehreren Bussen, beladen mit Hippies aus Landkommunen von der Westküste. Auch der Schriftsteller Ken Kesey, der *Einer flog übers Kuckucksnest* geschrieben hatte und in einer Kommune lebte, schickte einige seiner Mitbewohner, die ihm seit Wochen den letzten Nerv geraubt hatten. Zuletzt erschien Wavy Gravy höchstpersönlich per Flugzeug mit 85 Hog-Farmern und 15 Hopi-Indianern und erklärte sich selbst zur Hippie-Polizei.

Neben seinen diversen anderen Jobs stellte Michael Lang das Programm zusammen und setzte für den Eröffnungstag Countrymusik auf den Plan, mit Musikern wie Joan Baez. Samstag und Sonntag sollte Rock'n'Roll gespielt werden und den Schluss sollte der Top-Gitarrist Jimi Hendrix mit seinem *One-and-only*-Song bilden.

Michael hatte eine Obergrenze von 15 000 Dollar als Gage für die Musiker festgesetzt, doch Hendrix verlangte mehr. Für ein Konzert im Sommer in Kalifornien hatte er bereits 150 000 Dollar bekommen und sein Manager verlangte für den Woodstock-Auftritt dasselbe. Doch mittlerweile sah Michael die Dinge gelassener. Er brauchte Hendrix nicht unbedingt für einen großen Auftritt, auch wenn dieser die größten Schlagzeilen brachte. Wenn Hendrix kommen wolle, sei er willkommen, sagte Michael. Aber er bot ihm nur 32 000 Dollar für zwei Auftritte, jeder zu 16 000, damit sich die anderen Gruppen nicht übervorteilt fühlten. In Wirklichkeit war es nur ein Auftritt und dieser musste am Ende des Konzerts stattfinden, da Hendrix vertraglich festlegen ließ, dass nach ihm kein weiterer Auftritt mehr erfolgen dürfe.

Der Einzige, der noch keinen Vertrag unterschrieben hatte, war Bob Dylan. Für Michael war es selbstverständlich, dass sich sein Nachbar mit ein paar Songs am Festival beteiligen würde. Seine Backup-Gruppe The Band hatte bereits unterzeichnet, aber Dylan selbst nicht. Eines Tages besuchte Lang Bob Dylan in seinem Haus in Bearsville bei Woodstock und erklärte ihm, was sie vorhätten und ob er Lust hätte mitzumachen. Die Antwort war vage und beim Abschied sagte Lang noch einmal, dass er ihn gerne mit dabei hätte.

Doch Robert Allen Zimmermann kam nicht zum Festival. Er wollte ursprünglich am 15. August mit der *Queen Elisabeth* nach Europa aufbrechen, doch an diesem Tag wurde sein Sohn krank und musste ins Krankenhaus eingeliefert werden. Dylan verließ die Staaten im späten August, um bei dem Festival auf der Isle of White, nahe der Küste Großbritanniens, aufzutreten. Michael Lang saß in der Menge unter den Zuschauern.

Zwei Wochen vor Beginn des Festivals fuhr Lang durch Woodstock und kam am Haus des Fotografen Elliott Landy vorbei. Er fragte ihn, ob er bei dem geplanten Festival mitmachen könne: »Wir sprachen nicht über Geld, außer, daß wir es später aushandeln würden. Es war nicht mal ein Handschlag nötig – es war Bestimmung.«[137]

Nach Jahren in Europa, während der er in Kommunen seine Leidenschaft fürs Fotografieren entdeckt hatte, war Elliott Landy mit seiner Frau und zwei Kindern nach Woodstock übergesiedelt. Bis heute fotografiert er am liebsten Menschen in Momenten, in denen sie sich selbst am nächsten sind, fernab ihrer Rolle im öffentlichen Leben. So knipste er einige der schönsten Fotos des jungen Bob Dylan im Kreis seiner Familie und fing die Sängerin Janis Joplin in mitreißenden Momenten ihres Privatlebens ein. Er war, wenn man so will, mit seiner Kamera immer im richtigen Moment am richtigen Ort.

Vier Tage

vor Beginn einigten sich die Festivalgegner von Bethel schließlich auf eine Last-Minute-Strategie, um das Festival noch im letzten Moment zu stoppen. Da von behördlicher Seite vorerst nichts getan werden konnte, planten sie eine menschliche Barrikade mit ihren Autos zu errichten, um die Zufahrtsstraße zum Festivalplatz zu blockieren. Als Tag der Aktion war der Donnerstag festgelegt worden, der Tag vor dem Festival.

Dem Chefstrategen Elliot Tiber brach der kalte Schweiß aus. In der Nacht hatte er schlecht geschlafen. Seit zwei Tagen wusste er von der geplanten Blockade und konnte sie doch nicht verhindern. Er setzte sich mit Woodstock Ventures in Verbindung und verlangte, Manager Stan Goldstein zu sprechen. Dieser wandte sich umgehend an die örtliche Staatspolizei und bat sie um Unterstützung für die Umleitung des Verkehrs.

Unter Umgehung der Route 17B sollte der Verkehr auf die Route 55 umdirigiert werden. Doch als die polizeilichen Truppen schließlich eintrafen, standen die Autos der anreisenden Festivalbesucher bereits neun Meilen vor Bethel im Stau, es gab nichts mehr umzuleiten, wie der zuständige Sheriff lakonisch feststellte. Die Stadt Bethel und ihre Festivalgegner wurden buchstäblich überrannt.

Mit aufgeblendeten Scheinwerfern rollten die Autos zu Tausenden in Fünfer-Kolonnen vorwärts, auf der gesamten Route 17B gab es nur noch eine einzige Richtung, die gefahren wurde: der Festivalplatz. Bereits in der Nacht von Mittwoch auf Donnerstag waren Karawanen von Autos und Bussen von überall her angereist, vollbepackt mit jungen Leuten, die sangen und Gitarre spielten und die alle nur eines wollten: mit dabei sein. Michael Lang: »Es lag eine unglaubliche Stimmung in der Luft, du konntest sie auf der Schnellstraße spüren, auf den Landstraßen, die hierher führten, du konntest es über Meilen und Meilen spüren. So viel positive Energie gebündelt an einem einzigen Ort war beeindruckend.«[138]

Mitten zwischen dieser positiven Energie bewegte sich Produzent Artie Kornfeld mit seiner Frau Linda, die am Donnerstagmorgen von New York aus gestartet waren. Schon nach wenigen Metern brach ihr Auto zusammen. Wie vielen anderen auch blieb ihnen nichts anderes übrig, als per Autostopp zu reisen. Sie gerieten in einen vollgestopften, mit Blumen bemalten VW-Bus, deren Insassen johlten, als sie hörten, dass neben ihnen der Produzent des Festivals saß. Immerhin gelangte Artie mit Linda bis 20 Meilen vor Bethel, wo sie von Langs Hubschrauber abgeholt werden konnten.

Alarmiert von Berichten, dass Bethels Polizei dem Festival nur zögernd Unterstützung böte, rollten am Freitagmorgen auf Umwegen drei Schulbusse aus New York an, kurvten über den Kinderspielplatz und landeten direkt auf Yagurs Grundstück. Heraus sprangen 100 Polizeioffiziere, alle ausgesucht und handverlesen vom Konzertmanagement nach Besonnenheit und Umsicht, was einen friedlichen Ablauf des Festivals garantieren sollte. Doch bis auf wenige Freiwillige musste der Rest der Kompanie unverrichteter Dinge wieder zurück nach New York. Sie folgten dem Hinweis der Betheler Behörden, dass ihr Eingreifen keine eigene Legitimation besitze und damit den Sicherheitsbestimmungen der Betheler Behörden unterliege.

Als Freitagnachmittag auch noch das Büro des örtlichen Polizeireviers seine Pforten schloss, hatte Stan Goldstein mehr als einmal die Vermutung, dass die Polizei absichtlich gegen sie arbeitete. Der Betrag auf seinem Scheck war offenbar zu gering gewesen. Goldstein: »Sie wollten, dass es ein Desaster würde, doch plötzlich war es ein logistischer Albtraum.«[139]

Mit Blick auf die zunehmenden Spannungen zwischen den Fronten suchte Michael Lang nach einer Möglichkeit, die Lage zu entschärfen und konzentrierte sich dabei verstärkt auf seine Aufgaben. Plötzlich überfiel ihn die Gewissheit, dass etwas Entscheidendes fehlte: die Ticketschalter.

Vor Tagen hatte er die Mannschaft seines Verbündeten Ken van Loan, Präsident des Wirtschaftsverbandes, dazu eingeteilt, zwei Dutzend mobile Kabinen auf dem Festivalgelände in Stellung zu bringen, aber den Männern war es nicht gelungen, mehr als zwei oder drei Schalter dauerhaft aufzustellen. Begünstigt von Regenfällen kippten sie immer wieder um oder wurden überrannt von anstürmenden Gruppen, die dort ihre Zelte aufstellen wollten. Schlagartig erkannte Lang, dass sie an diesen Ticketschaltern so oder so keinen einzigen Cent einnehmen würden. Einzig die im Vorverkauf veräußerten Karten blieben ihnen als Einnahme.

Als der Zaun gänzlich im Schlamm unter den Massen trampelnder Füße verschwunden war, entschied sich Lang zusammen mit Produzent John Roberts – der schweren Herzens Millionen von Dollar dahinschwinden sah – eine Ansage machen zu lassen. Obwohl sie bis dahin nie vorgehabt hatten, das Festival eintrittsfrei zu machen, war es jetzt das einzig Vernünftige. Alles andere wäre im Chaos geendet. Unter dem tosenden Beifall der Besucher verkündete Chefbeleuchter Chip Monk seine erste Ansage, der noch mehrere folgen sollten: »Von jetzt an ist das Konzert eintrittsfrei!«, und Artie Kornfeld ergänzte: »Im Grunde wurde es von da an genau das, was wir von Anbeginn geplant hatten: ein freies Konzert für unsere Freunde und ab da hatten wir sicher eine Menge Freunde!«[140]

Umso wichtiger wurde die Ankurbelung der Filmrechte des Festivals, die unter der Obhut von Werbefachmann Artie Kornfeld betrieben wurde. Seit einigen Wochen liefen Verhandlungen mit der Hollywood-Filmproduktionsgesellschaft Warner Brothers und Kornfeld unterbreitete ihnen diesmal ein Angebot, das schwer abzulehnen war. Alles, was Kornfeld von ihnen wollte, waren 100 000 Dollar. Woodstock Ventures würde sich im Gegenzug um die Bereitstellung der Akteure, die Beleuchtung, die Dialoge und den Plot kümmern. Als Regisseur sollte der 27-jährige Michael Wadleigh agieren, der Physik studiert hatte und ursprünglich Neurologe werden wollte. Seit zwei Jahren arbeitete Wadleigh als Kameramann und hatte Regie geführt bei sozialpolitischen Dokumentarfilmen z. B. über Martin Luther King jr. und Bobby Kennedy. Wadleigh erklärte sich bereit, zunächst ohne Gage zu filmen und das Unternehmen sogar mit 50 000 Dollar aus seinen Ersparnissen zu unterstützen.

Er stellte eine Crew von 100 Leuten aus der New Yorker Filmszene zusammen, unter denen sich auch der italienische Jungregisseur Martin Scorsese befand, der dringend einen Job suchte. Seinen Akademie-Abschlussfilm *Who's that Knocking at My Door?*, der auch gleichzeitig sein Filmdebüt war, hatte er größtenteils aus eigener Tasche und mittels geliehenem Geld finanziert. Er war ebenso alt wie Wadleigh und trat als dessen Regieassistent an seine Seite.

Wadleighs Filmcrew unterzeichnete bei Warner Brothers ein Doppelt-oder-Nichts-Abkommen, was bedeutete, wenn der Film gut lief, würden die Mitarbeiter die doppelte Bezahlung erhalten, wenn nicht, gar nichts. Die Truppe kam einige Tage vor dem Festival in Volkswagen-Käfern und umgerüsteten Vehikeln, doch es ist anzunehmen, dass viele von ihnen, spätestens mit Beginn des neuen Jahres, ein neues Auto vor dem Haus stehen hatten.

Unter den Filmschaffenden befanden sich auch die jungen Filmer Donn Alan Pennebaker und seine Frau Chris Hedegus, die in der Folgezeit durch bemerkenswerte Dokumentarfilme berühmt wurden. In Michael Wadleigh's Film *Woodstock – The Lost Performances* interviewten sie zwei junge Leute.

Zwei auf dem Weg

Ein Mädchen und ein Junge stehen am Rand des Weges zum Festival, während im Hintergrund die Menschenmassen vorbeiströmen. Sie hat wilde braune Locken, große dunkle Augen und ein verschmitztes Lachen, das sie in Abständen zu ihm hinüberschickt. Er ist blond, mit klarem hellen Blick, sonnengebräunt, ernst.

Frage: Wer seid ihr und warum seid ihr hier?
SIE: »Wissen Sie, ich bin jetzt 23 und wir sind seit vier oder fünf Monaten zusammen. In dieser Zeit lernten wir uns gut kennen. Wir ergänzen uns gegenseitig, es ist eine gute Sache, obwohl wir nicht verliebt sind, nicht wie verrückt jedenfalls.«
Frage: Heißt das, du bist nicht eifersüchtig?
SIE: »Stimmt.«
Frage: Wie kommst du mit deinen Eltern aus?
SIE: »Ich kann mit ihnen auf einem bestimmten Level kommunizieren, aber eben nur auf dem. Seit zwei Jahren gehe ich nicht mehr nach Hause und anfangs war es ganz schön hart für sie zu realisieren, dass ich an einem anderen Ort wohne und sie begannen, mich übel zu beschimpfen. Jetzt geht es einigermaßen, aber ich kann mit ihnen nicht über Dinge sprechen, die wichtig für mich sind, weil sie es nicht verstehen würden. Meine Mutter ist voller Sorge um mich und meint, ich käme in die Hölle. Ich sage ihr dann, es gibt keine Hölle, Mama, aber sie versteht das nicht. Ich weiß nicht, was ich tun könnte, damit sie mich versteht – auf dieser Art von Ebene gibt es keine Verständigung.«
ER: »Mein Vater fragte mich, ob ich zu einem kommunistischen Trainingslager fahre, so sieht er diese Veranstaltung hier. Er ist Emigrant und in vielen Dingen Opportunist, er ist umgeben von Dingen, die ihm sehr viel bedeuten. Er kann nicht verstehen, warum das meiste davon für mich wertlos ist. Er fragt mich immer, warum ich sein Spiel nicht mitspiele, es gibt vieles, was mein Vater möchte, dass ich tue, was aber nur für ihn von Wert ist. Er besitzt nicht genug Verstand, mir zu erlauben, ich selbst zu sein. Während ich etwas tue, lerne ich etwas über das Leben, Learning by Doing. Er kann nicht verstehen, warum ich auf einem solchen Weg bin, aber er wünscht sich sehr, ich wäre es nicht.«
SIE: (lacht) »Er ist 40, was erwartest du!«
Frage: Was ist mit Drogen?
ER: »Es gab eine Zeit, da war ich sehr heftig auf Drogen, aber inzwischen sieht es aus, als wäre ich trocken oder zumindest unter Kontrolle. Es hatte viel mit Auflehnung zu tun. Ich bin ein menschliches Wesen und das ist alles, was ich sein möchte. Ich möchte

keine große Veränderung, eine große Veränderung bringt immer Kummer und Kämpfe mit sich. Ich möchte nur ich selbst sein können und brauche dafür einen Ort, wo ich zu einer Art Gleichgewicht mit mir selbst finden und dieses auch erhalten kann.«

Frage: Denkst du, du könntest dich mit einem Typ wie Richard Nixon unterhalten?
ER: »Ich hoffe doch. Diese Leute sind neurotisch und gespalten und haben Freude am Leben, wie ich auch.«

Frage: Aber sie treiben dabei auch ihre Machtspiele.
ER: »Ich brauche diese Macht nicht. Ich kann hier sitzen, ich brauche nicht zu kämpfen oder Berge zu erklimmen, denn es gibt nichts zu erobern.«

Frage: Habt ihr Eintrittskarten für das Festival?
SIE: (lacht) »Nein. Okay, wir kamen einfach hierher und jetzt gucken wir, was passieren wird.«

ER: »Eigentlich ist es egal. Die Leute kommen hierher, weil sie eine Art Antwort suchen. Warum würden sonst 400000 Leute kommen, etwa nur, weil es dort Musik gibt? War Musik je so bedeutsam? Ich glaube nicht. Aber die Leute wissen vieles nicht, sie wissen nicht, wie sie leben sollen, und nicht, was sie tun sollen. Sie hängen herum und wenn sie sich fragen, warum sie auf der Welt sind, finden sie keine Antwort und fühlen sich echt verloren.«[141]

Es waren andere Kräfte, die so viele Menschen in Bewegung brachten, es war nicht nur die Musik. Die meisten von ihnen waren auf der Suche nach Antworten für sich, für ihr Leben schlechthin. Innere Unsicherheit ging um.

Auf der anderen Seite der Erde tobte in jenen Tagen ein Ereignis, das Unzähligen das Leben kostete, darunter auch Tausenden von Amerikanern:

Der Vietnamkrieg

Spätestens als der Einberufungsbefehl nach Vietnam ins Haus flatterte, begannen viele Jugendliche zu begreifen, dass nicht immer alles richtig war, was die Erwachsenen entschieden. Auch, dass man nicht widerspruchslos alles hinnehmen musste, was einem aufgetragen wurde. Sie blickten sich um und sahen, sie waren nicht allein, sie waren umringt von Gesinnungsgenossen, die dasselbe empfanden wie sie.

Was ehemals als Protest gegen den Krieg in Vietnam begonnen hatte, weitete sich aus und griff über auf das soziale und familiäre Umfeld jedes Einzelnen. Untergehakt in Fünferreihen und im Gleichschritt marschierten sie auf den Straßen und riefen im Chor: »Ho-Ho-Ho Chi Minh!«, in den USA wie auch in Westeuropa. Wobei die wenigstens wussten, wer Ho Chi Minh eigentlich war.

Durch den Beginn des Krieges in Vietnam und die damit verbundene Intervenierung der Vereinigten Staaten in Nordvietnam veränderte sich die Haltung vieler US-Bürger gegenüber ihrer Regierung, die bis dahin weitgehend Akzeptanz genossen hatte. Alarmiert durch diese offensichtliche Fehlentscheidung stellten besonders junge Leute alte Werte in Frage.

1968 bombardierte die US-Luftwaffe bereits das dritte Jahr in Folge die Demokratische Republik Vietnam im Norden. Zugleich führten mehr als 600000 amerikanische Soldaten in Südvietnam einen mörderischen Dschungelkrieg.

Unter dem Decknamen Operation »Rolling Thunder« hatte am 2. März 1965 die Bombardierung Nordvietnams durch die US-Armee begonnen. Eine Woche später landeten zwei Bataillone der US-Marine, die erste reguläre Kampftruppe im Land. Damaliger Präsident der Vereinigten Staaten war Lyndon B. Johnson, der nach der Ermordung John F. Kennedys im Jahr 1963 zu seinem Nachfolger ernannt worden war.

Aufgrund eines Konflikts, dem so genannten Tonkin-Zwischenfall, hatte Johnson die volle Unterstützung des US-Kongresses erhalten und konnte ungehindert seine Intervenierungspläne vorantreiben. Seit 1954 war Vietnam in zwei Lager geteilt, zwischen denen ein Bürgerkrieg tobte. Der Norden war kommunistisch und wurde somit von Russen und Chinesen unterstützt, der Süden war westlich orientiert und stand unter dem Protektorat der USA, die dort eigene Interessen verfolgten.

Johnsons Absicht war es, den Süden des geteilten Landes zu stabilisieren und bei gleichzeitiger Schwächung des Nordens das Land vom Kommunismus zu befreien und zu vereinen, damit die USA auf das gesamte Land Einfluss nehmen könnten. Das war nicht gelungen.

Der Krieg endete am 30. April 1975 formal mit der Einnahme der südlichen Hauptstadt Saigon durch nordvietnamesische Truppen. Seitdem ist Vietnam wiedervereint und unter kommunistischer Herrschaft.

Einer der wichtigsten Unterhändler bis 1969 war Ho Chi Minh. Als Gründer der Kommunistischen Partei Indochinas genoss er großes internationales Ansehen. Er setzte sich für die Befreiung des vietnamesischen Volkes ein und neben Ernesto Che Guevara gilt er bis heute als einer der bedeutendsten Praktiker des modernen Guerillakampfes.

Für den heimlichen Transport von Material und Lebensmitteln ließ er eine Straße durch die Berge von Nord- nach Südvietnam bauen, die im Westen der Ho-Chi-Minh-Pfad genannt wurde. Nach seinem Tod am 3. September 1969 wurde in Hanoi für ihn ein Mausoleum errichtet.

Doch der Schlachtruf »Ho-Ho-Ho Chi Minh!« hallte nach seinem Tod noch lange durch die Säle der Universitäten der westlichen Welt oder wurde bei Protestmärschen aller Art rhythmisch intoniert, als Symbol des Widerstands gegen jegliche Form von Unterdrückung.

Drei Tage des Friedens und der Musik

Freitag

Der Plan der beiden Produzenten John Roberts und Joel Rosenman, die mit der Möglichkeit spielten, die Stadt Bethel und den Festivalplatz zum nationalen Katastrophengebiet erklären zu lassen, um später etwaige an sie gerichtete Schadensanzeigen besser abwehren zu können, traf auf Widerstand. Die anderen Produktionspartner fürchteten ein Eingreifen der nationalen Truppen und damit die Provokation eines bewaffneten Widerstands seitens der Besucher. Bereits jetzt waren 20 berittene Polizisten im Einsatz, die für Ruhe sorgen sollten. Das war für Michael Lang und Artie Kornfeld genug an gesetzlichen Sicherheitskräften. Sie hatten andere Sorgen.

Durch den kilometerlangen Stau des Verkehrs auf den Zufahrtsstraßen war es praktisch unmöglich, die Musiker rechtzeitig zum Festivalplatz zu bringen. Sie waren im Umland verteilt in Hotels und Gasthäusern untergebracht worden, wo sich die Journalisten gegenseitig auf die Füße traten, um unter anderem Janis Joplin bei ihrem ersten Schluck aus der Flasche Southern Comfort zu knipsen.

Im Zimmer nebenan wohnte die junge Melanie Safka – anfangs mit ihrer Mutter, die gegen ihren Willen nach Hause geschickt wurde –, doch um sie kümmerte sich keiner, im Gegenteil. Sie musste sich später ihren Zutritt zur Bühne mittels Personalausweis und durch Vorsingen ihres *Beautiful People*-Songs, den jeder aus dem Radio kannte, erkämpfen, da sie bis dato ein absoluter Nobody war.

Aber die Frage war, wie sollten die Musiker zur Bühne kommen? Die Straßen waren mittlerweile bis auf 25 Kilometer rund um das Festivalgelände verstopft, die einzige Möglichkeit, sie auf den Festivalplatz zu bringen, war per Hubschrauber. Unversehens wurde die Armee zum Freund und Helfer, sie stellte die am schnellsten verfügbaren Helikopter. Armeehubschrauber? Warum nicht, ohne sie hätte das Fest der Liebe und des Friedens nicht stattfinden können, sie dienten einem guten Zweck, und überhaupt, man war nie gegen Soldaten gewesen, nur gegen den Krieg, war Richie Havens Überzeugung.

Der offizielle Festivalbeginn sollte Freitagnachmittag um 16 Uhr sein. Doch zu diesem Zeitpunkt war keine der geplanten Musikgruppen in Reichweite. Einige von ihnen befanden sich im rund 100 Kilometer entfernten Woodstock und stimmten sich ein. Santana spielte im Elefant Café, Jonny Winter sang im Café Espresso, Odetta war in der Stadt und Paul Butterfield spielte auch irgendwo. Als die ersten Pfiffe aus der wartenden Publikumsmenge ertönten, hielt Michael Lang fieberhaft Ausschau nach einem Musiker, der schnell einspringen konnte. Tim Hardin war zu stoned, aber Richie Havens schien nüchtern und bereit für einen Auftritt.

Noch musste improvisiert werden und dazu eigneten sich am besten Solomusiker. Michael Langs ursprünglich geplante alphabetische Reihenfolge musste dabei weitgehend außer Acht gelassen werden.

Kurz nach 17 Uhr, mit nur einer Stunde Verspätung startete schließlich das Woodstock Festival 1969.

Unter jubelndem Beifall wurde als erster Richie Havens begrüßt, der mit seiner kleinen Combo den Auftakt machte. Er kam im bodenlangen orangenen Talar und obwohl ohne Schneidezähne und leicht lispelnd, erhielt er viel Applaus. Nach diversen Folk- und Gospelsongs war sein Repertoire beendet, doch als er abtreten wollte, schob man ihn wieder zurück auf die Bühne und drängte ihn weiterzuspielen, egal was. Als ihm nichts mehr einfiel, dichtete er nach dem Spiritual *Motherless Child* noch diverse Strophen hinzu und untermalt von hektischen Gitarrenläufen röhrte er seinen mächtigen Song *Freedom*, der ihn später berühmt machte. Sein Auftritt dauerte länger als zwei Stunden.

Danach kam Country Joe McDonald unversehens zu seinem ersten Solo-Auftritt im Leben, weil noch keine andere Band bereit war. Nach *Going Home My Baby* startete er den Anti-Kriegs-Ragsong *I-Feel-Like-I'm-Fixin'-To-Die*, bei dem auf seine Aufforderung hin das Publikum begeistert mitsang: »One, two, three, what are we fighting for« ... Refrain: »... next stop is Vietnam«.

John Sebastian lungerte bereits eine Weile auf der Bühne herum. Von Hog-Farmer Wavy Gravy zur Rampe geschubst und unversehens mit einer Gitarre in der Hand begann John erstmal verdattert die Saiten zu stimmen. Glücklich dabei sein zu dürfen, schwebte er wie auf Wolken. Er sang freudig-erregt in höchsten Tönen und vergaß zeitweilig seinen Text. Doch seine Fans wiegten sich selig im Takt seiner Lieder. John Sebastian tritt heute noch in Woodstock auf. Zu seinen bekanntesten Songs gehören: *I Had a Dream* und *Rainbow All Over the Blues*.

Sweetwater war die erste Band, die zum Einsatz kam. Mit Albert Moore an der Flöte und Alan Malarowitz am Schlagzeug dauerte ihr Auftritt 45 Minuten. Davon ist keine Aufzeichnung vorhanden. Anschließend betrat Bert Sommer die Bühne und spielte zusammen mit seiner Studiogitarristin Ira Stone zehn Songs, u.a. *Lost in the Arms of Love*, *Jennifer* und *America* von Simon & Garfunkel. Sie ernteten anhaltenden Applaus.

Mit Einbruch der Dunkelheit kam Tim Hardin an die Reihe. Er hatte freien Blick auf Hunderte von Lagerfeuern, die nach und nach hinter der Menschenmenge entfacht wurden. Er sang mit stellenweise brüchiger Stimme Lieder wie: *Misty Roses* und *If I Were a Carpenter*. Mit vorsichtigem Blick zum Himmel befestigte nach ihm der indische Musiker Ravi Shankar die elektrische Sitar an den Verstärkerboxen. Sein melodisches Spiel wurde begleitet von zwei Bongotrommeln und einer Conga. Es war sein letzter Auftritt bei einem Popkonzert, da er ein strikter Gegner jeglichen öffentlichen Drogenkonsums war. Er beendete seinen Auftritt bereits nach zwei Stücken, da es aussah, als würde es jeden Moment anfangen zu regnen.

Melanie Safka war unerschrocken, zumindest was den Regen betraf. Als sie die Bühne betrat, war es tiefste Nacht. Es war ihr erster öffentlicher Auftritt und sie freute sich sehr dabei sein zu können. Sie sprang für die Incredible String Band ein, die Angst um ihre Elektronik hatte. Melanie hatte nur Angst vor der riesigen Menschenmenge, aber sie wusste, da musste sie durch.

Mit gelegentlich zittriger, aber glasklarer Stimme brachte sie ihr ganzes Repertoire und begleitete ihren Gesang allein mit ihrer Akustikgitarre. Dazu gehörte *Beautiful People* und *Birthday of the Sun*. Während ihres Auftritts begann es zu nieseln, Wolken zogen auf und in den folgenden Stunden fielen mit Unterbrechung 120 Millimeter Regen.

Wie zur Beschwichtigung des Regengottes, aber auch als Ausdruck von Anteilnahme für die Newcomerin, funkelte mitten durch die Nacht ein Meer von Lichtern. Tausende hielten brennende Kerzen hoch, die verteilt worden waren und wiegten sich im Takt zur Musik. Der damals 22 Jahre alten Melanie blieb dieser Anblick unvergesslich: »Dies blieb zeitlebens meine einzige Erfahrung außerhalb meines Körpers, ich beobachtete mich selbst auf der Bühne, wie ich die Lieder sang, aber ich war nicht anwesend.«[142]

Als sich die Wolken auflösten und den Blick auf den nächtlichen Sternenhimmel freigaben, landete weit nach Mitternacht ein Helikopter mit dem Sohn des Country Sängers Woody Guthrie.

Arlo Guthrie, selig lächelnd, eröffnete seinen heiteren Solo-Auftritt mit dem wichtigen Satz: »Leute, der größte Highway im Staat New York ist zu!«, gefolgt von einer langen Geschichte, die kaum einer verstand. Dann schlug er seine Gitarre an und sang seine Folksongs, die ihn später berühmt machten, u.a.: *Amazing Grace*, *Alice's Restaurant* und *Coming into Los Angeles*. Bei dem Bob-Dylan-Song *Walking Down the Line* brachte er das Publikum dazu, mitzusingen.

Am Samstagmorgen gegen 2 Uhr betrat Joan Baez die Bühne, »The Fabulous Lady«, wie sie angekündigt wurde, und mit ihr kam das Highlight dieses ersten Festivaltags. Sie war hochschwanger und sang mit engelsgleicher Inbrunst und wunderschöner Stimme ihre Balladen und gesellschaftskritischen Folksongs. Dabei erinnerte sie an ihren Mann, der als Kriegsdienstverweigerer im Gefängnis saß und in den Hungerstreik getreten war. Sie sang u.a.: *Drug Store Truck Drivin' Man*, *Joe*

Hill, Carry Me Home, Ave Maria, Swing Low Sweet Chariot. Zum Schluss wiegte sie die Zuschauer in den Schlaf mit: *We shall overcome.*

Samstag

Der Festivalsamstag wurde mittags mit einer Yogastunde von Tom Law eröffnet, der auf der Bühne entsprechende Übungen vorzelebrierte: »Befreie deinen Körper von Blockaden: Atme die frische Luft, einatmen – ausatmen«, die später im großen Kreis auf der Wiese fortgesetzt wurden. Über ihnen rotierten Armeehelikopter mit Soldaten, die sie anfeuerten und zwischen ihnen Hamburger- und Sandwichpakete abwarfen, die sich die Besucher friedlich teilten. Abgesehen von sündteuren Hotdogs und Getränken, die an Ständen verkauft wurden, spendeten umliegende Anwohner kiloweise Kohlköpfe, Gemüse und Brot, die Lisa Law mit dem Lieferwagen einsammelte. Es war ein Miteinander im besten Sinn des Wortes.

Am Nachmittag ließ ein Helikopter Tausende von Gänseblümchen auf die Besucher niederregnen, die sich mit strahlenden Augen danach reckten. Verzückte Blumenkinder rupften die Blütenblätter ab und spielten »Er liebt mich, er liebt mich nicht«, um einen Blick in die Zukunft zu erhaschen. Eine Besucherin, damals 24 Jahre alt, erinnerte sich 1994:

> Ja, wir nahmen Drogen. Viele nahmen sie nur so zum Spaß. Andere nahmen sie, um aus der Wirklichkeit, die sie nicht mehr ertrugen, zu flüchten. Einige von uns waren auf einer spirituellen Suche nach der Wahrheit und wir nahmen Drogen, um die Fesseln einer falschen Persönlichkeit zu sprengen, die uns von unseren Eltern und der Gesellschaft angelegt worden waren. Es war eine Suche nach dem Sinn des Seins, den wir in den überlieferten Religionen nicht finden konnten.[143]

Während Hog-Farmer Wavy Gravy mit Cowboyhut und Trillerpfeife umherlief und Ausschau hielt nach Menschen, die Hilfe benötigten, wurden die ersten verängstigten Drogenopfer sicher in das PLEASE-Tipi geleitet, wo sie fachkundig betreut wurden. Die meisten rauchten Haschisch und Marihuana, das neben den nötigsten Nahrungsmitteln an Ständen verkauft wurde, aber es kursierten auch härtere Drogen. Eine kurze, aber energische Durchsage auf der Bühne verkündete, dass das braune LSD schlecht sei und sie besser die Finger davon lassen sollten. Einer der Besucher sagte später: »Letzte Nacht wurde so viel Grass geraucht, dass du schon stoned wurdest, indem du einfach daneben gesessen bist und geatmet hast.«

Über ihnen kreiste in stetem Einsatz der Helikopter der US-Armee mit dem roten Kreuz des Sanitätskorps und brachte neben Drogenkranken, Hitzeopfern und Verletzten die zweite werdende Mutter ins städtische Krankenhaus.

Die ersten Takte des Tages ertönten, als die Quill Band startete. Sie brachte nur einen Song: *Waitin' for You.* Und noch während sie sangen, begannen Bandmitglieder Teile der Bühneneinrichtung zu zerschmettern und unters Publikum zu verteilen. Man brachte sie sicherheitshalber von der Bühne.

Schleunigst wurde die Gruppe von Keef Hartley auf die Bühne geschleust, ein britischer Schlagzeuger in Indianerkleidung. Für ihn und seine Band war es ihr erster Auftritt in den USA. Musikalisch bewegten sie sich im Fahrwasser des Rock-Jazz. Es existiert keine offizielle Aufzeichnung ihres Auftritts.

Nach ihnen kam ein Meister seines Fachs, der mit Spannung erwartet wurde und seine Fans nicht enttäuschte: Santana zog mit erdigem, energiegeladenem Latino-Rock-Rhythmus das Publikum 45 Minuten lang magisch in seinen Bann. Mit seinen Musikern Gregg Rolie (Piano, Orgel, Gesang), José Chepito Areas (Timbales, Conga, Percussion), Mike Carrabello (Conga, Percussion), Dave Brown (Bass) und Michael Schrieve (Drums) war Bandleader und Gitarrist Carlos Santana einer der absoluten Höhepunkte des Abends. Jazzige Soloeinlagen und mitreißende Schlagzeugwirbel brachten jeden Nerv zum Schwingen. Zu seinen Stücken gehörte u.a. *Soul Sacrifice,* das internationalen Ruhm erntete.

Man hatte Lattenreste im Publikum verteilt, die die Zuschauer im Takt der Musik gegeneinander schlugen. Sie trommelten auf Flaschen und Büchsen und unter den erneut aufziehenden Regenwolken ertönten die ersten Rufe: »No Rain, No Rain!«

Während des Sonnenuntergangs erklang unter großem Beifall ein weiteres Highlight: Canned Heat heizte mit fetzigen Rock-Blues-Klängen weiter die Stimmung an. Die Band bestand seit 1965 mit wechselnder Besetzung. Ihr Vordenker, Harmonika- und Gitarrespieler Alan Wilson brachte mit Sänger Bob Hite, Schlagzeuger Adolfo De La Parra und dem Bassist Larry Taylor Stücke aus ihrem ersten Album von 1968: *Where the Water Tastes Like Wine, A Change Is Gonna Come* und zwei Stücke, die auf Grund ihres soften, zugleich kraftvollen Country-Music-Sounds international bekannt wurden: *On the Road Again* sowie *Going up the Country.*

Danach folgte The Incredible String Band mit Psychodelic Folk, die nur mäßige Resonanz fand. Ihr Auftritt wurde nicht aufgezeichnet.

Mit einiger Hoffnung erwartete man die Gruppe der Greatful Dead, die öfters über Radio zu hören war. Leader und Gitarrist Jerry Garcia lieferte einen mehrstündigen Auftritt mit seiner 1966 gegründeten West-Coast-Band. Sie wurden des öfteren durch Regen unterbrochen. Songs waren u.a. *St. Stephen* und *High on Cocain.*

Jerry Garcia beurteilte seinen Auftritt sehr kritisch und erzählte Jahre später: »Als Mensch hatte ich eine wunderbare Zeit. Mit Jungs aus der Musikbranche herumhängen und mit ihnen herrliche, kleine Partys feiern. Aber unser Auftritt auf der Bühne – der Teil von Greatful Dead in Woodstock – war musikalisch ein totales Desaster, das man am besten vergisst. Seit mittlerweile 25 Jahren versuche ich, es zu vergessen.«[144]

Sonntagmorgen gegen 3 Uhr betrat Creedance Clearwater Revival die Bühne und riss die Zuschauer aus ihrem aufkeimenden Dämmerschlaf. Die Mitglieder der vierköpfigen Band hatten sich in der Junior Highschool in Kalifornien kennengelernt und spielten seit 1959 in gleicher Besetzung, was damals selten war. Geführt von Bandleader John Fogerty, mit kraftvoller Rockstimme und flotter Gitarre, brachten sie Versionen ihrer bekannten Songs, die heute noch im Radio gespielt werden: *Proud Mary, Put a Candle in the Window, Born on the Bayou* und *I Put a Spell on You*.

Schließlich hatte die skandalumwitterte Lady ihren Auftritt, von der man schon viel gehört hatte: Janis Joplin. Statt mit ihrer Gruppe Big Brother & The Holding Company, mit der sie seit Jahren emotional harmonierte, kam die 27jährige Frau aus Texas, die bereits ein Jahr später starb, mit einer neuen Band.

Nach einer koketten Begrüßung – sie wirkte dabei leicht angetrunken – zelebrierte Janis ihre Songs aus tiefster Seele; aber trotz aller Anstrengung und Extase blieb sie allein. Die technisch korrekte Begleitband, die Janis mit Handbewegungen anzufeuern versuchte, konnte ihr nur mühsam folgen. Sie sang: *Try Just a Little Bit Harder, Piece to My Heart, To Love Somebody* von den Bee Gees und einen ihrer besten Songs: *Work me Lord* von Nick Gravenites.

Sly and the Family Stone, die einzige schwarze Band, rockte und tanzte in weißen Anzügen mit glitzernden Federn, die um sie herumwirbelten, bis weit in die frühen Morgenstunden, trotz Regen und unter großem Beifall. Sie spielten u. a.: *Dance to the Music, Music Lover,* den Song über Brüderlichkeit *Every Day People* und *I Want to Take You Higher,* den alle begeistert mitsangen.

The Who lieferte eine fantastische Rockshow, während hinter der Band langsam die Sonne aufging. Das britische Quartett mit Gründer und Sänger Roger Daltrey kam ins Schwitzen. Die weißen Fransen seiner Weste peitschten rhythmisch um seinen nackten Oberkörper, während neben ihm Gitarrist Pete Townshend über die Bühne tobte. Keith Moon am Schlagzeug dampfte, alle spielten sich die Seele aus dem Leib. Sie hatten Grund zur Freude: Trotz des vehementen Widerstands von Michael Lang hatten sie vor ihrem Auftritt ihre Gage bar erhalten, nachdem Produzent John Roberts nachts um elf Uhr einen Bankangestellten aus dem Bett geholt hatte. Sie brachten Songs wie: *My Generation, Substitute, I Can See for Miles, Pinball Wizard, Summertime Blues* – und Stücke aus ihrer im selben Jahr entstandenen Oper *Tommy* u. a. die Overtüre: *We're Not Gonna Take it* mit dem Refrain *See Me, Feel Me*.

Am Ende donnerte Pete Townshend wie immer seine Gitarre aufs Podium und warf sie ins Publikum. Doch hinterher warf er noch eine neue Gitarre und bedankte sich: »Dies sind die friedlichsten und schönsten Stunden, die wir je bei einem Auftritt erlebt haben.«

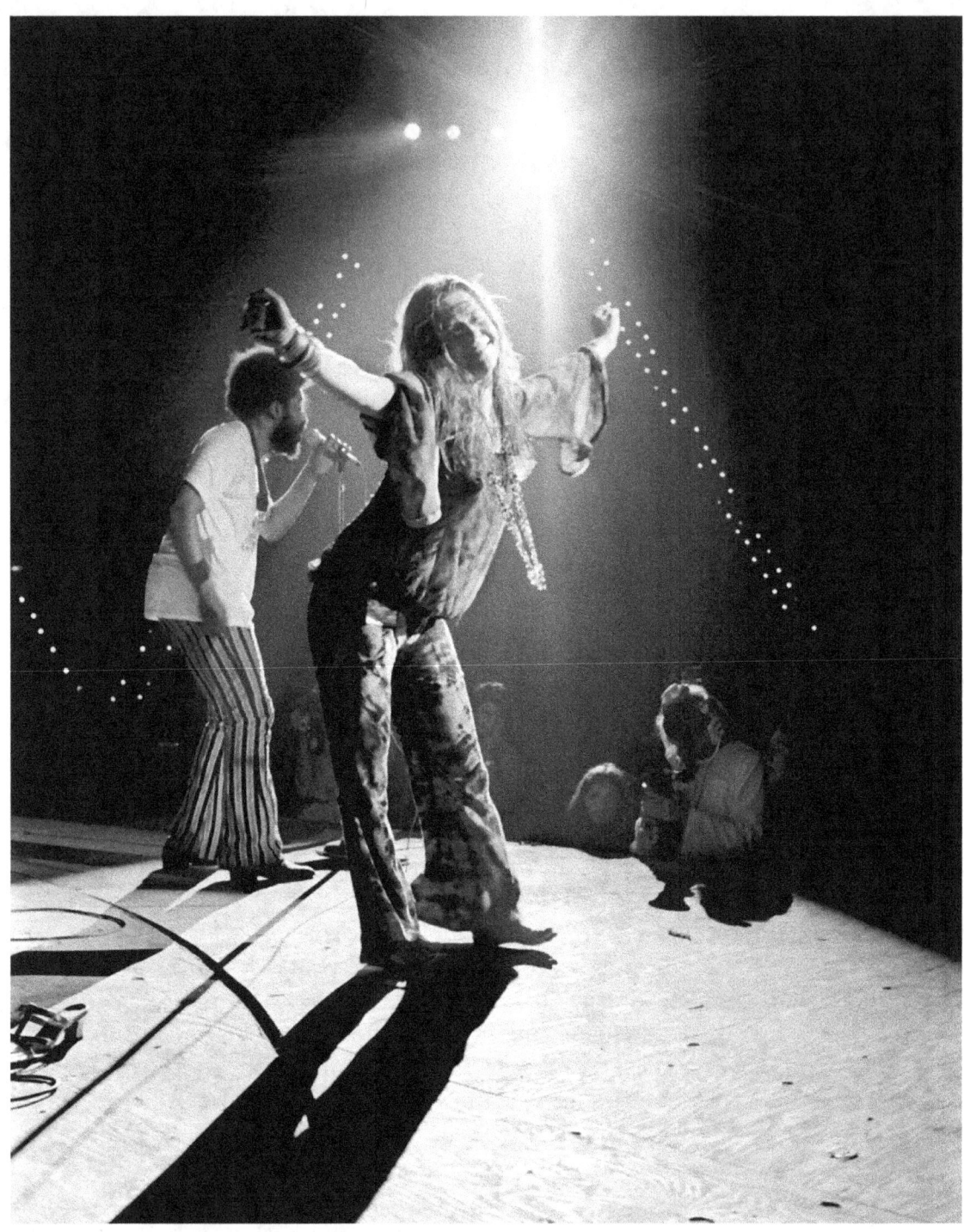

Janis Joplin on stage, Woodstockfestival 1969

Nach der aufmunternden Durchsage von Chefbeleuchter Chip Monk: »Wir sind im Moment die zweitgrößte Stadt im Staat New York« erschien in den frühen Morgenstunden als letzte Band Jefferson Airplane.

Mit blitzenden blauen Augen betrat Grace Slick, die Bandleaderin von Jefferson Airplane, die Bühne und verkündete kämpferisch, dass sie »Morning Maniac Music« spielen würden, Musik für die Morgenverrückten. Nach ihrem gespenstischen Song *White Rabbit* beendeten sie den Auftritt mit *Volunteers*, das Lied, das später der Titel ihres Albums wurde.

Unter den prüfenden Blicken von Grace Slick brachte ihr Gitarrist und Komponist Paul Kantner am Schluss des langen Festivaltags ein Solo mit dem wunderschönen Blues *My Cautionary Babe*. Danach sanken die Zuschauer in ihren wohlverdienten Schlaf.

Sonntag

»What we have in mind, is breakfast in bed for four hundred thousand!«, begrüßte die verkaterte Stimme von Hog-Farmer Davy Gravy am dritten Tag die erwachenden Besucher, die sich gegen Nachmittag mühsam aus ihren feuchten Schlafsäcken schälten. Er schloß die frohe Botschaft an: »Inmitten eines Desasters gibt es immer ein kleines Stückchen Himmel – ein Baby wurde geboren!«

Das nachfolgende heitere Trompetensolo des militärischen Morgenappells scheuchte die Schlaftrunkenen in die Fluten des White Lake, der von Wald umgeben direkt hinter der Bühne lag. Manche liefen nackt, viele sprangen in Unterwäsche ins Wasser, gefolgt von Kindern und Hunden. Dazwischen standen Jungs, die sich rasierten und Mädchen, die sich die Haare wuschen oder sich gegenseitig nass spritzten. Es war heiß und schwül, alle waren glücklich über die Abkühlung.

Hier wurde der Einsatz des ansässigen Stadthistorikers Bert Feldman auf eine harte Probe gestellt, der unversehens zu einem neuen Job gekommen war. Man hatte ihn dazu abkommandiert, sich zwischen die Fernsehkameras und die nackten Leute zu stellen, um zu verhindern, dass diese in voller Blöße im nationalen Fernsehen zu sehen waren. Je nach Geschlecht, mussten sie mit mindestens ein oder zwei Kleidungsstücken bedeckt sein. Obwohl es nicht direkt zu Kämpfen kam, war es doch ein hartes Stück Arbeit. Es haperte meist an der Verständigung. Die meisten waren zu erschöpft, um zu verstehen, was er überhaupt von ihnen wollte.

Auch Hog-Farmerin Lisa Law wischte sich den Schweiß von der Stirn. Sie war früh aufgestanden und hatte bereits kiloweise Körner und Rosinen zu einem nahrhaften Müslibrei verarbeitet. Per Ansage verkündete sie die Standorte der fünf Essensausgaben, an denen gleichzeitig ausgeteilt wurde. Zusammen mit ihrer Crew schöpfte sie das Frühstück aus Bottichen, die ursprünglich als Abfalleimer gedacht waren. Und die frisch gewaschenen Besucher warteten geduldig in langen, ordentlichen Reihen, jeder bekam eine Kelle Müsli auf den Pappteller, den er, wenn nötig, auch brüderlich mit seinem Nächsten teilte. Währenddessen erschien auf der Bühne der erste Musiker des Tages und begrüßte sein Publikum.

Joe Cocker war 25 Jahre alt und hatte einen Auftritt in dieser Dimension bis dahin noch nicht erlebt. Er freute sich sichtlich, dabei zu sein: »It's great to see you!« Nach *Let's Go down Stoned* lieferte er einen hinreißenden Auftakt mit *With a Little Help from My Friends* von Paul McCartney und John Lennon. Mit inbrünstig rauer Bluesstimme modellierte er seinen Gesang wie einen heiligen Choral untermalt von seinen zuckenden Handbewegungen, die Luftgitarre spielten. Noch während er heiser die letzten Töne in den Äther schrie, veränderte sich der Himmel.

Über ihm jagten dunkle Wolken hinweg, die sich zusehends verdichteten, und manchem kam es so vor, als hätte Cocker mit seinem Gesang aus tiefster Seele das Unwetter entfesselt, das die drückende Hitze des Tages zur Entladung brachte. Erste Blitze schossen durch die Wolkendecke.

Unter dem auflebenden Sturm fingen die Boxentürme an zu wackeln und Funken zu sprühen und drohten auf das Publikum zu stürzen. In den 20 Meter hohen Lautsprechertürmen saßen zudem Leute mit bestem Ausblick auf die Bühne, die nur widerstrebend ihre Plätze aufgaben. Sie wurden schleunigst per Durchsage heruntergerufen, über die einzigen Mikros, die noch angeschlossen waren: »Haltet euch fern von den Türmen, kommt herunter, es ist gefährlich!«

Kurz danach versank das Woodstock Festival in herabstürzenden Regengüssen, vom Sturm gebeutelte Zelte knickten um wie Kartenhäuser und wurden weggeschwemmt, Menschen wateten knöcheltief durch Pfützen – doch die Stimmung blieb ungebrochen euphorisch. Im Gegenteil, der Sturm schweißte die Feiernden noch mehr zusammen.

Während auf der Bühne hektisch die großen Segelplanen eingeholt und alle Verstärker abgedeckt wurden, starteten die Zuschauer ihr eigenes Konzert. Sie trommelten auf Büchsen und rasselten mit allem, was ihnen unter die Finger kam. Erst zaghaft, dann immer lauter intonierten 400000 Kehlen den beschwörenden »No-Rain«-Song.

Und tatsächlich, irgendwann nach Stunden, hörte es auf zu regnen. Zurück blieb ein Meer triefender Gestalten, die sich unter durchweichten Decken und tropfenden Plastikplanen gegenseitig anlachten und barfuß durch quietschende Erdklumpen wateten. Andere machten halb nackt Rutschpartien durch den Morast oder wälzten sich wohlig in Pfützen, unter dem Beifall der Umstehenden.

Mit prüfendem Blick zum Himmel wurden die Schutzplanen wieder eingerollt und während man die Bühneneinrichtung instand setzte, schob Michael Lang einen routinierten Bluessänger auf die Bühne und drückte ihm 750 Dollar in die Hand. Er war einer der wenigen, die akustische Gitarre spielten und von daher keine Angst vor möglichen Stromschlägen haben musste.

John Lee Hooker, Jahrgang 1917, war schon damals einer der großen, schwarzen Blues-Ikonen, der einen eigenen Sprech-Gesang entwickelt hatte. Seine lyrischen Texte entstanden oftmals spontan und reimten sich selten. Er verzauberte die Zuschauer mit dem Sound des melancholischen Mississippi-Delta-Blues, unterbrochen von spielerischen Boogie-Woogie-Rythmen. Dazu Michael Lang: »Diese Musik beschreibt, was hier gerade passiert. Wenn du auf die Texte hörst, den Rhythmus und die Musik, weißt du, was hier im Land vor sich geht.«[145]

Nach einer weiteren Wetterberuhigung betrat Max Yasgur erstmalig die Bühne – der Mann, dem das Grundstück gehörte. Er hob die gesunde Hand zum Friedenszeichen und lobte die unerwartete Hilfsbereitschaft der Bevölkerung von Bethel und auch der Besucher untereinander.

> I am only a farmer, I don't know, how to speak to half a million people. But you have proved something to the world and that is, that you have nothing but fun and music.[146]

Country Joe and the Fish trat am Spätnachmittag als zweite Band des Tages auf, als Ersatz für Jethro Tull, diesmal mit der ganzen Band. Sie gaben schöne Rock-Soul-Musik zum Besten, umringt von Fans, die dicht an der Bühne zu Leadsänger Joe McDonald aufsahen. Er brachte noch einmal: *I-Feel-Like-I'm-Fixin'-To-Die*, diesmal mit F-I-S-H zum Mitsingen für alle.

Der folgende Auftritt der Gruppe Mountain, mit Gitarrist und Sänger Leslie West, dem Urgestein mit wirren Haaren und Fransenjackett, blieb ohne große Resonanz.

Die Musiker von Ten Years After kamen gegen 20 Uhr auf die Bühne und legten 90 Minuten heißen Rock'n'Roll-Speed auf die Bühne. Ihre Songs waren u.a. *Good Morning Little Schoolgirl* und *Going Home*, bei dem Leadsänger und Gitarrist Alvin Lee »By Helicopter« ergänzte.

The Band erschien um 22 Uhr 30 mit melodischem Folk-Rock. Ohne Bob Dylan, mit dem sie oft zusammenspielten. Ihr legendäres Last-Waltz-Konzert im Jahr 1976 mit Van Morrison wurde von Martin Scorsese im Film verewigt. Das singende Quintett bestand u.a. aus Songwriter und Gitarrist Robbie Robertson sowie Levon Helm, Percussion/Schlagzeug, und Garth Hudson, Piano. Sie brachten u.a. den schönen kanonartigen Song *The Weight* mit dem Refrain *Take a Load off Fanny*.

Gegen Mitternacht traten mit mäßigem Erfolg Blood, Sweat & Tears auf, nach ihrem

Eröffnungssong *More and More* wurden sie von der Bühne verwiesen. Danach betrat Johnny Winter die Bühne, dessen Auftritt merkwürdig orientierungslos wirkte. Mit dämonischem Blick, die langen weißblonden Haaren wild um den Kopf wirbelnd, bearbeitete er das Mikro, wobei er in unkontrollierten Bewegungen fischartig nach Luft schnappte. Er sang u. a. *Pack up my Suitcase*.

Die Band Crosby, Stills & Nash kam gegen fünf Uhr morgens. Es war ihr zweiter Live-Auftritt, bei dem sie ihr neues Bandmitglied Neil Young mit einbrachte. Zu den Songs gehörten u. a. das achtminütige *Judy Blue Eyes*, *Sea of Madness*, *Wooden Ships*, *Someday Soon*, den Song *4 + 20* und *Blackbirds Singing in the Dead of Night*.

Von der anschließenden Paul Butterfield Blues Band, die u. a. den Song *Love March* brachte, ist keine Aufzeichnung vorhanden.

Als letzte Gruppe sprangen im Morgengrauen die Mitglieder von Sha-Na-Na auf die Bühne und beendeten den dritten Festivaltag mit 40 Minuten erfrischendem 50er-Jahre-Rock'n'Roll vor total verblüfften Zuschauern. Die acht Mann in hellen Seidenanzügen legten eine starke Tanzshow mit Stepschritten und Synchrondancing hin und sangen dazu vielstimmig im Kanon. Ihr Auftritt verhalf ihnen zu großem, internationalem Durchbruch, speziell durch ihren Song *At the Hop*, der noch heute im Radio gespielt wird.

Montag

Der Star des Festivals kam mit neuer Band. Seit zwei Tagen befand sich Jimi Hendrix bereits in der Gegend und hatte noch am Abend zuvor im Kino in der Tinker Street in Woodstock sein Gitarrensolo geübt. Er hatte sich gut vorbereitet. Im Gegensatz zu seinen provokanten One-Man-Shows, in denen er die Gitarre mit Zunge und Zähnen bearbeitete, verbreitete er diesmal konzentrierte Ernsthaftigkeit.

Er begann mit dem feierlichen Vortrag der amerikanischen Nationalhymne *Star Spangled Banner*, deren klare Melodie er zunehmend zerfetzte. Jeder spürte, Jimi bezog sich mit seiner Interpretation auf das große Sterben der Soldaten im Kugelhagel des Vietnamkriegs, der auf der anderen Seite der Welt tobte.

In schweren, lang gezogenen Blueskaskaden kommentierte er dieses Geschehen und brachte seine Gitarre wie kein anderer zum Vibrieren – jubilierend und kreischend in anklagenden, zerrissenen Tonfolgen, die aus der Tiefe seiner Seele kamen.

Während die Besucher langsam an ihm vorbei den Platz verließen, intonierte Jimi über eine Stunde lang Variationen von *Purple Haze* und ließ in einem letzten virtuosen Instrumentalsolo akustische Napalmbomben auf das Areal niederprasseln. Das Konzert endete am 18. August um 9 Uhr morgens.

Der Heimweg

> Die Liebe, die ich in Woodstock gespürt habe, war ein Mikrokosmos zukünftiger Möglichkeiten. Meine Generation hat den Weg gezeigt, jetzt ist es an den nachfolgenden Generationen, uns zurück ins Paradies zu führen.[147]

Nach der langen Reise durch vier Tage und drei Nächte, in denen sie kaum geschlafen hatten, traten die vielen Tausenden den Heimweg an. Auch jene von ganz hinten, die die Hauptbühne während der gesamten Zeit kein einziges Mal gesehen hatten, setzten sich in Bewegung. Sie hatten sich zusammen mit den Hog-Farmern ihre Alternativbühne gebaut und unterstützt von Verstärkern von der Gruppe Greatful Dead, war dort jeder, der Lust dazu hatte, hinauf auf die Bühne gestiegen und hatte sein privates Showprogramm vorgeführt. Sie waren so weit weg vom eigentlichen Geschehen gewesen, dass sie nicht einmal wussten, wer dort vorne auf der Hauptbühne aufgetreten war. Aber sie waren glücklich, sie waren dabei gewesen.

Mit Blick auf die Hauptbühne, zu der sie endlich freien Zutritt hatten, warfen sie ihren Müll dem Beispiel der anderen folgend auf einen der vorhandenen Haufen und begaben sich auf den langen Marsch zurück in die Zivilisation. Für viele keine sehr verlockende Aussicht. Sie hatten etwas erlebt, von dem sie wussten, dass es so schnell nicht wiederkehren würde. Sie fühlten sich, als wären sie »für eine Weile auf Bewährung in eine andere Dimension gehoben worden«.[148]

Manche von ihnen kamen nicht weit. Einige Meilen entfernt landeten sie im Städtchen Woodstock, das, ob es wollte oder nicht, zum Auffanglager all der suchenden Seelen wurde, die ihre innere Entdeckungsreise fortsetzen wollten: »They tuned in, turned on and dropped out.«[149]

Sie nisteten sich in Scheunen ein oder im Wald nahe dem Fluss Esopus, trafen sich nachmittags in Scharen auf dem Village Green, atmeten tief durch, mit oder ohne Cannabis, »auf der Suche nach der verlorenen Zeit« verbrachten sie viel Zeit, die nicht verloren war. Für viele öffnete sich dabei das Tor zu einem Weg, der ihnen zeigte, wie ihr jetziges Dasein in Einklang zu bringen war mit der neuen Erkenntnis, dass sie Teil einer Gemeinschaft waren. Das Gefühl der Verbundenheit mit Gleichgesinnten gab ihnen die Kraft, zu versuchen, ein Leben in Ausübung ihrer echten Fähigkeiten und in Selbstbestimmung zu führen. Sie spürten, sie waren nicht allein.

Eine Besucherin bestätigte:

> Wenn die Musik auch phänomenal war, so haben wir dort noch viel mehr gefunden – Erinnerungen und gute Gefühle für ein ganzes Leben.[150]

Die Woodstocker Bürger suchten unterdessen nach anderen Wegen. Sie hatten zwar mit Erfolg den Austragungsort des Festivals von sich fernhalten können, doch der

Bumerang kehrte mit Schwung zu ihnen zurück, wie er immer zu seinem Ursprung zurückkehrt.

Eine riesige Welle von Rucksackträgern überschwemmte die Stadt und breitete sich in deren Mitte mit ihrer sehr speziellen Lebensform aus, von der sich die Bürger eingeengt, ja zunehmend provoziert fühlten. Sie antworteten darauf mit Mahnungen und täglichen Verhaftungen, Hauptsache, diese Gestalten kamen weg von der Straße, und Gründe dafür fanden sich immer. Das ging von Landstreicherei über Drogenkonsum und Obszönitäten aller Art, bis hin zu Nacktschwimmen und illegalem Campen. Schon bald waren die Gefängnisse überfüllt mit Leuten, die streng genommen keine Verbrecher waren, sondern nur jung und unerfahren. Es war dringend Hilfe angesagt und es waren die Frauen, die zur Tat schritten.

Alex Mercer betrieb einen kleinen Laden und war eine der wenigen, die allen Leuten ihre Tür öffnete, gleich welcher Herkunft oder Nationalität. Bei ihr wurden sie auf Wunsch bedient, konnten sich bei ihr treffen und ungestört diskutieren und erhielten Antwort auf alle ihre Fragen. Kein Thema war tabu.

Bald hängte die Ladenbesitzerin ein Schild an ihre Tür: »A little help from your friends!« und eröffnete ein offizielles Hilfezentrum mit einer Telefonnummer, an die sich die Betroffenen wenden konnten. Unterstützt von mehreren Privatleuten etablierte sich die soziale Organisation The Family mit einem eigenen Haus, in dem Notfälle aller Art betreut wurden.

Drei Jahre später zählte sie bereits 40 aktive Mitglieder, die von neun bis 22 Uhr körper- und seelsorgerischen Telefondienst leisteten. Mit dieser segensreichen Einrichtung verschwanden, zumindest nachts, herumstreunende Besucher weitgehend von der Straße. Der Strom Hilfesuchender ist bis heute nicht versiegt und unter der Leitung von Ricka besteht The Family seit nunmehr 40 Jahren. Nur das Motto des Programms hat sich geändert. Ricka ist jetzt ansprechbar für jedes Problem unter der Sonne, wie Ehe-, Persönlichkeits- und Existenzkrisen und ist damit reichlich beschäftigt: »Wenn du ein Problem hast, ruf an, bevor es sich zu einer Krise auswächst!«

In der ersten Woche nach dem Festival bestätigte die Staatspolizei, dass während der drei Tage des größten je da gewesenen Musikfestivals mit dieser riesigen Menschenmenge kein einziger Fall von physischer Gewalt vorgekommen war. Den Besuchern war Aggression untereinander gar nicht in den Sinn gekommen, da jeder von ihnen ausreichend mit sich selbst beschäftigt war. Dazu beigetragen hat sicher auch die Tatsache, dass auf dem Festival so gut wie kein Alkohol konsumiert wurde. Richie Havens sagte abschließend:

»Woodstock war nicht nur Sex, Drogen und Rock 'n' Roll. Für viele war es ein Fest der Spiritualität und der Liebe, des Miteinanderteilens und des Helfens und des Zusammenlebens in Frieden und Harmonie.«[151]

Während sich die Journalisten in blumigen Beschreibungen des Jahrhundertereignisses gegenseitig überboten – nach Meinung des Berichterstatters Allan Gordon von der Zeitung *Woodstock Aquarians* zum Beispiel, war es »ein spirituelles Ereignis von nahezu biblischen Ausmaßen«[152] –, zerbrachen sich die vier Produzenten den Kopf, wie sie den biblischen Schuldenberg in den Griff bekommen könnten. Obwohl sie anfangs alle die persönliche Garantie abgegeben hatten, ihre Rechnungen zu bezahlen, war es am Ende einzig John Roberts, der den Gegenwert der Festival-Schulden aufbringen konnte.

John Roberts' Familie bezahlte sämtliche Außenstände der Firma Woodstock Ventures und sorgte dafür, dass jeder einzelne Mitarbeiter sein Geld bekam. Johns Vater erzählte später den Wall-Street-Bankern, sie hätten niemals Schulden hinterlassen und auch jetzt hätten sie nicht vor, damit zu beginnen. Für die Produzenten John Roberts und Joel Rosenman war die Sache hiermit erledigt. Nicht jedoch für Coproduzent Michael Lang.

Mit der traumwandlerischen Sicherheit eines Schamanen hatte er Hunderttausende von einer Nacht in die nächste geleitet – vier Tage und drei Nächte, in denen er kaum geschlafen hatte. Es war für ihn wie ein Rausch gewesen. Und wie im Rausch organisierte er anschließend die Aufräumaktionen auf dem Festivalplatz, der einem Meer der Verwüstung glich.

An einem der folgenden Tage saß Michael wie ehemals Hervey White am Tisch, zählte die Einnahmen und verteilte sie auf mehrere Haufen. Je länger er zählte, desto klarer sah er seine Zukunft vor sich. Als er alle Beteiligten bezahlt hatte, blieb nichts übrig. Im Gegenteil, es würde noch Jahrzehnte dauern, bis er sich von dieser Schuldenlast erholt hatte. Doch in diesem Moment lächelte er in der stillen Gewissheit, dass er jederzeit wieder genau so handeln würde:

»Meine Idee war es, alles zu tun, was nötig war, egal, was es kosten würde. Wir hatten eine Vision und diese wurde verwirklicht.«[153]

Michael Lang lebt heute mitten im Wald in einem rohen Steinhauskomplex, zusammen mit seinen fünf Kindern. Er ist weiterhin erfolgreicher Musikproduzent, wenngleich beim Revival des Festivals im Jahr 1994 deutlich wurde, dass manche Dinge nicht wiederholt werden können. Es wurde ein grandioser Misserfolg. Alle Jahre wieder ruft er seine Freunde zu privaten Musiksessions, wo er mit 200 Gästen bis in die Morgenstunden feiert. Jedoch ohne seine Partner vom Festival 1969. Jeder von ihnen geht inzwischen eigene Wege.

Religion

Jerry Garcia, der liebenswerte Bandleader der Greatful Dead, der 1995 mit 53 Jahren viel zu früh an einem Herzinfarkt gestorben ist, kommentierte damals das Festival mit einem Blick in die Zukunft.

> Die Sache mit Woodstock war die, dass man die Gegenwart unsichtbarer Zeitreisender spüren konnte, die aus der Zukunft zurückgekommen waren, um es sich anzusehen. Mitten im Geschehen erahnte man die Bedeutung dieses Ereignisses. Es war ein großartiger Moment.[154]

Doch vielleicht waren es auch unsichtbare Zeitreisende aus der Vergangenheit gewesen, die wiedergekommen waren, um endlich ihre Visionen erfüllt zu sehen. Sie waren erstaunt: Ralph Radcliffe Whitehead lächelte, Hervey White lachte und Jane Byrd nickte – sie hatte es schon immer gewusst: »Sterne sind nicht nur am Himmel, sie leuchten in uns allen, wenn wir es nur wollen.«[155]

Auch wenn das Ganze nicht seinem Niveau entsprach und nicht jeder ein Handwerk ausübte, wie Ralph Radcliffe sich das immer gewünscht hatte, die Menschen selbst, die mit unterschiedlichen und doch verwandten Vorstellungen gekommen waren, sie alle hatten für drei Tage und drei Nächte seine Vision des Miteinanders erfüllt, in Friede und Freude. Sie hatten gespürt, was es bedeutete, sie selbst sein zu können, und wie glücklich es sie gemacht hatte, diese Erfahrung mit anderen teilen zu können.

Der Traum von Byrdcliffe mochte verflogen sein. Aber mit seiner und Janes visionärer Kraft hatte eine neue schöpferische Ära begonnen, die, über Woodstock hinaus, das Bewusstsein für eine alternative Form des Zusammenlebens geweckt hatte. Ein Blick in die Zukunft bestätigte: Diese Festivalbesucher trugen ihre neuen Einsichten hinaus in die Welt und gaben sie weiter an andere. In den Byrdcliffe-Arbeitsstätten wird heute nicht mehr geschreinert, gewebt und gemalt. Die meisten der Häuser sind jedoch gut erhalten, ja das ganze Städtchen Woodstock ist im Lauf der Jahre zu einer geliebten Heimat für Künstler und Handwerker aller Arten geworden, wo jeder nach seiner Façon und in großer Freiheit schreinert, malt, töpfert, fotografiert oder gestaltet, was immer er will: »As long as you don't harm others«, wie Hervey White sagte.

Zuletzt waren es eben diese jungen, »ungeliebten Hippies«, die nach dem Musikfestival 1969 – nicht in Bethel, sondern in dem konflikterprobten Künstlerdorf Woodstock hängenblieben und damit den Fortbestand einer künstlerischen Idee ermöglichten. In ihnen lebte Ralph Whiteheads Vermächtnis weiter und führte zu jenem zukunftsweisenden Erfolg, von dem er ehemals geträumt hatte: »Love and Peace«, das Motto des Woodstockfestivals 1969. Und die Hippies brachten noch etwas anderes. Bald nach ihrem Eintreffen verbreitete sich in Woodstock eine östlich geprägte Lebensphilosophie, die besonders unter den Künstlern Woodstocks auf fruchtbaren geistigen Nährboden traf. Bereits 20 Jahre zuvor hatte sich Jane Byrd Whitehead damit beschäftigt, doch nun stieg sie in der westlichen Welt zu einzigartiger Bedeutung auf: der Tibetische Buddhismus.

Es begann mit einem Mann, der im Jahr 1968 von New York nach Woodstock kam, auf der Suche nach einer Gegend, in der er den Hauch des Ewigen spürte.

In diesem Jahr hatte es besonders viel geschneit, in den Bergen lag der Schnee zuweilen bis zu sechs Meter hoch. Als dann der Frühling nahte und heiße Sonnentage brachte, kam die Schneeschmelze plötzlich und mit verheerender Gewalt. Riesige Wassermassen bildeten sich, die irgendwie einen Weg in die Ebene finden mussten. Rinnsäle wurden zu Bächen, Bäche wurden zu Flüssen. Der Esopus brauste wie eine mächtige Flutwelle heran. In der Mitte des reißenden Flusses trieb ein Gewirr aus abgeknickten Baumstämmen, Eisschollen, Grasbüscheln und jungen Ästen. Es war eine Art schwimmende Insel, die mit ungeheurer Kraft flussabwärts schoss.

Mittendrin saß ein junges Biberweibchen, das sich am Gestrüpp festhielt und bisweilen die Augen zukniff. Es hatte sich fest in einen Ast verbissen, um nicht den Halt zu verlieren und lauschte angestrengt, mit gespitzten Ohren in dem Getöse nach einem Zeichen, das ein Ende des Sturzes ankündigte. Endlich beruhigten sich die Wogen. Vorbei an Birken- und Zedernwäldern breitete sich eine weite Ebene aus, auf der sich das Wasser vielarmig verteilte. Mit einem Sprung rettete sich das Biberweibchen auf festen Untergrund und verschwand im Unterholz am Ufer. Noch am selben Tag begann es mit dem Bau seiner Burg in einem Seitenarm des Esopus, der durch den Ort Woodstock fließt.

Ein junger Mann stand hinter Bäumen und sah ihm dabei zu. Er war auf der Suche nach einem bestimmten Ort und dieser gefiel ihm. Wo ein Biber seine Burg baut, ist das Wasser rein, der Boden gut und die Nahrung reichlich. Wie der Biber schnupperte er in die Luft und spürte den lauen Frühlingswind, der seine Gedanken in tiefe Ruhe versetzte und gleichzeitig zum Glühen brachte: »Meine innere Welt war reich, voll tiefer herrlicher Visionen.«[156]

Im darauffolgenden Herbst kam er wieder. Ein breiter Staudamm aus Ästen und struppigem Unterholz ragte weit in den Flussarm hinein. Er zählte zwei junge Biber, die im Wasser herumplanschten, daneben arbeitete fieberhaft die Mutter, riss Borken von den Baumrinden und schleppte Gräser in den Bau, als Vorrat für den kommenden Winter. Der erste Frost näherte sich.

Gegen Abend fiel der weiße Nebel über die Catskill Mountains und blieb auf halber Höhe hängen. Darüber thronten goldgelb im Abendrot die Berggipfel wie auf

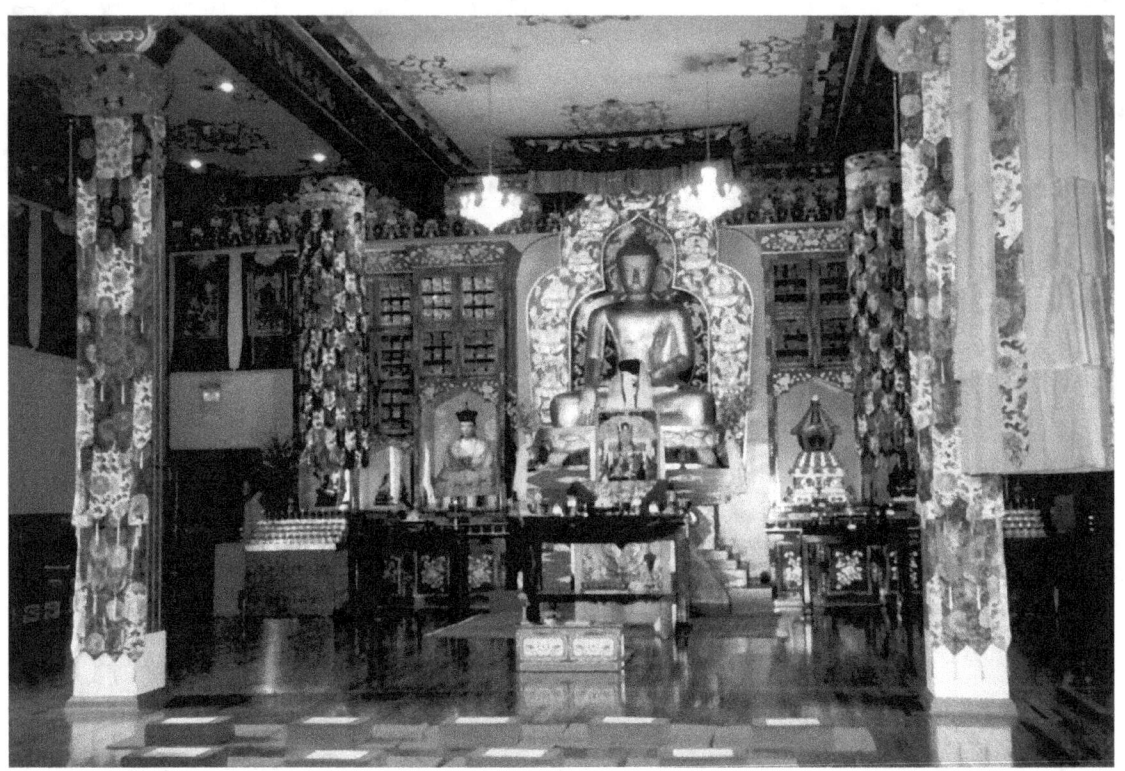
Karma Triyana Dharmachakra Kloster

einem Bett aus pulsierender Gaze. Er sah das Leuchten und mit einem Mal wusste er: Hier will ich leben.

Im Jahr 1969 erstand der junge Mönch Robert Thurman nordöstlich von Woodstock am Rande eines Zedernwaldes ein Grundstück, in der Gewissheit, dort eines Tages ein Haus zu bauen. Doch zunächst folgte er dem Ruf, der von weither aus dem Osten zu ihm kam, aus Tibet, dem Land, das auch das »Dach der Welt« genannt wird.

Einige Jahre zuvor, kurz nach dem Begräbnis seines Vaters, hatte Robert Alexander Thurman mit dem Studium des tibetanischen Buddhismus begonnen, einer Glaubensrichtung, in der er den göttlichen Kreislauf der Natur wiedererkannt hatte. Erfüllt von der Kraft dieser neuen Geisteshaltung und einer immer stärker werdenden Vision spürte er, dass darin sein zukünftiger Lebensweg lag. Er studierte die tibetische Sprache, und je intensiver er sich mit ihr beschäftigte, desto heftiger entbrannte sein Wunsch, die heiligen Plätze zu sehen, um tief in die Geheimnisse dieser uralten Religion einzutauchen: »Alles, was ich wollte, war, in dieser 2500 Jahre alten buddhistischen Gemeinde von wahrheitssuchenden Auserwählten bleiben zu können, um dort als Mönch umarmt zu werden.«[157]

Sein mongolischer Freund Geshe Wangyal begleitete ihn nach Tibet und stellte ihn seiner Heiligkeit dem Dalai Lama mit folgenden Worten vor: »Ein verrückter Amerikaner, sehr intelligent und mit einem gutem Herzen, der gut Tibetisch spricht und etwas über Buddhismus gelernt hat, möchte Mönch werden.«[158]

Seine Heiligkeit Tenzin Gyatso war angenehm überrascht. Der nur fünf Jahre ältere Dalai Lama kürte Thurman mit 24 Jahren zum ersten buddhistischen Mönch aus dem Westen und die beiden wurden gute Freunde. Nach seiner Rückkehr in die USA widmete sich Thurman dem Studium weiterer tibetischer Sprachen und vertiefte seine Kenntnisse über die Philosophie unterschiedlicher Zweige des tibetischen Buddhismus. Heute ist er ein hochgeachteter Wissenschaftler, bekannt für die Förderung der tibetischen Kultur und geehrt für seine flüssig dynamischen Übersetzungen religiöser buddhistischer Texte. Er verfasste etliche Bücher, darunter sein bekanntestes, eine Anleitung zum Glücklichsein: *Inner Revolution: Life, Liberty, and the Pursuit of Real Happiness*.

Nach dem Bau seines Hauses im Jahr 1972 – nahe den imposanten Biberstaudämmen am Esopus – heiratete er eine groß gewachsene Schwedin, mit der er fünf Kinder hat, dazu gehört unter anderem Uma Thurman, die in Hollywood als Filmschauspielerin Karriere machte. Zusammen mit dem Filmschauspieler Richard Gere gründete Thurman 1987 in New York das Tibet House, dem er heute als Präsident vorsteht. Daneben hält er als Professor für Je-Tsong-Khapa-Buddhismus an der Columbia Universität den ersten Stuhl in Nordamerika.

Als seine Heiligkeit der 16. Gyalwa Karmapa New York besuchte, war Robert Thurman sein Dolmetscher, darüber hinaus half er ihm bei der Suche nach einem geeigneten Platz für seinen zukünftigen Sitz in der westlichen Welt. Und er wusste, wo dieser zu finden war.

Hoch über Woodstock thront heute der farbenprächtige Bau des tibetischen Buddha-Tempels, erstmals erbaut im Jahr 1976, neu errichtet in seiner jetzigen Form im Jahr 1992. Man erklärte den Tempel zum westlichen Hauptsitz seiner Heiligkeit Gyalwa Karmapa, Kopf der Karma Kagyu Schule des tibetischen Buddhismus. Am 21. September 2006 stattete seine Heiligkeit, der schwer bewachte 14. Dalai Lama, der Stadt Woodstock einen Besuch ab und Hunderte seiner – vorher von Sicherheitskräften durchsuchten – Anhänger aus aller Welt trafen sich auf der Baseballwiese, um ihm die Ehre zu erweisen. Er begeisterte seine Zuhörerschaft, indem er eine Stunde lang stehend aus dem Stegreif sprach.

Das buddhistische Karma Triyana Dharmachakra Kloster, in dem heute Mönche und Nonnen leben, steht in jener Senke des Wide Clove, wo im Frühjahr 1902 Bolton Coit Brown als Erster der drei Entdecker gestanden hatte – mit dem Blick über Woodstock und dem Messgerät in der Hand.

Mitten in der Nacht, während ganz Woodstock in tiefem Schlaf lag, hatte es begonnen. Es klang als wären die alten Algonquin Indianer wiedergekehrt und würden ein Konzert geben. Ein Feuerwerk von feinst abgestuften Trommeln, gespielt in allen Tonlagen, erst leise, dann immer lauter. Die Schleusen öffneten sich und heraus stürzten Millionen von Tropfen, die auf harten Boden trafen. Es taute.

Nach Monaten eisiger Kälte durchbrach die Sonne die frostigen Nebel und versetzte die Einwohner Woodstocks in einen stillen Freudenrausch. Der lang ersehnte, plötzlich strahlend helle Sonnenschein überrascht alle immer wieder. Mit einem Schlag ist der lange Winter zu Ende und die Sonne glüht wie im tiefsten Süden.

Geht man heute im Frühling durch die Tinker Street, wehen laue Lüfte, bunte Schmetterlinge schwirren zwischen weißen Magnolien und blauem Rhododendron, gelbe Forsythien und lichtgrüne Zedern säumen die Hauptstraße, nur vereinzelt fahren Autos. Die Türen der Bio- und Hippieläden öffnen sich und der herbsüße Duft von Patchouli, vermischt mit samtenen Moschuswolken streicht durch die Straße. Für einen kurzen Moment ist es so, als wäre vor 40 Jahren die Zeit stehengeblieben.

Junge und alte Spurensucher aus aller Herren Länder kommen alljährlich im Sommer angereist, um dem Geheimnis des legendären Woodstock-Mythos nahe zu sein. Auch wenn das eigentliche Festival hundert Kilometer entfernt stattgefunden hat, richtet sich seitdem alle Aufmerksamkeit auf den Ort Woodstock und prägt bis heute das Leben in der Stadt. Es ist zu ihrem weltberühmten Markenzeichen geworden. Gleichzeitig pflegen die Woodstocker neben den vielfältigen Angeboten moderner Kultur seit Jahren eine alte Tradition, die an längst vergangene Tage erinnert.

Wie damals, als Hervey White seine Maverick-Festivals im Steinbruch-Theater startete, treffen sich jeden Sonntag Menschen von nah und fern zum Trommlerkreis vor der Dutch Reformed Church auf dem Dorfplatz, dem Village Green. Jeder kann mitmachen, gleich welchen Standes oder welcher Nationalität.

Nachmittags um drei trudeln die ersten Trommler ein, Eis schleckende Schaulustige suchen einen schattigen Sitzplatz, viele stehen und bilden einen Kreis. Nach und nach werden es immer mehr, bis schließlich alles Grün unter den Füßen der Menschen verschwindet. Ein Hüne taucht auf, es ist Joe mit den dunklen Rastalocken, die um seinen Kopf tanzen, wenn er lacht. Die weißen Zähne blitzen. Er blickt in die Runde, in seinen Augen glitzert die Sonne. Er streckt die braunen Arme und lässt die Finger knacken: »Okay folks, let's start.«

Leise beginnt die dumpf klingende Conga mit kurzen, abgehackten Rhythmen, die Bongotrommel antwortet hell mit schnellen Wirbeln, die Triangel fällt ein, zwei Kastagnetten klappern im Takt und etwas Blechernes erklingt – jemand klopft auf einem Kochtopf.

Von einem bestimmten Blickwinkel aus sieht man sie alle gleichzeitig. Den blonden Schweden, den Jamaikaner, die zwei Deutschen und ihn, den weißhaarigen Engländer, der Gitarre spielt. Er ist schon lange mit dabei.

Nachwort

Woodstock heute

Mit dem Woodstock-Musikfestival, das nicht in Woodstock stattgefunden hat – in Bethel stehen mittlerweile ein Denkmal und ein Museum über das Festival 1969 –, erlebte die Kleinstadt einen wirtschaftlichen Boom, der seinesgleichen sucht und ungebremst bis heute anhält. Den Hippies folgten die Touristen aus aller Welt und in den folgenden Jahrzehnten wurde die Stadt so vermögend, dass sie Ralph Whiteheads Byrdcliffe Colony erhalten und pflegen konnte, die in den Jahren zuvor mehr als einmal vor dem Untergang stand. Peter Whitehead starb im Jahr 1976 und wurde in der Grabstätte neben seinen Eltern beerdigt, wo heute ein Denkmal steht.

Anlässlich der Jahrhundertfeier 2002 zur Gründung der Byrdcliffe Colony wurde das Gelände mit seinen 32 Häusern auf Hochglanz gebracht. Man erneuerte Gebäude und Wege, erstellte Landkarten und Wegbeschreibungen, um Kunstinteressierten das Gebiet zugänglich zu machen. Kunstgegenstände wurden restauriert und fotografiert, sie werden seither auf ausführlichen Webseiten im Internet präsentiert.

Die Woodstock Artist Association, im Jahr 1919 gegründet von Carl Eric Lindin, zählt heute über 600 Mitglieder und ist im Besitz von mehr als 1200 Kunstwerken, die in der Byrdcliffe-Kolonie hergestellt wurden und die seitdem in Abständen ausgestellt werden. 1959 präsentierte sie erstmals eine Ausstellung ihrer Kunstgegenstände. Kurz nach dem Woodstock Musikfestival 1969 feierte die Organisation ihren 50. Geburtstag und zeigte dabei ihre nächste Ausstellung mit Werken der Byrdcliffe-Künstler. Diese beiden Events halfen, das Gefühl für die geschichtliche Rolle der Kunst in der Stadt wiederzubeleben und zu stärken.

In den 70er-Jahren folgte schließlich eine Ausstellung auf die andere, und Kunstkritiker kamen von überall her, um die Werke zu begutachten.

In Anerkennung seiner geschichtlichen und architektonischen Bedeutung wurde Byrdcliffe 1979 in die Nationale Kartei der Rubrik »Historische Plätze« aufgenommen. 2003 feierte das Byrdcliffe-Theater sein 100-jähriges Bestehen. Neben gelegentlichen Aufführungen, meist Tanzveranstaltungen, finden dort jährliche Treffen unter dem Titel »Woodstock Publishing Conference at Woodstock« statt. Dabei versammeln sich Redakteure, Herausgeber und Schriftsteller.

Der Autor Henry Morton Robinson (1898–1961) liegt auf Woodstocks Künstlerfriedhof. Er schrieb über neun Jahre an seinem Roman *Der Kardinal*. Autor Howard

Koch (1902–1995) erhielt mit den Brüdern Epstein den Oscar für das Drehbuch zu dem Hollywood-Filmerfolg *Casablanca*. Pulitzerpreis-Gewinner Michael Christopher schrieb das Drehbuch zu *Die Hexen von Eastwick* (nach einem Roman von John Updike) und Schriftsteller Larry Beinhart (*Wag the Dog*) befasst sich mit *Fog Facts*, sein letztes Buch, wo er verschleierte Berichte – wie z. B. die Watergate-Affäre – näher untersucht. Er lebt heute mit Frau und zwei Kindern in Woodstock.

Das Woodstock Playhouse hat inzwischen eine eigene Theatergruppe, die jeden Sommer klassische Stücke aufführt. Alljährlich wird dort mit den neuesten Filmen das Woodstock Filmfestival gefeiert, bei dem man der berühmt gewordenen Mitbewohner und Schauspieler gedenkt.

Unter ihnen Filmschauspielerin Joanne Woodward, Paul Newmans spätere Ehefrau, die im Byrdcliffe Theater in einem Stück von Anton Tschechow spielte. Es lebten dort Filmschauspieler wie Brad Pitt, Uma Thurman, Ethan Hawke, Robert de Niro, Lee Marvin, Edward G. Robinson und Chevey Chase, der hier geboren wurde. Der Musiker David Bowie hat heute dort ein Domizil.

Das Gebäude, der 1913 am Ashokan Stausee errichteten Bahnstation, wurde 1954 nach Woodstock in die Tinker Street versetzt und beherbergt heute unter einem angebauten Säulengang ein Einzelhandelsgeschäft. Die Stadt Woodstock hat bis heute keine Bahnverbindung.

Spirituelles Leben

Neben diversen Kunstschulen, an denen Unterricht in allen handwerklichen und künstlerischen Berufen angeboten wird, wie Malerei, Bildhauerei, Photographie, Töpferei – finden sich mannigfaltige Stätten mit Programmen, die der Heilung des Geistes wie des Körpers dienen. Um nur einige zu nennen: Es gibt ein Aikido Center, eine Ashram Yoga Ranch, daneben diverse Yogakurse mit unterschiedlichen Meditationsprogrammen, das Chinese Healing Arts Center, das Chabad of Woodstock, das die jüdische Lehre vermittelt, und das Wise Woman Center, das Workshops über alternative Heilmethoden anbietet. Außerhalb Woodstocks befinden sich zwei besondere Ausbildungsstätten:

Das Omega Institut, ein Kunstzentrum des Neuen Zeitalters, liegt wenige Meilen entfernt in Rhinebeck. Dort findet man Angebote in musikalischer Richtung sowie in Yoga, Meditation und geistigem Training, daneben Unterricht in asiatischen Sportarten und Kurse in Töpferei sowie Seiden- und Glasmalerei. Das Institut zieht jährlich über 20000 Besucher an.

Das Zen Mountain Monastery befindet sich am Hang des Mount Temper und wurde nach Anleitung seines Obersten, John Daido Loori, 1980 von finnischen

Baumeistern errichtet. Es wirkt wie eine Festung und ist in seiner Umgebung eine architektonische Attraktion. Mit seinem bis zum Boden reichenden Schindeldach und den graubraunen, unregelmäßig zusammengefügten Steinen schmiegt sich das Kloster nahezu unsichtbar zwischen die hohen Bäume eines alten Pinienwaldes. Eine Japanerin mit Kahlrasur empfängt die Besucher mit geübter Liebenswürdigkeit, doch wenn man außerhalb der kurzen Sprechzeiten kommt, wird der Zutritt verwehrt.

So wie der tibetische Buddha-Tempel wird auch das Zen-Bergkloster mittlerweile überrannt von neuen Zöglingen, die sich zum Mönch ausbilden lassen wollen. Männliche Anwärter werden bevorzugt, doch in der Mehrzahl bewerben sich Frauen, auf die man zunehmend angewiesen ist. Sie müssen strenge und sehr mühsame Eignungsprüfungen durchlaufen, wollen sie zu einer führenden Position gelangen, die ihnen jedoch in den seltensten Fällen zugestanden wird.

Die Tierwelt

In und um Woodstock findet sich eine faszinierende Artenvielfalt, was zum einen auf die Sauberkeit seiner Gewässer und Anpflanzungen zurückzuführen ist, zum anderen auf die strahlen- und ampelfrei gehaltene Innenstadt. Das Städtchen mit seinen knapp 7000 Einwohnern achtet bis heute sehr darauf, die Vorstellungen der Familie Whitehead weiter zu pflegen, deren Ziel es war, die Luft sauber und die Gegend in Schönheit zu erhalten. Ziele, die die Woodstocker freudig zu den ihren gemacht haben.

Doch neben der guten Luft spielt sicher die Lage eine entscheidende Rolle dafür, dass sich dort ein wahres Paradies für Tiere entwickelt hat. Begrenzt von den Overlook Mountains im Westen, dem breiten Strom des Hudson River im Osten und dem azurblauen, stillen Ashokan Stausee im Süden, der inmitten einer naturgeschützten Landschaft liegt, kommen die Tiere buchstäblich von allen Seiten. Anders als vor 20 Jahren kommen heute auch die kleinen und großen »Wilden« und verlieren zunehmend die Scheu vor Menschen. Sie treffen sich mitten in der Siedlung, deren Häuser weit verstreut im Wald liegen.

Hier ein Auszug: Einer der häufigsten Besucher ist inzwischen der mannshohe *Schwarzbär*, der leider auch vermehrt zu Verkehrsunfällen beiträgt. Er merkt sich die Futterplätze vom Jahr zuvor und kommt wieder. Dann kann es passieren, dass er vor der Glastür der Veranda steht und an der Klinke rüttelt und energisch sein Futter fordert. In sternklaren Nächten schleichen neuerdings auch *Kojoten* um das Haus und kippen die Mülltonnen um. Oder stellen sich direkt unter die Fenster der Schlafenden, um sie mit ihrem schauerlichen Geheul zu erschrecken. Will man am

Morgen mit dem Wagen wegfahren, liegt auf der kiesbestreuten Einfahrt vielleicht gerade die *Schnappende Schildkröte,* die sich dort mit Vorliebe ihr Nest baut. Sie lässt sich durch nichts von der Stelle bewegen und wehe, man fasst sie an, dann beisst sie zu und lässt nicht mehr los.

In der Dämmerung kommen *Rehe* in Rudeln auf die Lichtung am Waldesrand und knabbern an den Stämmen junger Bäume, während zwischen ihnen *Truthähne* nach Grassamen suchen und eifrig pickend durch die Wiese streifen. Bunte Libellen und Schmetterlinge in prächtigen Farben schwirren umher, zusammen mit Kolibris, die auf der Suche nach Zuckerwasser sind. Sie machen einen Bogen um das Katzenfutter, an dem mitunter das *Oppossum* steht und nascht. Mit seinem nackten rosa Schwanz sieht es aus wie eine riesige Ratte. Wenn Gefahr droht, fällt es um wie ein Stein und stellt sich tot, wenn es sein muss, stundenlang. Deshalb gibt es im Amerikanischen den Ausdruck »Playing Possum«, für einen Menschen, der auf nichts reagiert.

Versteckt in Mauerritzen und unter Steinhaufen leben *Streifenhörnchen,* die man als A- und B-Hörnchen aus Disneyfilmen kennt. Auch possierliche *Skunks* oder Stinktiere robben durch die Büsche, deren stinkende Spritzattacken gefürchtet sind. Eines der selten gesichteten Tiere ist der scheue *Wolverine* oder *Vielfraß.* Er wird auch Bergkatze genannt und kommt aus den Wäldern von Montana. Obwohl er wie ein Bär aussieht, gehört er zur Familie der Marder. Im Winter springt er mit seinen riesigen Pfoten durch den Schnee und gibt dabei grässliche Geräusche von sich.

Seit kurzem werden auch *Fischadler* beobachtet, die sich rund um den Ashokan Stausee in den Bäumen Nester gebaut haben. Sie ziehen hoch über dem See ihre Kreise und verfolgen die Bewegungen der Fische unter Wasser, die ihre Hauptnahrung sind.

Ein Wort zu den Künstlern

In Woodstock waren über hundert Künstler tätig und ich bitte zu entschuldigen, wenn ich nicht alle nennen konnte, da dies den Rahmen gesprengt hätte. Die Auswahl der genannten Künstler umfasst lediglich einen kleinen Ausschnitt, der die Vielfalt repräsentieren soll.

Übersetzung aus dem Englischen:
Dorothea Fischer und Sylvia Kekulé

Endnoten

1. R.R.W. an Jane 4. April 1891, Winterthur Library, Downs Collection.
2. Museumskatalog Byrdcliffe, An American Arts and Crafts Colony, Herbert F. Johnson Museum of Art, Cornell University, Nancy E. Green, S. 36.
3. »The best things in a hamper would be cakes, a small ham or fowls, or beef, or potted meet. It is best not to send a large one but to send small ones.« R.R.Whitehead an seine Mutter, 29. April 1869, Winterthur Library, Downs Collection.
4. H. Bradley, »Morgan Brierley - A Memoir« (Rochdale,1900), Notiz von Michael Fox and Peter Fox, Victorian Saddleworth, 23-24.
5. W.G. Collingwood, *The Life Of John Ruskin*, London: Methuen & Co, S. 314.
6. R.R.W. an Jane, 11. August 1891, Winterthur Library, Downs Collection.
7. Marie Whitehead to R.R. Whitehead,1894, Winterthur Lib., Downs Collection; Marie ist ohne Nachnamen überliefert und nur auf Grund eines einzigen Briefes von ihr.
8. Zeitungsausschnitt aus unbekannter Zeitung, 3. Juni 1886, McCall Tagebuch 1883-90, Winterthur Lib., Downs Collection.
9. Nicht signierte Zeichnung in der Sammlung von Joseph Downs/Winterthur Library.
10. Fiona McCarthy, *The Beauty of the Earth*, S. 18.
11. siehe Endnote 1.
12. R.R.W. an Jane, Florenz, April 1891, Collection Marc Willcox, *Grass of the Desert*, London 1892.
13. R.R.W. an Jane, 6. April 1891, Winterthur Library, Downs Collection.
14. Jane an R.R.W., 2.-3. April 1891, Winterthur Library, Downs Collection.
15. R.R.W. an Jane, 25. November 1891,Berlin, Winterthur Library, Downs Collection.
16. R.R.W. an Jane, 31. Dezember 1891, Berlin, Winterthur Library, Downs Collection.
17. R.R. Whitehead Grass of the Desert, S. 70, Collection Marc Willcox.
18. Schreibmaschinengeschriebenes Manuskript *Obiter Dicta,* Winterthur Library, Downs Collection.
19. Jane an R.R.W. »Friday morning«, Jan./Feb. 1892, Winterthur Library, Downs Collection.
20. R.R.W. an Jane/Buch: Pictures for School, Arrows of the dawn, no. 3 (Montecito 1901).
21. R.R.W. letters, Collection Mark Wilcox, Wawayanda Pa., Byrdcliffe Art Colony of Woodstock.
22. Toni Hendschel– Dracht an Jane, 1. Feb. 1939, Winterthur Library, Downs Collection.
23. die Autorin
24. aus *Ushu Vandanam*, Sanskrit des indischen Schriftstellers Kalidasa, 5. Jahrhundert.
25. Jane Whitehead, Kalendernotiz o. Tagangabe, August 1894, Winterthur Library, Downs Collection
26. Jane an R.R.W., 14. Juli 1900, Winterthur Library, Downs Collection.
27. Jane an R.R.W., 23. Feb.–März 1895 Winterthur Library, Downs Collection.
28. Eröffnung der Sloyd-School in Arcady, Frühjahr 1898.
29. Jane an R.R.W., 27. Feb.-März 1895, Winterthur Library, Downs Collection.
30. R.R.W. an Jane, 9. April 1897, Winterthur Library, Downs Collection
31. ebd.
32. White's handgeschriebenes Manuskript aus einem Artikel über Whitehead 1933, Collection of the Historical Society Woodstock.
33. ebd.
34. R.R.W. an Jane, 21. Juni 1901, Winterthur Library Downs Collection.
35. R.R.W. an Jane, 6. Mai 1902, hier begegnete R.R.W. erstmalig Carl Eric Lindin,Winterthur Library, Downs Collection.
36. Bolton Brown 1937, *Early Days At Woodstock*, S. 9, Woodstock Historical Society.
37. ebd.
38. Bolton Brown 1937, *Early Days At Woodstock,* S. 7, Publications of the Woodstock Historical Society

39 R.R.W. an Peter, 2. Juni 1902, Kingston, New York. Winterthur Library Downs Collection.
40 R.R.W. an Jane, 5. Juni 1902, Kingston, New York. Winterthur Library Downs Collection.
41 ebd.
42 Bolton Brown, 1937, *Early Days At Woodstock*, S. 7.
43 Bolton Brown, 1937, *Early Days At Woodstock*, S. 11.
44 Bolton Brown, 1937, *Early Days At Woodstock*, S. 11.
45 R.R.W. an Jane 12. Dez. 1902, Winterthur Library, Downs Collection.
46 Bolton Brown 1937, *Early Days At Woodstock*, 13.
47 R.R.W. an Jane, 27. Februar 1903, Winterthur Library, Downs Collection.
48 R.R. Whitehead, 1903, aus *Grass of the Desert*, Lipwick Press, Walter Crane.
49 Louise Hastings Lindin, Tagebuchnotizen von 1904.
50 Bolton Brown, 1937, *Early Days At Woodstock*, S. 9.
51 R.R.W. an Jane, 10. November 1903, Winterthur Library, Downs Collection.
52 Bolton Brown, 1937, *Early Days At Woodstock*, S. 14.
53 R.R.W. an Jane, Woodstock, 1. April 1903, Winterthur Library, Downs Collection.
54 Poulteney Bigelow in einem Artikel für *American Homes and Gardens*, Okt. 1909.
55 ebd.
56 Hervey White Autobiography, S. 157.
57 Ebd.
58 Hervey White über R.R. Whitehead in Publications of the Woodstock Historical Society, 10.
59 R.R.W., undatiertes, handgeschriebenes Manuskript, Collection of the Historical Society of Woodstock.
60 Hervey White, Autobiography, 1902.
61 Philip Guston an B.W. Tomlin, Aug. 1972, Collection of the Woodstock Library.
62 Bertha Thompson »Recollections« in *The Thompson Family Collection*, Woodstock Library.
63 John Burroughs, 30. August 1905, an »My Dear Friend« (unbekannt) von West Point. Winterthur Library, Downs Collection.
64 Hervey White, Autobiography Juni 1903, Woodstock Historical Society.
65 Hervey White, Autobiography S. 190, New York *Tribune* 27. Feb. 1916.
66 Lovell Birge Harrison *The Appeal Of The Winter Landscape* in Fine Arts Journal 1914. Band XXX, S. 191–196.
67 Alice Wardell, Privat Korrespondenz, H. White, Autobiography, S. 192.
68 Hervey White, Kap. *The Hawk's Nest* in *The Wild Hawk*, S. 2-4, Feb. 1913.
69 Edward L. Chase und Sam Wiley, personal communications, Kingston *Daily Freeman*.
70 Jane an R.R.W., 4. Nov. 1912, Winterthur Library, Downs Collection.
71 Mrs. Stewart, Mai 1915, Publications of the Woodstock Historical Society.
72 Jane Whitehead an Peter Whitehead, 25. Mai 1917, Winterthur Library, Downs Collection.
73 ebd.
74 Jane an Peter, 7. Mai 1919, Winterthur Library, Downs Collection. Heute wird die White-Pines-Keramik in Museen gezeigt und für das Hundertfache verkauft.
75 Letter Hervey White – Ralph R. Whitehead, 9. October 1914, Willcox Collection.
76 Hervey White in *The Wild Hawk*, S. 27.
77 Die Maverick Sage, Paul Evers, *Woodstock, History Of An American Town,* S. 456.
78 Hervey White, Autobiography S. 198, New York *Herald Tribune*
79 Leonardo da Vinci
80 Flyer-Werbung, Maverick Festival 1915, Maverick Press.
81 Hervey White, Autobiography, S. 201, Paul Domville, Privat Korrespondenz.
82 Hervey White, Autobiography, S. 187.
83 Florence Cramer Tagebuch, Archives of American Art (Mikrofilm).
84 Leonard D. Abbott *An Impression of Woodstock,* in *The Overlook,* 25. Juli 1931.
85 Hervey White und Walter Steinhilber, Privat Korrespondenz.
86 Hervey White Autobiography, S.225, 240-243, gedrucktes Manuskript in der Iowa Autoren Kollektion der Universität von Iowa.
87 Richard Le Gallienne, 4. Sept. 1915, Kingston Daily Freeman.

88 Kingston Daily Freeman, 15. Okt. 1924.
89 Jane Whitehead an Peter Whitehead, 25. Mai 1917, Winterthur Library, Downs Collection.
90 Dante, *Göttliche Komödie*, Die Hölle, 3. Gesang.
91 Dante, *Göttliche Komödie*, Das Paradies, Ende des 33. Gesangs.
92 Martin Schütze, *Our View of History* in Publications of the Woodstock Historical Society, Nr. 2, August 1930, S. 3-7.
93 Howard Koch wurde später als Hollywood-Drehbuchautor bekannt, der gemeinsam mit den Brüdern Eppstein den Oskar bekam für den Filmklassiker »Casablanca« mit Ingrid Bergmann und Humphrey Bogart, unter der Regie von Michael Curtiz.
94 Bolton Brown, *Early Days at Woodstock*, S. 63-64.
95 Autor unbekannt, *New York Times*, Mai 1929, Hervey White Autobiography.
96 Anonymer Artikel: *How The Issue Was Decided* im *Bulletin*, Woodstock, 15.Sept. 1929.
97 Bolton Brown, *Early Days at Woodstock*, S. 57.
98 Woodstock Bulletin, 15. Sept. 1929, Autor unbekannt.
99 Anita Philips, Kingston Daily Freeman, 16. Okt. 1936.
100 Die Maverick Sage, Paul Evers, *Woodstock, History Of An American Town*, S. 456.
101 »Maverick Fete Was a Mild Party«, Kingston Daily Freeman, 8. Sept. 1931.
102 Hervey White, 1934, Autobiography, S. 228-229.
103 Martin Schütze, aufgezeichnete Rede vom 23. Okt. 1944, Bearsville, Publications of the Woodstock Historical Society.
104 Peter Whitehead, Father W.H. Francis, Gene and Flora.
105 Martin Schütze, »A History of Woodstock«, in Woodstock Bulletin, 1. Sept. 1929, S. 22.
106 siehe Endnote 14 – Jane an R.R.W., 2.-3. April 1891, Winterthur Library, Downs Collection.
107 Jane McCall Whitehead *Last Will*, Ulster County Surrogate's office, file box 1078, vol. 29.
108 Persönliches Gespräch mit Florence Monroe, April 2005.
109 ebd.
110 Clarence, *Woodstock's Legendary Old Man of the Mountain*, in The Record Press, Juli 1956-1964/11.
111 Bob Dylan in *No Direction home* von Martin Scorsese, 2005.
112 Ellen Jacob, »It Can't happen Here«, in Ulster County Townsman, Juni 1969.
113 Edgar Leaycraft, »Woodstock during 1967«, in Ulster County Townsman, 8. Feb. 68.
114 Autor unbekannt, »Record Press«, Juli 1968
115 artiekornfeld-woodstock.com »The greatest Peaceful Event in History« S. 2.
116 ebd.
117 artiekornfeld-woodstock.com »The greatest Peaceful Event in History« S. 4.
108 artiekornfeld-woodstock.com »The greatest Peaceful Event in History« S. 5.
119 Joel Rosenman: *Woodstock Diaries* von D.A. Pennebaker & Chris Hedegus ©1994.
120 John Roberts: *Woodstock Diaries* von D.A. Pennebaker & Chris Hedegus ©1994.
121 »How Woodstock Came To Be«, geocities.com, Teil 1, S. 3.
122 artiekornfeld-woodstock.com »The greatest Peaceful Event in History« S. 3.
123 »How Woodstock Came To Be«, geocities.com, Teil 1, S. 3.
124 »How Woodstock Came To Be«, geocities.com, Teil 1, S. 4.
125 artiekornfeld-woodstock.com »The greatest Peaceful Event in History« S. 3.
126 »How Woodstock Came To Be«, geocities.com, Teil 1, S. 5.
127 »How Woodstock Came To Be«, geocities.com, Teil 1, S. 1.
128 Kornfeld-Lang Adventures, *The Concert Site*, S. 1.
129 »How Woodstock Came To Be«, geocities.com, Teil 1, S. 5.
130 »How Woodstock Came To Be«, geocities.com, Teil 1, S. 6.
131 »How Woodstock Came To Be«, geocities.com, Teil 2, S. 2.
132 »How Woodstock Came To Be«, geocities.com, Teil 2, S.2.
133 Internet: Kornfeld-Lang Adventures, *The Concert Site*, S. 1.

[134] Woodstock wird ein Rockfestival genannt, fortunecity.de, S. 2.
[135] Henry Diltz, *Woodstock '69*, Drei Tage des Friedens und der Musik, 1994, Schirmer & Mosel S. 102.
[136] Lisa Law, *Woodstock '69*, Drei Tage des Friedens und der Musik, 1994, Schirmer & Mosel S. 24.
[137] Elliott Landy, Elliott Landy's Woodstock Vision, *The spirit of a Generation*, S. 104.
[138] Michael Lang, *Woodstock'69*, Drei Tage des Friedens und der Musik, 1994, Schirmer & Mosel, S. 110.
[139] »How Woodstock Came To Be«, geocities.com, Day One, S. 2.
[140] Kornfeld-Lang Adventures, »On The Road«, S. 4.
[141] Interview: Pennebaker & Hedegus, »Woodstock, The Director's Cut« von Michael Wadleigh©1970.
[142] Day One, »How Woodstock Came To Be«, geocities.com, S. 6.
[143] Dodee Giebas, *Woodstock'69*, Drei Tage des Friedens und der Musik, 1994, Schirmer & Mosel, S. 62.
[144] *Woodstock '69*, Drei Tage des Friedens und der Musik, 1994, Schirmer & Mosel S. 130
[145] Michael Lang, »Woodstock, The Director's Cut« von Michael Wadleigh ©1970.
[146] Max Yasgur, »Woodstock, The Director's Cut« von Michael Wadleigh ©1970.
[147] Dodee Giebas, *Woodstock'69*, Drei Tage des Friedens und der Musik, 1994, Schirmer & Mosel, S. 63.
[148] Allen Gordon, *Woodstock'69*, Drei Tage des Friedens und der Musik, 1994, Schirmer & Mosel, S. 140.
[149] Lisa Law, *Woodstock'69*, Drei Tage des Friedens und der Musik, 1994, Schirmer & Mosel S. 24.
[150] Dodee Giebas, *Woodstock'69*, Drei Tage des Friedens und der Musik, 1994, Schirmer & Mosel, S. 63.
[151] Richie Havens, Elliott Landy's Woodstock Vision, *The spirit of a Generation*, S. 127.
[152] Allan Gordon, *Woodstock'69*, Drei Tage des Friedens und der Musik, 1994, Schirmer & Mosel, S. 140.
[153] Michael Lang »Woodstock, The Director's Cut« von Michael Wadleigh ©1970.
[154] Jerry Garcia, *Woodstock '69*, Drei Tage des Friedens und der Musik, 1994, Schirmer & Mosel, S. 130.
[155] die Autorin.
[156] literati.net/Thurman, Homepage von Robert Thurman, S. 2.
[157] literati.net/Thurman, Homepage von Robert Thurman, S. 2.
[158] literati.net/Thurman, Homepage von Robert Thurman, S. 2.

Bildnachweis

S. 9: Woodstock Festivalplakat 1969

S. 12: R.R. Whitehead, ca. 1905. Eva Watson-Schütze, Platin Druck Collection of the Byrdcliffe Art of the Woodstock Guild.

S. 22: H. S. Mendelsohn. Winterthur Library, Joseph Downs Collection of Manuscripts and Printed Ephemera.

S. 24: Ralph Whitehead zugeschrieben, Silberdruck. Winterthur Library, Joseph Downs Collection of Manuscripts and Printed Ephemera.

S. 25: Jane Byrd McCall zugeschrieben, Bleistift-Zeichnung. Winterthur Library, Joseph Downs Collection of Manuscripts and Printed Ephemera.

S. 35: Ralph Whitehead zugeschrieben. Winterthur Library, Joseph Downs Collection of Manuscripts and Printed Ephemera.

S. 36: Jessie Tarbox Beals, Silberdruck. Winterthur Library, Joseph Downs Collection of Manuscripts and Printed Ephemera.

S. 50: Eva Watson – Schütze (1867–1935), Platin-Druck. Collection of the Byrdcliffe Art of the Woodstock Guild. Geschenk des Douglas C. James Charitable Trust. Photograph Courtesy: Herbert Johnson Museum of Art, Cornell University.

S. 56: Jessie Tarbox Beals (1871–1942), Silberdruck. Collection of the Byrdcliffe Art of the Woodstock Guild.

S. 61: Silberdruck. Collection of the Woodstock Historical Society.

S. 71: Jessie Tarbox Beals, Silberdruck. Collection of the Byrdcliffe Art of the Woodstock Guild. Geschenk von Jill und Mark Willcox Jr. Photograph Courtesy: Herbert Johnson Museum of Art, Cornell University.

S. 77: Handcolorierter Holzschnitt-Druck mit Byrdcliffe Logo. Collection of the Byrdcliffe Art of the Woodstock Guild. Photograph Courtesy: Herbert Johnson Museum of Art, Cornell University. Geschenk des Douglas C. James Charitable Trust.

S. 78: Lampenständer. Unbekannter Künstler, Eichenholz mit eingelassener Schnitzerei. Collection of the Byrdcliffe Art of the Woodstock Guild. Photograph Courtesy: Herbert Johnson Museum of Art, Cornell University. Geschenk von Gioia Timpanellie.

S. 78: Eisenschanier. Edward Thatcher zugeschrieben. Collection of the Byrdcliffe Art of the Woodstock Guild. Photograph Courtesy: Herbert Johnson Museum of Art, Cornell University.

S. 78: Family Life. Bronze-Skulptur von Alexander Archipenko. Courtesy: The Archipenko Foundation.

S. 79: Folk-Songs. Hergestellt von Jane und Ralph Whitehead, gebundenes Buch mit Deckblattzeichnung von Jane Whitehead. Collection of the Byrdcliffe Art of the Woodstock Guild. Photograph Courtesy: Herbert Johnson Museum of Art, Cornell University.

S. 79: Pult. Entwurf von Zulma Steele, grüngebeiztes Kirschholz. Collection of the Byrdcliffe Art of the Woodstock Guild. Geschenk von Elise Genne und des Douglas C. James Charitable Trust.

S. 79: Vase. Jane und Ralph Whitehead, handbemalte Keramik Collection of the Byrdcliffe Art of the Woodstock Guild. Photograph Courtesy: Herbert Johnson Museum of Art, Cornell University.

S. 80: Woodstock Meadows in Winter. Lovell Birge Harrison, Öl auf Leinwand. Collection of the Toledo Museum of Art. Gift of Cora Baird Lacey, in memory of Mary A. Dustin.

S. 110: Collection of the Byrdcliffe Art of the Woodstock Guild. Photograph Courtesy: Herbert Johnson Museum of Art, Cornell University.

S. 113: Zeichnung v. John Bernhard Flannagan.

S. 127: Alfred Cohn (1880 – 1851). Samuel Dorsky Museum of Art, State University of NY, New Paltz.

S. 133: Stowall Studios, Gaede/Striebel Archiv, Woodstock. Samuel Dorsky Museum of Art, State University of NY, New Paltz.
S. 165: Tad Richards, 2008, High Woods, Saugerties, State New York.
S. 174, 181, 210: Elliott Landy/LandyVision.com
S. 220: Sylvia Kekulé

Literaturliste

Brown, Bolton Coit: Early Days at Woodstock (1937). In: Woodstock Historical Society Publications, Band XI-XII, 1937.

Evers, Alf: Woodstock. History of an American Town. The Overlook Press, Woodstock/New York, 1987.

Herbert F. Johnson Museum of Art (Hg.): Byrdcliffe: An American Arts and Crafts Colony. Exhibition Catalogue. Edited by Nancy E. Green. Cornell University Press, Ithaca/New York, 2004.

Landy, Elliott (Hg.): Woodstock '69. Drei Tage des Friedens und der Musik. Mit einem Vorwort von Jerry Garcia. Schirmer/Mosel Verlag, München/Paris/London, 1994.

Landy, Elliott: Woodstock Vision. The Spirit of a Generation. Landy Vision, New York, 1994.

Pennebaker, Don Alan/Hegedus, Chris: Woodstock Diaries (Film).USA, 1994.

Tiber, Elliott: How Woodstock Happened ... Reprinted from The Times Herald-Record. Woodstock Commemorative Edition, 1994.
Im Internet abrufbar unter: http://www.geocities.com/~music-festival/how-w.htm

Wadleigh, Michael: Woodstock – 3 Days of Peace & Music (Film). The Director's Cut. USA, 1970.

White, Hervey: Autobiography, ungebundenes Manuskript. Gedruckt in den Jahren 1921-1938, Maverick Press. In: Woodstock Historical Society Publications.

www.ingramcontent.com/pod-product-compliance
Lightning Source LLC
Chambersburg PA
CBHW082203220526
45470CB00010B/3024